タイ語・ベトナム語・インドネシア語 版

日本語能力試験問題集

The Workbook for the Japanese Language Proficiency Test

N3 語彙 スピードマスター

ศึกษาคำศัพท์ N3 เร่งด่วน

Học Cấp Tốc Từ Vựng N3

Speed Master Kosa Kata N3

森本智子・松田佳子・高橋尚子 共著

Jリサーチ出版

はじめに

日本語能力試験は2010年に改定され、「コミュニケーションを重視」した試験になりました。N3では「日常的な場面で使われる日本語をある程度理解することができる」ことが求められています。コミュニケーションを図るためには、四技能の総合的な能力が必要となりますが、語彙力はその基礎となるものです。

言葉の学習では、単に一つ一つの言葉の意味を覚えるだけでなく、その使い方や他の言葉との関連性を踏まえ、言葉のネットワークを構築することが重要だと考えます。そのため本書では、大小のテーマを設定し、言葉の整理をしながら、効率良く語彙を増やせるよう工夫しました。また、実際のコミュニケーションですぐに活用できるよう、現実的な会話場面を想定し、日常生活に沿った語彙や表現を選定しました。

本書を使った学習を通して、皆さんが日本語能力試験N3に合格すること、また本書が皆さんの日本語力の向上に役立つことを願っています。

著者一同

คำนำ

การสอบวัดระดับภาษาญี่ปุ่นได้ปรับปรุงแก้ไขใหม่เมื่อปี 2010 โดยข้อสอบใหม่นี้ “มุ่งเน้นการสื่อสาร” ข้อสอบวัดระดับภาษาญี่ปุ่นระดับ N3 นั้น มีวัตถุประสงค์เพื่อต้องการให้เข้าใจภาษาญี่ปุ่นในระดับที่สามารถใช้ในสถานการณ์ในชีวิตประจำวันได้ ในการวัดและประเมินผลการสื่อสารจึงจำเป็นต้องวัดทักษะทั้ง 4 รวมถึงความสามารถทางคำศัพท์ระดับพื้นฐานด้วย

ในการเรียนรู้คำศัพท์นั้นจึงไม่ใช่เพียงการจำความหมายของคำศัพท์ที่ละคำทีละคำ แต่จำเป็นจะต้องคำนึงถึงความเชื่อมโยงของคำศัพท์กับคำศัพท์ รวมถึงวิธีใช้ หรือความเชื่อมโยงกับคำศัพท์คำอื่น ๆ ดังนั้น การสร้างเครือข่ายความเกี่ยวข้องระหว่างคำศัพท์จึงเป็นสิ่งที่จำเป็น ด้วยเหตุนี้หนังสือเล่มนี้ จึงได้กำหนดหัวข้อเล็กใหญ่ ปรับเปลี่ยนและดัดแปลงเพิ่มจำนวนคำศัพท์ให้มีประสิทธิภาพ อีกทั้ง เพื่อให้ผู้อ่านสามารถประยุกต์ใช้ในการสื่อสารจริงได้ จึงได้สมมติสถานการณ์สนทนาที่เกิดขึ้นจริง รวมถึงคัดเลือกคำศัพท์และสำนวนที่สอดคล้องกับการใช้ในชีวิตประจำวันมาไว้ในหนังสือเล่มนี้

หวังเป็นอย่างยิ่งว่า หนังสือเล่มนี้จะเป็นประโยชน์ต่อการพัฒนาความรู้ภาษาญี่ปุ่นของทุกท่าน และหวังว่าผู้เรียนที่ใช้หนังสือเล่มนี้จะสอบผ่านการสอบวัดระดับในระดับ N3 ได้

คณะผู้เขียน

Lời mở đầu

Kì thi Năng lực tiếng Nhật đã được cải tiến vào năm 2010, trở thành kì thi "Coi trọng kĩ năng giao tiếp". Trình độ N3 yêu cầu năng lực "Hiểu được nhất định tiếng Nhật được sử dụng trong các tình huống thường nhật". Để giao tiếp tốt cần có năng lực tổng hợp cả bốn kĩ năng tuy nhiên năng lực về từ vựng chính là nền móng cho cả bốn kĩ năng đó.

Khi học từ, điều quan trong không phải là chỉ nhớ ý nghĩa của từng từ mà cần xây dựng mạng lưới từ trên cơ sở nắm được cách sử dụng của từ và mối liên hệ với các từ khác. Chính vì vậy cuốn sách này thiết lập các chủ đề lớn nhỏ nhằm giúp người học vừa sắp xếp lại các từ đồng thời tăng cường được vốn từ vựng một cách hiệu quả. Bên cạnh đó, cuốn sách cũng đề ra các tình huống hội thoại thực tế, lựa chọn các từ và cách diễn đạt bám sát với cuộc sống thường nhật để người học có thể dùng ngay các từ đã học vào giao tiếp thực tế.

Chúng tôi rất mong thông qua việc học sử dụng cuốn sách này, các bạn có thể đỗ được Kì thi Năng lực tiếng Nhật trình độ N3. Chúng tôi cũng rất mong cuốn sách sẽ góp phần nâng cao năng lực tiếng Nhật của bạn

Ban biên tập

Prakata

Sejak direvisi pada tahun 2010, Ujian Kemampuan Bahasa Jepang 2010 menjadi ujian yang berfokus pada komunikasi. Di tingkat N3 dibutuhkan kemampuan untuk memahami bahasa Jepang dalam kehidupan sehari-hari yang mudah. Untuk dapat berkomunikasi, ada empat jenis kemampuan secara keseluruhan yang diperlukan, dan penguasaan kosa kata merupakan dasar utamanya.

Dalam pembelajaran bahasa, tidak hanya menghafal arti kata satu per satu saja, tetapi juga dirasa penting untuk membuat jaringan kata itu sendiri, termasuk cara penggunaan dan korelasinya dengan kata yang lain. Untuk itu, buku ini dibuat dengan menentukan tema besar dan tema kecil agar dapat menambah kosa kata secara efisien sambil mengurutkan kata-kata. Selain itu, kami memilih kosa kata dan bentuk ungkapan yang dipakai dalam kehidupan sehari-hari dengan membayangkan situasi percakapan yang nyata agar dapat digunakan dalam berkomukasi langsung.

Melalui pembelajaran dengan buku ini, kami berharap para pengguna buku ini dapat meningkatkan kemampuan berbahasa Jepang, serta dapat lulus dalam Ujian Kemampuan Bahasa Jepang tingkat N3.

Tim Penulis

もくじ

สารบัญ／Mục lục／Daftar Isi

●目的：日本語を母語としない人を対象に、日本語能力を測定し、認定すること。

※課題遂行のための言語コミュニケーション能力を測ることを重視。

●試験日：年２回（7月、12月の初旬の日曜日）

●レベル：N５（最もやさしい）→　N１（最もむずかしい）

N１：幅広い場面で使われる日本語を理解することができる。

N２：日常的な場面で使われる日本語の理解に加え、より幅広い場面で使われる日本語をある程度理解することができる。

N３：日常的な場面で使われる日本語をある程度理解することができる。

N４：基本的な日本語を理解することができる。

N５：基本的な日本語をある程度理解することができる。

レベル	試験科目	時間	得点区分	得点の範囲
N１	言語知識（文字・語彙・文法）・読解	110分	言語知識（文字・語彙・文法）	0〜60点
			読解	0〜60点
	聴解	60分	聴解	0〜60点
N２	言語知識（文字・語彙・文法）・読解	105分	言語知識（文字・語彙・文法）	0〜60点
			読解	0〜60点
	聴解	50分	聴解	0〜60点
N３	**言語知識（文字・語彙）**	**30分**	**言語知識（文字・語彙・文法）**	**0〜60点**
	言語知識（文法）・読解	**70分**	**読解**	**0〜60点**
	聴解	**40分**	**聴解**	**0〜60点**
N４	言語知識（文字・語彙）	30分	言語知識（文字・語彙・文法）・読解	0〜120点
	言語知識（文法）・読解	60分		
	聴解	35分	聴解	0〜60点
N５	言語知識（文字・語彙）	25分	言語知識（文字・語彙・文法）・読解	0〜120点
	言語知識（文法）・読解	50分		
	聴解	30分	聴解	0〜60点

※N１・N２の科目は２科目、N３・N４・N５は３科目

●認定の目安：「読む」「聞く」という言語行動でN５からN１まで表している。

●合格・不合格：「総合得点」と各得点区分の「基準点（少なくとも、これ以上が必要という得点）」で判定する。

☞くわしくは、日本語能力試験のホームページ〈http://www.jlpt.jp/〉を参照してください。

N３のレベル

※以前の２級と３級の間のレベル〈新しいレベル〉

	N３のレベル
読む	○日常的な話題について書かれた具体的な内容を表す文章を、読んで理解することができる。 ○新聞の見出しなどから、情報の内容を理解することができる。 ○日常的な場面で見る少し難しい文章は、易しく言いかえた表現を読めば、ポイントを理解することができる。
聞く	○日常的な場面の、やや自然に近いスピードのまとまりのある会話を聞いて、具体的な内容を人物関係などとあわせて、だいたい理解できる。

語彙問題の内容

	大問 ※1･2は漢字の問題		小問数	ねらい
文字・語彙	4	文脈規定	11	文の内容から言葉がどういう意味を持つのかを問う。
	5	言い換え類義	5	同じような意味を持つ語や表現を問う。
	6	用法	5	言葉が文の中でどのように使われるのかを問う。

※語彙の問題は基本的に、以前の試験でも出題されていた形式です。
※小問の数は変わる場合もあります。

この本の使い方

◆ PART 1「新しい言葉を覚えよう」では、N３レベルとして新たに学習する語を中心に取り上げ、大小のテーマでまとめながら提示しています。ほかの語との共通点や違い、使い方なども考えながら、覚えていきましょう。

◆ ส่วนที่ 1「新しい言葉を覚えよう จำคำศัพท์ใหม่」เนื้อหาหลักประกอบด้วยคำศัพท์ใหม่ในระดับ N3 โดยมีการแบ่งเป็นหัวข้อหลักและหัวข้อย่อย ฝึกคิดและจดจำข้อเหมือนและข้อแตกต่างกับคำศัพท์อื่นๆ และวิธีการใช้ต่างๆ

◆ PART1 là phần “Hãy nhớ các từ mới”. Phần này nêu ra các từ mới cần học ở trình độ N3, trình bày theo dạng tập hợp dưới các chủ đề lớn nhỏ. Hãy nghĩ về các điểm giống và khác với các từ khác, cách dùng để nhớ từng từ.

◆ Di PART 1 “Mari menghafal kosa kata baru!”, kosa kata difokuskan pada kata-kata yang baru dipelajari untuk level N3, dan disajikan dalam tema besar dan kecil. Mari kita hafalkan sambil mencermati poin-poin persamaan dan perbedaannya dengan kata-kata lain, serta penggunaannya!

学習対象として取り上げた語句を太く表示しています。

คำศัพท์ที่ควรจำจะแสดงเป็นตัวหนา

Các từ, cụm từ được nêu ra để học được ghi đậm.

Kata-kata dan frasa yang djadikan objek pembelajaran ditampilkan dalam huruf tebal.

参考として、関連のある語を示しています。

มีคำศัพท์ที่เกี่ยวข้องสำหรับใช้อ้างอิง

Các từ liên quan sẽ được nêu ra để tham khảo.

Untuk referensi, kata-kata terkait akan ditampilkan.

〔　〕同じ意味の言葉
คำที่มีความหมายเหมือน
Từ có cùng ý nghĩa
kata yang sama artinya, sinonim
例：書店〔本屋〕

⇔ 反対の意味の言葉
คำที่มีความหมายตรงข้าม
Từ trái nghĩa
kata yang berlawanan artinya, antonim

類 同じような例
ตัวอย่างที่เหมือนกัน
Ví dụ giống nhau
contoh yang sama

16 郵便・宅配

การขนส่งทางไปรษณีย์, การส่งพัสดุ(ถึงบ้าน)／Bưu điện, Chuyển phát hàng／Pos, pengantaran

●手紙・はがき จดหมาย, ไปรษณียบัตร／Thư, Bưu thiếp／Surat, kartu pos

はがきを**出す**	ส่งไปรษณียบัตร／gửi bưu thiếp／mengirim kartu pos
▶**絵はがき**	โปสการ์ด, ไปรษณียบัตรรูปภาพ／bưu thiếp tranh／ kartu pos bergambar
80円切手を**貼る**	ติดแสตมป์ 80 เยน／dán tem 80 yên／menempel prangko 80 yen
封筒に入れる	ใส่ในซองจดหมาย／cho vào phong bì／memasukkan ke dalam amplop
▶**返信用封筒**	ซองจดหมายสำหรับการตอบกลับ／phong bì dùng để trả lời lại／ amplop balasan
写真を**同封する**	แนบรูปถ่าย／gửi cùng cả ảnh／melampirkan foto
年賀状	บัตรอวยพรปีใหม่ , ส.ค.ส.／thiệp mừng năm mới／kartu tahun baru
便せん	กระดาษเขียนจดหมาย／giấy viết thư／kertas surat

●～を記入する เขียน กรอก...／Điền ~ ／Mengisi ~

あて先	ชื่อที่อยู่ผู้รับ／địa chỉ gửi đến／penerima, tujuan pengiriman
お届け先	ที่อยู่สำหรับจัดส่ง／nơi gửi đến／alamat pengiriman
郵便番号	รหัสไปรษณีย์／mã số bưu điện／kode pos
住所	ที่อยู่／địa chỉ ／alamat
氏名	ชื่อ／tên／nama
用紙に**記入する**	กรอกในแบบฟอร์ม／điền vào giấy mẫu／mengisi formulir

●方法 วิธีการ／Phương pháp／Cara

普通郵便	ไปรษณีย์ธรรมดา／gửi thường／pos biasa
速達	ไปรษณีย์ด่วน／chuyển phát nhanh／pos ekspres, pos kilat
書留	ไปรษณีย์ลงทะเบียน／bảo đảm／pos tercatat
航空便	ไปรษณียภัณฑ์ทางอากาศ, ขนส่งทางอากาศ／đường hàng không／pos udara
船便	ไปรษณียภัณฑ์ทางเรือ／đường biển／pos laut
宅配	การส่งพัสดุ (ถึงบ้าน)／chuyển phát hàng／pengantaran

●配達する・届く การส่ง(ของ) นำจ่าย (ไปรษณียภัณฑ์), ส่งสิ่งของ／Chuyển hàng, Hàng đến／Mengirim, diterima

荷物を**配達する**	ส่งสัมภาระ ／chuyển hàng／mengirim barang
荷物を**届ける**	ส่งสัมภาระ／gửi hàng đến／mengantar barang
⇔**荷物**が**届く**	สัมภาระถูกส่งมาถึง／hàng được chuyển đến／barangnya diterima
荷物が**着く**	สัมภาระมาถึง／hàng được chuyển đến／barangnya sampai
荷物を**受け取る**	รับสัมภาระ／nhận hàng／menerima barang
はんこを**押す**	ประทับตราประจำตัว (ฮังโกะ) ／đóng con dấu／mengecap, menstempel
サインをする	เซ็นต์ชื่อ／kí／menandatangani

●その他 อื่นๆ／Khác／ Lain-lain

便りがある	มี (ได้รับ) ข่าวคราว／có thư／ada surat, ada kabar
返事を書く	(เขียน) ตอบกลับ／viết hồi âm／menulis balasan
送料が**かかる**	มีค่าใช้จ่ายในการส่ง／mất phí gửi／kena biaya pengiriman
小包	พัสดุไปรษณีย์／gói hàng nhỏ／paket kecil
電報	โทรเลข／điện báo／telegram

46

◆ PART 1で3回、実戦形式の練習問題をして復習をします。そして最後に、模擬試験（2回）で実力をチェックします。

◆ ฝึกทำแบบฝึกหัดในรูปแบบข้อสอบจริงในส่วนที่ 1 สามครั้ง หลังจากนั้นทดลองทำข้อสอบ (2 ครั้ง) เพื่อวัดระดับความสามารถจริง

◆ Hãy làm bài tập luyện tập dưới dạng thực hành ở PART1 ba lần. Sau đó hãy kiểm tra thực lực bằng đề thi thử (2 lần) ở phần cuối.

◆ Di PART 1, pengguna dapat mengulang pembelajaran dengan mengerjakan soal latihan sebanyak 3 kali dalam bentuk yang sama seperti saat ujian sebenarnya. Terakhir, kemampuan pengguna akan diuji dalam bentuk simulasi ujian (2 kali).

CD 16 例文

①「荷物は**宅配**で送る？　それとも持って帰る？」「そんなに重くないから、持って帰るよ」
②係：こちらの**用紙**に**お届け先**のご住所とお名前をご**記入**ください。
③**航空便**だと、いくらかかりますか。
④「**速達**で出したほうがいいのかなあ？」「いや、普通**郵便**でも大丈夫だよ」
⑤配達の人：**お届け**物です。こちらに**はんこ**か**サイン**をお願いします。

16 郵便・宅配

ドリル

つぎの（　　）に合うものをａ～ｅの中から一つ選びなさい。

1）
①（　　）を書き間違えたため、手紙がもどってきてしまった。
②お（　　）ありがとうございます。お元気そうで、よかったです。
③結婚式には出席できないから、お祝いの（　　）を送るつもりです。
④締切に間に合わないかもしれないよ。（　　）で送ったらどう？

a. 速達	b. 書留	c. 電報	d. 便り	e. あて先

2）
①航空便にすると、送料が1万円も（　　）しまう。
②ほかの部品がまだ（　　）いないから、作業を進めることができない。
③このラベルに住所と名前、電話番号を（　　）ください。
④郵送での受け取りをご希望の場合は、返信用封筒を（　　）ください。
＊ラベル：物に貼るための紙

a. 配達して	b. 届いて	c. かかって	d. 記入して	e. 同封して

47

会話を中心にした例文で、実際の使い方を紹介しています。

มีตัวอย่างประโยคที่พบบ่อยในการสนทนา
และมีวิธีการใช้ในสถานการณ์จริง

Các câu ví dụ chủ yếu dưới dạng hội thoại nhằm giới thiệu cách sử dụng từ trong thực tế.

Memperkenalkan cara pemakaian yang sebenarnya melalui contoh kalimat yang berfokus pada percakapan.

CD 32

付属のＣＤに、各ユニットの例文の音声が入っています。

ในซีดีที่แนบมานี้
มีเสียงอ่านประโยคตัวอย่างของแต่ละบทอยู่

Trong CD đính kèm có âm thanh của các câu ví dụ trong mỗi bài.

Terdapat rekaman suara contoh kalimat tiap unit pada CD terlampir.

最後にドリルをして、意味や使い方をもう一度確認します。

ขั้นตอนสุดท้าย
ฝึกทำแบบฝึกหัดเพื่อยืนยันความหมายและวิธีใช้อีกครั้ง

Bước cuối làm phần Drill (Luyện tập tăng cường) để kiểm tra xác nhận lại một lần nữa ý nghĩa và cách dùng từ.

Terakhir, pengguna dapat melakukan dril untuk mengecek arti dan pemakaiannya sekali lagi.

★漢字かひらがなか、などの表記については、固定せず、ある程度柔軟に扱っています。

★ เกี่ยวกับการแสดงตัวอักษรโดยคันจิหรือฮิรากานะนั้น ไม่ได้ยึดหลักการใด แต่ได้ปรับให้ยึดหยุ่นตามความเหมาะสม

★ Về việc viết bằng chữ Hán hay chữ Hiragana: Không cố định mà sử dụng linh hoạt.

★ Dipakai secara fleksibel, tidak terpaku pada cara penulisan huruf Kanji, Hiragana dll.

音声ダウンロードの案内

STEP 1 方法は次の３通り！

- QR コードを読み取ってアクセス。
- インターネットで https://www.jresearch.co.jp/book/b492701.html にアクセス！
- Ｊリサーチ出版のホームページ（https://www.jresearch.co. jp/）にアクセスして、「キーワード」に書籍名を入れて検索。

STEP 2 ページ内にある「音声ダウンロード」ボタンをクリック！

STEP 3 ユーザー名「1001」、パスワード「24703」を入力！

STEP 4 音声の利用方法は２通り！
学習スタイルに合わせた方法でお聴きください！

- 「音声ファイル一括ダウンロード」より、ファイルをダウンロードして聴く。
- 「▶」ボタンを押して、その場で再生して聴く。

※ ダウンロードした音声ファイルは、パソコン・スマートフォンなどでお聴きいただくことができます。一括ダウンロードの音声ファイルは .zip 形式で圧縮してあります。解凍してご利用ください。ファイルの解凍が上手くできない場合は、直接の音声再生も可能です。

音声ダウンロードについてのお問合せ先：toiawase@jresearch.co.jp（受付時間：平日9時～18時）

วิธีดาวน์โหลดไฟล์เสียง

STEP 1 สามารถทำได้ 3 วิธี ！

- สแกน QR Code

- เข้าไปที่ https://www.jresearch.co.jp/book/b492701.html
- เข้าไปที่โฮมเพจสำนักพิมพ์ jresearch (https://www.jresearch.co.jp/) และพิมพ์ชื่อหนังสือใน「キーワード」(Keyword) เพื่อค้นหา

STEP 2 คลิกที่「音声ダウンロード」(ดาวน์โหลดไฟล์เสียง) ที่อยู่ในหน้าเดียวกัน ！

STEP 3 กรอก Username「**1001**」และ Password「**24703**」

STEP 4 สามารถใช้งานไฟล์เสียงได้ 2 วิธี ! เลือกวิธีที่เหมาะสมสำหรับคุณ ！

- เลือกดาวน์โหลดไฟล์เสียงทั้งหมดที่「音声ファイル一括ダウンロード」(ดาวน์โหลดไฟล์เสียงทั้งหมด)
- คลิกที่ปุ่ม ▶ เพื่อเปิดฟังทันที

※ ไฟล์เสียงที่ดาวน์โหลดแล้วสามารถใช้ได้กับทั้งคอมพิวเตอร์และสมาร์ทโฟน ไฟล์เสียงถูกบีบอัดอยู่ในรูปแบบของ Zip File กรุณาแตกไฟล์เพื่อใช้งาน ถ้าไม่สามารถแตกไฟล์ได้สามารถใช้การเปิดฟังโดยตรงได้

สอบถามการดาวน์โหลดไฟล์ได้ที่ : toiawase@jresearch.co.jp (เวลา : วันธรรมดา 9:00-18:00 น.)

PART 1

新しい言葉を覚えよう

จำศัพท์ใหม่กันเถอะ

Hãy nhớ các từ mới

Mari Menghafal Kosa Kata Baru!

1 時間（じかん）

เวลา／Thời gian／Waktu

●時間（じかん） เวลา／Thời gian／aktu

現在（げんざい）　ปัจจุบัน／hiện tại／saat ini

▶過去（かこ）　อดีต／quá khứ／lampau

▶未来（みらい）　อนาคต／tương lai／→masa depan

将来（しょうらい）の夢（ゆめ）　ความฝันในอนาคต／ước mơ trong tương lai／cita-cita masa depan

早朝（そうちょう）　เช้าตรู่／sáng sớm／dini hari

昼間（ひるま）は暖（あたた）かい　เวลากลางวันอบอุ่น／ban ngày ấm／Siang hari hangat.

日中（にっちゅう）　กลางวัน／cả ngày／siang hari

例（れい）：日中はずっと雨（あめ）でした。
เมื่อกลางวันฝนตกตลอด／Ban ngày trời mưa suốt／Siang hari hujan terus

夜中（よなか）　กลางคืน／cả đêm／tengah malam

例：夜中に電話（でんわ）があった。
เมื่อคืนมีโทรศัพท์มา／Điện thoại reo cả đêm／Tengah malam ada telepon.

真夜中（まよなか）（深夜（しんや））　กลางดึก, ดึกสงัด／giữa đêm／tengah malam

●時期（じき）など เวลาต่างๆ／Thời điểm／Penunjuk waktu, dll

平日（へいじつ）　วันธรรมดา／ngày thường／hari biasa

休日（きゅうじつ）　วันหยุด／ngày nghỉ／hari libur

祝日（しゅくじつ）　วันหยุดนักขัตฤกษ์／ngày lễ／hari libur nasional

週末（しゅうまつ）　วันหยุดสุดสัปดาห์／cuối tuần／akhir minggu/ akhir pekan

類 月末（げつまつ）、年末（ねんまつ）

年末年始（ねんまつねんし）　ช่วงปลายปีจนถึงต้นปีใหม่／những ngày cuối năm cũ đầu năm mới／akhir dan awal tahun

上旬（じょうじゅん）（初旬（しょじゅん））　ต้นเดือน／đầu tháng／awal

中旬（ちゅうじゅん）　กลางเดือน／giữa tháng／pertengahan

下旬（げじゅん）　ปลายเดือน／cuối tháng／akhir

●休日（きゅうじつ） วันหยุด／Ngày nghỉ／Hari libur

連休（れんきゅう）　วันหยุดยาว／kì nghỉ dài ngày／liburan panjang

お盆休（ぼんやす）み　วันหยุดโอบ้ง／nghỉ lễ Obon／liburan Obon

ゴールデンウィーク　โกลเด้นท์วีค／tuần lễ vàng／liburan Golden Week

●その他（た） อื่นๆ／Khác／ Lain-lain

週明（しゅうあ）け　ต้นสัปดาห์／đầu tuần／awal minggu

類 年明（としあ）け、休（やす）み明け

年中無休（ねんじゅうむきゅう）　ไม่มีวันหยุดตลอดทั้งปี, เปิดทำการตลอดทั้งปี／quanh năm không nghỉ／buka sepanjang tahun

①**月末**だから、今日は銀行、混んでるでしょうね。
②今週は忙しいので、返事は**週明け**になってもいいですか。
③「**将来**、どんな仕事がしたいですか」「貿易の仕事がしたいです」
④「あのー、**年末年始**はお店、開いてますか」「ええ。うちは**年中無休**ですから」
⑤来月**上旬**に引っ越しする予定です。

ドリル

つぎの（　　　）に合うものをａ～ｅの中から一つ選びなさい。

1）

①あの学生は（　　　）、新聞配達のアルバイトをしている。
②（　　　）だから、タクシー代がちょっと高くなっていた。
③来月の（　　　）に休みを取って、旅行に行くつもりです。
④私は昨年まで会社員でしたが、（　　　）は自分の会社を経営しています。

a. 日中	b. 現在	c. 早朝	d. 中旬	e. 深夜

2）

①「（　　　）は何か予定、ありますか」「月曜に試験があるので、勉強します」
②５月上旬の（　　　）に、海外旅行に行きます。
③（　　　）の夜は時間がないので、週末に会いましょう。
④７月には「海の日」という（　　　）がある。

a. 平日	b. 祝日	c. ゴールデンウィーク	d. お盆休み	e. 週末

2 家族・友人（かぞく ゆうじん）

ครอบครัว, เพื่อน／Gia đình, Bạn bè／ Keluarga, Teman

●家族（かぞく）　ครอบครัว／gia đình／Keluarga

親（おや）　พ่อแม่ ／bố mẹ／orang tua

▶**父親、母親**（ちちおや　ははおや）　พ่อ , แม่／bố, mẹ／bapak, ibu

▶**両親**（りょうしん）　พ่อแม่／bố mẹ／orang tua

祖父（そふ）　ปู่, ตา／ông／kakek

祖母（そぼ）　ย่า, ยาย／bà／nenek

おじ　ลุง น้าชาย อาผู้ชาย／chú／paman

おば　ป้า น้าสาว อาผู้หญิง／cô／bibi

息子（むすこ）　ลูกชาย／con trai／anak laki-laki

娘（むすめ）　ลูกสาว／con gái／anak perempuan

甥（おい）　หลานชาย (ลูกของพี่หรือน้อง)／cháu trai／keponakan laki-laki

姪（めい）　หลานสาว (ลูกของพี่หรือน้อง)／cháu gái／keponakan perempuan

孫（まご）　หลาน (ลูกของลูก)／cháu (nội, ngoại)／cucu

嫁（よめ）　ลูกสะใภ้, ภรรยา／vợ (vợ mình)／istri

長男・次男・三男（ちょうなん　じなん　さんなん）　ลูกชายคนโต, ลูกชายคนรอง, ลูกชายคนที่สาม／con trai cả, con trai thứ, con trai thứ ba／putra pertama, putra kedua, putra ketiga

長女・次女・三女（ちょうじょ　じじょ　さんじょ）　ลูกสาวคนโต, ลูกสาวคนรอง, ลูกสาวคนที่สาม／con gái cả, con gái thứ hai, con gái út／putri pertama, putri kedua, putri ketiga

親せき〔親類〕（しん　しんるい）　ญาติ／họ hàng／kerabat

●友人・上司（ゆうじん　じょうし）　เพื่อน, หัวหน้า／Bạn bè, Cấp trên／Teman, Atasan

友人（ゆうじん）　เพื่อน／bạn／teman

知人〔知り合い〕（ちじん　しりあ）　คนรู้จัก／người quen／kenalan

先輩（せんぱい）　รุ่นพี่／anh (chị) khóa trên, người vào làm trước／senior

後輩（こうはい）　รุ่นน้อง／các em khóa dưới, người vào làm sau／junior

上司　หัวหน้า／cấp trên／atasan

部下（ぶか）　ลูกน้อง／cấp dưới／bawahan

同僚（どうりょう）　เพื่อนร่วมงาน／đồng nghiệp／rekan kerja

仲間（なかま）　พวกพ้อง, เพื่อนฝูง／bạn bè, đồng minh／teman

同級生（きゅうせい）　เพื่อนร่วมชั้น, เพื่อนร่วมรุ่น／bạn cùng khối／teman seangkatan

●その他（た）　อื่นๆ／Khác／ Lain-lain

家庭（かてい）　ครัวเรือน, ครอบครัว／gia đình／rumah tangga

うち　บ้าน (ของฉัน) ／nhà tôi／rumah

※「私の家（いえ）」の意味。例：うちのテレビ、うちの息子、うちに帰る

実家（じっ）　บ้านเกิด, บ้านพ่อแม่／nhà bố mẹ đẻ／rumah orang tua

他人（たにん）　คนอื่น／người khác／orang lain

独身（どくしん）　โสด, ไม่ได้แต่งงาน／độc thân／lajang

①「あの方はお父さんですか」「いえ、あれは私の**おじ**です」
②「夏休みは、どこかへ行きますか」「ええ、**実家**に帰ります」
③お正月は毎年一日に、私の家に**親せき**が集まるんです。
④「この写真、見てください。私の**孫**です」「えっ！　森さん、おじいちゃんなんですか」
⑤「車、買ったんですか」「いえいえ。**知り合い**に借りたんです」

ドリル

つぎの（　　）に合うものをａ～ｅの中から一つ選びなさい。

１）

①私には息子が一人と、（　　）が二人います。
②息子と（　　）は、結婚して５年になります。
③彼にはお兄さんがいるから、（　　）ではないですよ。
④昨日、妹が、甥と（　　）を連れて遊びに来た。

a. 嫁	b. 姪	c. 長男	d. 娘	e. 長女

２）

①（　　）から食事に誘われたら、なかなか断れない。
②父は毎月、（　　）と一緒に山登りに出かけます。
③私と彼は、同じ高校の（　　）です。
④佐藤さんは、私の一年（　　）です。

a. 同級生	b. 上司	c. 先輩	d. 他人	e. 仲間

3 食(た)べる・飲(の)む

กิน, ดื่ม／Ăn, Uống／Makan, Minum

●食(た)べる・飲(の)む　กิน, ดื่ม／Ăn, Uống／Makan, Minum

噛(か)む	เคี้ยว／nhai／kunyah
かじる	แทะ, กัดไปส่วนหนึ่ง／gặm／gigit
なめる	เลีย, อม (ลูกอม)／liếm／jilat
味(あじ)わう	ชิม, ลิ้มรส／thưởng thức／cicipi
食事(しょくじ)を取(と)る	รับประทานอาหาร／ăn／makan
酔(よ)う	เมา, มึนงง／say／mabuk
酔っぱらう	เมาเหล้า／say ／mabuk
お腹(なか)がすく	ท้องว่าง, หิว／đói／lapar
のどが渇(かわ)く	คอแห้ง, กระหายน้ำ／khát／haus
食欲(しょくよく)がある ⇔食欲がない	มีความอยากอาหาร／cảm thấy thèm ăn／ada nafsu makan
食べ過(す)ぎる	กินมากเกินไป／ăn quá nhiều／terlalu banyak makan

類 飲み過ぎる、多(おお)過ぎる、甘(あま)過ぎる

自炊(じすい)する	หุงหาอาหารเอง／tự nấu nướng／masak sendiri

●食事(しょくじ)　การรับประทานอาหาร／Bữa ăn／Makan

朝食(ちょう)＝朝(あさ)ごはん

昼食(ちゅう)＝昼(ひる)ごはん、お昼

夕食(ゆう)＝晩(ばん)ごはん

おやつ	ของว่าง／quà chiều (tầm 3 giờ)／camilan
夜食(や)	อาหารมื้อดึก／ăn vào buổi tối／makan pada tengah malam
弁当(べんとう)	ข้าวกล่อง／cơm hộp／bekal makanan
定食(てい)	อาหารชุด／suất cơm／paket makanan
おかわり	การเติมอาหารหรือเครื่องดื่มเพิ่ม／ăn thêm bát nữa／tambah
ダイエット	ไดเอ็ท, การลดน้ำหนัก／ăn kiêng／diet
おかず	กับข้าว／thức ăn／lauk
そうざい	กับข้าวประจำวัน, เครื่องเคียง／thức ăn chế biến sẵn／lauk pauk
食品(ひん)	อาหาร, สินค้าบริโภค／thực phẩm／produk makanan
▶冷凍(れいとう)食品・インスタント食品	อาหารแช่แข็ง, อาหารสำเร็จรูป／thức ăn đông lạnh, đồ ăn liền／produk makanan beku, produk makanan instan
缶(かん)	กระป๋อง／lon／kaleng
▶缶コーヒー・缶づめ・空(あ)き缶	กาแฟกระป๋อง, อาหารกระป๋อง, กระป๋องเปล่า／cà phê lon, đồ hộp, hộp rỗng／kopi kalengan, makanan kalengan, kaleng kosong

●食(た)べ物(もの)　ของกิน／đồ ăn／makanan

ジャガイモ	มันฝรั่ง／khoai tây／kentang
タマネギ	หอมหัวใหญ่／hành tây／bawang bombai
ニンジン	แครอท／cà rốt／wortel
ピーマン	พริกหยวก／ớt chuông／paprika
キャベツ	กะหล่ำปลี／bắp cải／kubis, kol
レタス	ผักกาดหอม／xà lách／selada
トマト	มะเขือเทศ／cà chua／tomat
ニンニク	กระเทียม／tỏi／bawang putih
ショウガ	ขิง／gừng／jahe
ハム	แฮม／thịt giăm bông／ham
ソーセージ	ไส้กรอก／xúc xích／sosis
チーズ	ชีส／pho mát／keju
アイスクリーム	ไอศกรีม／kem／es krim

●その他 อื่นๆ／Khác／Lain-lain

ぬるい อุ่น／âm ấm (không nóng không lạnh)／kurang panas atau kurang dingin

体にいい／悪い ดีต่อร่างกาย, ไม่ดีต่อร่างกาย／tốt/không tốt cho cơ thể／baik/ tidak baik untuk kesehatan

①「みそは**体にいい**んだから、みそ汁もちゃんと飲んでね」「はい、はい」
②「頭が痛いんですか」「はい。昨日、お酒を**飲み過ぎて**しまって……」
③「ビール、ちょっと**ぬるい**ですね」「もう一度、冷蔵庫に入れましょう」
④ちょっと**なめて**みてください。この塩はすごくおいしいんです。
⑤「このお肉はすごく高いから、よく**味わって**食べてね」「わかった」

ドリル

1）つぎの（　　）に合うものを下の語から一つ選び、必要があれば形を変えて入れなさい。

①このホテルのレストランでは、世界中の料理を（　　　　　）ことができる。
②さっきリンゴを（　　　　　）たら、歯がすごく痛かった。
③あそこであめを（　　　　　）ている子供が、私の息子です。
④この肉はとてもやわらかいので、あまり（　　　　　）なくても食べられる。

食べる	噛む	かじる	味わう	なめる

2）つぎの（　　）に合うものをａ～ｅの中から一つ選びなさい。

①お昼ごはんはいつも（　　　）ですか、それとも会社の食堂で食べますか。
②今日はおかずを作る時間がないので、スーパーで（　　　）を買って帰ろう。
③「コーヒーの（　　　）はいかがですか」「お願いします」
④（　　　）を食べないで学校に行く子供が増えているが、それは体によくない。

a. 夜食	b. おかわり	c. 弁当	d. 惣菜	e. 朝食

4 料理・味（りょうり・あじ）

อาหาร, รสชาติ／Món ăn, Hương vị／Masakan, Rasa

●料理（りょうり）する　ทำอาหาร／Nấu nướng／Memasak

タマネギを刻（きざ）む	ซอย (หั่น) หอมหัวใหญ่／thái hành tây／mencincang bawang
リンゴの皮（かわ）をむく	ปอกเปลือกแอปเปิ้ล／gọt vỏ táo／mengupas apel
魚（さかな）を焼（や）く	ปิ้ง (ย่าง) ปลา／nướng cá／memanggang ikan
肉（にく）を炒（いた）める	ผัดเนื้อสัตว์／xào thịt／menumis daging
野菜（やさい）を蒸（む）す	นึ่งผัก／hấp rau／mengukus sayuran
豆（まめ）を煮（に）る	ต้มถั่ว／ninh đậu／merebus kacang
卵（たまご）をゆでる	ต้มไข่／luộc trứng／merebus telur
油（あぶら）で揚（あ）げる	ทอดโดยน้ำมัน／rán bằng dầu rán／menggoreng dengan minyak
フライパンを熱（ねっ）する	ทำกระทะให้ร้อน／làm nóng chảo／memanaskan wajan
お湯（ゆ）を注（そそ）ぐ	เท(ริน)น้ำร้อน／rót nước sôi／menuangkan air panas
ご飯（はん）を炊（た）く	หุงข้าว／thổi cơm／menanak nasi
お湯（ゆ）をわかす	ต้มน้ำร้อน／đun nước sôi／merebus air

●温（あたた）める・冷（ひ）やす　การอุ่น, การทำให้เย็น／Làm nóng, Làm lạnh／Menghangatkan, Mendinginkan

温める（スープを）	อุ่นให้ร้อน／làm nóng／menghangatkan
⇔温まる	อุ่น ／nóng lên／menjadi hangat
冷やす（ビールを）	ทำให้เย็น／làm lạnh／mendinginkan
⇔冷える	เย็น／lạnh lên／→menjadi dingin

例：ビールが冷えている。

冷（さ）める（スープが）	เย็นชืด／nguội／dingin
⇔冷ます	ทำให้เย็นลง, ลดอุณหภูมิ／làm nguội／mendinginkan
こげる（魚（さかな）が）	ไหม้／cháy ／hangus, gosong
こがす	ทำไหม้／làm cháy／menghanguskan

●味（あじ）　รสชาติ／Hương vị／Rasa

甘（あま）い	หวาน／ngọt／manis
辛（から）い	เผ็ด／cay／pedas
塩辛（しおから）い	เค็ม／mặn／asin
すっぱい	เปรี้ยว／chua／asam
苦（にが）い	ขม／đắng／pahit
味が濃（こ）い	รสจัด ／vị mặn／rasanya kuat
味が薄（うす）い	รสอ่อน／vị nhạt／rasanya kurang bumbu

●調味料（ちょうみりょう）　เครื่องปรุงรส／Gia vị／Bumbu

塩（しお）	เกลือ／muối／garam
砂糖（さとう）	น้ำตาล／đường／gula
みそ	มิโซะ, เต้าเจี้ยว／tương miso／miso
しょう油（ゆ）	โชยุ／xì dầu／kecap asin
酢（す）	น้ำส้มสายชู／dấm／cuka
油（あぶら）	น้ำมัน／dầu rán／minyak
こしょう	พริกไทย／hạt tiêu／merica, lada
マヨネーズ	มายองเนส／sốt may-yo-ne／mayones
ケチャップ	ซอสมะเขือเทศ／tương cà chua／saus tomat

●その他（た）　อื่นๆ／Khác／ Lain-lain

かたい	แข็ง／cứng／keras
やわらかい	อ่อน, นิ่ม／mềm／empuk, lunak
新鮮（しんせん）な	สดใหม่／(rau, hoa v.v..) tươi／segar
生（なま）	ดิบ／sống／mentah
腐（くさ）る	เน่า, เสีย／ôi thối／busuk

いためる

あげる

ゆでる

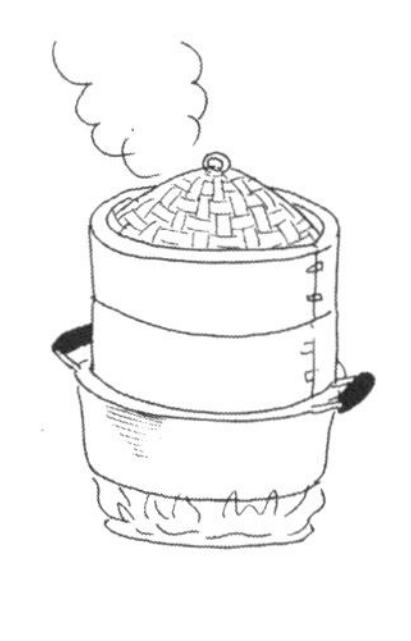
むす

①「この魚、ちょっと**こげてる**」「**こげた**ところは食べないほうがいいよ。体によくないから」
②だいぶ**煮て**あるので、野菜はやわらかくなっています。
③「このお菓子は**油で揚げたもの**ですか」「いえ、**焼いた**だけです」
④このお茶、とても熱いですから、少し**冷まして**から飲んでください。
⑤ジャガイモの**皮をむいたら**細く**切って**、豚肉といっしょに**炒めて**ください。

ドリル

1）つぎの（　　　）に合うものを下の語から一つ選び、必要があれば形を変えて入れなさい。

①「てんぷら」は、野菜や魚などを油で(　　　　　)た料理です。
②タマネギやニンジンなどを(　　　　　)で煮ただけの簡単なスープです。
③カップラーメンは、お湯を(　　　　　)でから３分で食べられます。
④パスタは(　　　　　)すぎるとおいしくないので、気をつけてください。

刻む	注ぐ	ゆでる	揚げる	炊く

2）つぎの（　　　）に合うものをａ～ｅの中から一つ選びなさい。

①お酢が多かったみたいです。ちょっと(　　　)ですね。
②さっき(　　　)ものを食べたから、水が飲みたくなってきた。
③このバナナはちょっと(　　　)ですね。あまり甘くないかもしれません。
④海の近くだから、このお店は魚が(　　　)ですね。すごくおいしいです。

a. 甘い	b. 新鮮	c. すっぱい	d. 硬い	e. 辛い

5 レストラン

ร้านอาหาร, ภัตตาคาร／Nhà hàng／Restoran

●外食（がいしょく） การรับประทานอาหารนอกบ้าน／đi ăn ngoài／Makan di Luar

外食する（がいしょく） รับประทานอาหารนอกบ้าน／Đi ăn ngoài／makan di luar

定食（ていしょく） อาหารชุด／suất ăn／paket makanan

セット เซ็ท／suất, bộ／paket

ランチ อาหารกลางวัน／bữa trưa／makan siang

ディナー อาหารเย็น／bữa tối／makan malam

ドリンク เครื่องดื่ม／đồ uống／minuman

おすすめ รายการอาหารแนะนำ／món khuyên dùng／rekomendasi

持ち帰り（も かえ） การสั่งอาหารกลับบ้าน／mua mang về／bawa pulang

▶テイクアウトする การสั่งอาหารกลับบ้าน／mua mang về／bawa pulang

会計が済む（かいけい す） ชำระเงินเรียบร้อย／thanh toán xong／pembayaran selesai/ sudah membayar

例：会計はもう済んだ？／会計、お願（ねが）いします。

勘定を払う（かんじょう） คิดเงิน, เช็คบิล／trả tiền／membayar bon

例（れい）：お勘定、お願いします。

伝票（でんぴょう） ใบสั่งอาหาร／biên lai／slip

取り消す（と け）（キャンセルする） ยกเลิก／hoãn, hủy bỏ／membatalkan

例：注文（ちゅうもん）を～、予約（よやく）を～

皿を下げる（さら さ） เก็บจานออกจากโต๊ะ／dọn bát đĩa trên bàn／mengangkat piring

サービスする บริการฟรี／tặng thêm, tặng miễn phí／memberikan bonus

例：コーヒーの無料（むりょう）サービス

サービスがいい ⇔サービスが悪い（わる） การบริการ／dịch vụ tốt／pelayanannya bagus

●店（みせ）・座席（ざせき） ร้านอาหาร, ที่นั่ง／Cửa hàng, Chỗ ngồi／Restoran, Tempat Duduk

ファミレス（ファミリーレストラン） ร้านอาหารสำหรับครอบครัว／nhà hàng gia đình／restoran keluarga

ファーストフード ฟาสฟู้ด／cửa hàng ăn nhanh／cepat saji

居酒屋（いざかや） ร้านเหล้า／quán rượu／kedai minum gaya Jepang

カフェ คาเฟ่／quán cà phê／kafe

バイキング บุฟเฟ่ต์／ăn tự chọn／prasmanan

禁煙席（きんえんせき） ที่นั่งสำหรับผู้ไม่สูบบุหรี่／chỗ không hút thuốc／tempat duduk bebas rokok

⇔喫煙席（きつ） ที่นั่งสำหรับผู้ที่สูบบุหรี่／chỗ hút thuốc／tempat duduk merokok

満席（まん） ที่นั่งเต็ม／kín chỗ／penuh

①「今日行けなくなったので、予約を**キャンセルし**たいんですが」「はい、かしこまりました」
②「こちらのお皿、お**下げして**もよろしいですか」「はい、お願いします」
③「**喫煙席**はありますか」「申し訳ございません。すべて**禁煙席**となっております」
④「**お会計**はご一緒ですか」「いえ、別でお願いします」
⑤「どうする？　ここで食べていく？」「あんまりゆっくりできないから、**テイクアウト**にしようか」

ドリル

1）つぎの（　　）に合うものを下の語から一つ選び、必要があれば形を変えて入れなさい。

①仕事が終わらなかったので、レストランの予約を（　　　　　）した。
②あの店は夕方５時半までに行くと、ビールを一杯（　　　　　）てくれる。
③土曜日の夜は、家族で（　　　　　）ことが多いです。
④会計はもう（　　　　　）せたから、あと５分くらいでここを出ましょう。

払う	取り消す	済む	外食する	サービスする

2）つぎの（　　）に合うものをａ～ｅの中から一つ選びなさい。

①「個室はありますか」「すみません。（　　　）かカウンターになるんですが」
②ケーキとコーヒーを（　　　）で頼むと、安くなります。
③「すみません、これ、テイクアウトで」「お（　　　）ですね。かしこまりました」
④時間がないから、ハンバーガーとかの（　　　）でもいいよ。

a. 会計	b. テーブル席	c. 持ち帰り	d. ファーストフード	e. セット

6 毎日の生活（まいにち せいかつ）

การใช้ชีวิตในแต่ละวัน／Cuộc sống thường nhật／Kehidupan Sehari-hari

●毎日の生活（まいにち せいかつ） การใช้ชีวิตในแต่ละวัน／Cuộc sống thường nhật／Kehidupan Sehari-hari

目を覚ます（め さ）　ตื่นนอน , (ลืมตา) ตื่น／mở mắt (thức dậy)／bangun

▶目が覚める　ตื่นนอน／mở mắt (thức dậy)／bangun

▶目覚まし時計（ざ どけい）をセットする　ตั้งนาฬิกาปลุก／để đồng hồ báo thức／mengeset jam beker

歯を磨く（は みが）　แปรงฟัน／đánh răng／menggosok gigi

着替える（き が）　เปลี่ยนเสื้อผ้า／thay quần áo／ganti baju

化粧（け しょう）をする〔メイク(をする)〕　แต่งหน้า／trang điểm／berdandan

髪（かみ）をセットする　ทำผม, เซ็ตผม／chỉnh trang đầu tóc／merapikan rambut

ひげをそる　โกนหนวด／cạo râu／mencukur kumis

服装（ふくそう）　เสื้อผ้า／quần áo／berpakaian

外出（がいしゅつ）する　ออกไปข้างนอก／ra ngoài／keluar

出勤（しゅっきん）する　ออกไปทำงาน／đến chỗ làm／masuk kerja

通勤（つう）する　เดินทางไป(และกลับจาก) ทำงาน／đi làm／pergi untuk bekerja

▶通学（がく）する　เดินทางไป(และกลับจาก)เรียนหนังสือ／đi học／pergi ke sekolah

帰宅（き たく）する　กลับบ้าน／về nhà／pulang

食器（しょっき）を片（かた）づける　เก็บกวาดภาชนะใส่อาหาร／dọn dẹp bát đĩa／membereskan piring

くつろぐ　ผ่อนคลาย, ทำตัวสบายๆ ／nghỉ ngơi／bersantai

パジャマ　ชุดนอน／quần áo ngủ／piyama

●家事（か じ） งานบ้าน／Việc nhà／Pekerjaan Rumah

ゴミを捨（す）てる　ทิ้งขยะ／vứt rác／membuang sampah

ゴミを出（だ）す　ทิ้งขยะ／đổ rác／mengeluarkan sampah

洗濯物（せんたくもの）を干（ほ）す　ตากผ้า／phơi quần áo／menjemur cucian

▶洗濯物が乾（かわ）く　ผ้าแห้ง／quần áo khô／cuciannya kering

洗濯機（き）　เครื่องซักผ้า／máy giặt／mesin cuci

洗剤（ざい）　ผงซักฟอก／xà phòng giặt／deterjen

石（せっ）けん　สบู่／xà phòng rửa tay／sabun

汚（よご）れを落（お）とす　เอาคราบสกปรกออก／đánh tan vết bẩn／membersihkan kotoran

▶汚れが落ちる　คราบสกปรกหลุดออก／vết bẩn trôi đi／kotorannya hilang

掃除機（そうじ）をかける　ดูดฝุ่น／bật máy hút bụi／membersihkan dengan penyedot debu

テーブルを拭（ふ）く　เช็ดโต๊ะ／lau bàn／mengelap meja

シャツをクリーニングに出（だ）す　ส่งเสื้อเชิ้ตซักที่ร้านซักรีด／mang áo sơ mi ra cửa hàng giặt là／membawa kemeja ke penatu

●ゴミ ขยะ／Rác／Sampah

ゴミを分別（ぶんべつ）する　แยกขยะ／phân loại rác／memilah sampah

粗大（そ だい）ゴミ　ขยะชิ้นใหญ่／rác to／sampah berukuran besar

ゴミのリサイクル　การรีไซเคิลขยะ／tái chế rác／daur ulang sampah

ゴミの回収（かいしゅう）　การเก็บรวบรวมขยะ／thu gom rác／pengumpulan sampah

●その他（た） อื่นๆ／Khác／ Lain-lain

(朝)寝坊（あさ ねぼう）する　ตื่นสาย／ngủ dậy muộn ／(pagi) kesiangan

犬（いぬ）の散歩（さんぽ）をする　พาสุนัขไปเดินเล่น／dắt chó đi dạo／berjalan-jalan dengan anjing

えさをやる　ให้อาหารสัตว์เลี้ยง／cho chó (mèo) ăn／memberi makan

犬の世話（せわ）をする　ดูแลสุนัข／chăm sóc chó／merawat anjing

花（はな）に水（みず）をやる　รดน้ำดอกไม้／tưới nước cho hoa／menyirami bunga

忘れ物をする ลืมของ／để quên đồ／lupa

充電する ชาร์จไฟ, ชาร์จแบตเตอรี่／xạc pin／mengecas

留守 ไม่อยู่ (บ้าน)／ra ngoài, không có ở nhà／tidak ada di rumah

例：母は今、留守です。

▶**留守番をする** การอยู่เฝ้าบ้าน (ตอนไม่มีคนอยู่)／trông nhà／menjaga rumah

身だしなみが大切 การแต่งตัวให้เรียบร้อย (ดูแลรูปลักษณ์) เป็นสิ่งสำคัญ／giữ vẻ ngoài chỉnh chu rất quan trọng／penampilan itu penting

暮らす การใช้ชีวิต , ดำเนินชีวิต／sinh sống／hidup

例：彼は今、海外で暮らしている。

▶**一人暮らし** การอาศัยอยู่คนเดียว／sống một mình／hidup sendiri

CD 06

例文

①午後は用事があって、少し**外出します**。

②ゴミは**分別して**捨ててください。**リサイクル**できるゴミは、ここです。

③「お仕事は？」「旅行会社に**勤めています**」

④「今週は雨の日が多いですね」「ええ。**洗濯物**が**干せ**なくて困りますね」

⑤少し疲れているようだから、**睡眠**を十分にとるようにしてください。

ドリル

つぎの（　　　）に合うものを下の語から一つ選び、必要があれば形を変えて入れなさい。

1）

①朝寝坊したので、髪を（　　　）時間がなかった。

②午後から雨になったので、洗濯物が全然（　　　）ていない。

③毎日忙しいですが、元気に（　　　）ています。

④こういう油の汚れは、普通の洗剤では（　　　）ない。

かわく　　暮らす　　拭く　　落ちる　　セットする

2）

①寝るときはパジャマに（　　　）ます。

②明日、友だちが遊びに来るから、部屋を（　　　）ないといけない。

③花に水を（　　　）のは、私の仕事です。

④昨日は忙しくて、掃除機を（　　　）時間がなかった。

かける　　片づける　　着替える　　干す　　やる

7 電車

でんしゃ

รถไฟ／Tàu điện／Kereta

●電車 でんしゃ　รถไฟ／Tàu điện／Kereta

語	読み	意味
乗り換える	の　か	เปลี่ยนหรือต่อรถ／đổi tàu／ganti, pindah
乗り越す	こ	นั่งเลยไป ／đi (tàu) quá, đi (tàu) xa hơn nơi định đi ban đầu／melewati tempat tujuan
乗り過ごす	す	นั่งเลย (สถานี, ป้าย) ที่จะลง／đi quá／tempat tujuan sudah terlewat
乗り遅れる	おく	ขึ้น (รถ) ไม่ทัน／nhỡ tàu, không lên kịp tàu／terlambat naik
席をゆずる	せき	ลุกให้ที่นั่ง／nhường chỗ／memberikan tempat duduk
間に合う	ま　あ	ทันเวลา／kịp／keburu
～に止まる	と	จอดที่~／dừng ở ~／berhenti di ~
鉄道	てつどう	ทางรถไฟ／đường sắt／kereta api, rel kereta
JR		Japan Railways ／JR (Công ty Đường sắt Nhật Bản)／JR (Japan Railways)
～線	せん	สาย~／tuyến ~／jalur kereta ~

例：中央線、地下鉄東西線（れい　ちゅうおう　ち か てつとうざい）

語	読み	意味
新幹線	しんかん	รถไฟความเร็วสูง, ชินคันเซ็น／tàu siêu tốc Shinkansen／kereta peluru
地下鉄	ち　か　てつ	รถไฟใต้ดิน／tàu điện ngầm／kereta bawah tanah
特急	とっきゅう	ขบวนรถด่วนพิเศษ／tàu tốc hành đặc biệt／kereta ekspres terbatas
急行	きゅうこう	ขบวนรถด่วน／tàu tốc hành　／kereta ekspres
快速	かいそく	ขบวนรถด่วนที่จอดเฉพาะสถานีหลัก／tàu nhanh／kereta transit cepat
各駅停車／各駅	かくえきていしゃ	ขบวนรถธรรมดา／tàu dừng ở các ga／kereta yang berhenti di setiap stasiun
時刻表	じ こくひょう	ตารางเวลา／bảng giờ tàu／jadwal keberangkatan
ダイヤ		ตารางเวลา／bảng giờ kế hoạch vận hành tàu／diagram perjalanan kereta
乗客	じょうきゃく	ผู้โดยสาร／hành khách／penumpang
車しょう		กระเป๋ารถเมล์／phụ xe, lơ xe／kondektur
～行き	い	ไป~／đi ~／tujuan ~
上り	のぼ	ขึ้น／lên Tokyo／arah ke dalam kota
下り	くだ	ล่อง／từ Tokyo đi các tỉnh／arah ke luar kota
終点	しゅうてん	สถานีปลายทาง, จุดหมายปลายทาง／bến cuối／pemberhentian terakhir
～目	め	ลำดับที่~／thứ ~ (thứ tự)／ke ~

例：「池袋はいくつ目ですか」「３つ目です」（れい　いけぶくろ）

語	読み	意味
通過する	つう か	ผ่าน／đi qua／melewati
停車する	てい	จอด／dừng xe dừng tàu／berhenti
発車する	はっ	ออกรถ／bắt đầu chạy (tàu, xe)／berangkat
到着する	とうちゃく	ถึงจุดหมาย／đến／tiba
列車	れっ	รถไฟ／tàu／kereta
車内	ない	ภายในขบวนรถ／trong xe, trong tàu／di dalam kereta
車両	りょう	ตู้รถไฟ, ขบวนรถ／toa／gerbong
終電	しゅうでん	รถไฟขบวนสุดท้าย／chuyến tàu cuối ／kereta terakhir
満員電車	まんいん	รถไฟแน่น／tàu đông kín khách／kereta penuh
線路	ろ	ทางรถไฟ／đường tàu／rel
踏切	ふみきり	จุดตัดระหว่างทางรถไฟกับถนน／điểm giao giữa đường tàu và đường bộ／perlintasan kereta
乗車券	けん	ตั๋วรถ／vé tàu／tiket
片道	かたみち	(ตั๋ว) เที่ยวเดียว／một chiều／satu arah
往復	おうふく	ไป-กลับ／khứ hồi／pulang pergi

●座席 ざせき　ที่นั่ง／Chỗ ngồi／Kursi

語	読み	意味
指定席	し てい	ที่นั่งที่จองโดยระบุหมายเลขที่นั่งไว้／ghế chỉ định／kursi dengan pemesanan
自由席	じ ゆう	ที่นั่งที่ไม่ได้ระบุหมายเลขที่นั่ง／ghế tự do／kursi tanpa pemesanan
窓側	まどがわ	ฝั่งติดหน้าต่าง／(chỗ ngồi) gần cửa sổ／sisi jendela
通路側	つう ろ	ฝั่งติดทางเดิน／(chỗ ngồi) gần lối đi／sisi lorong

満席（まんせき）　ที่นั่งเต็ม／kín chỗ／penuh

空席（くうせき）　ที่นั่งว่าง／chỗ trống／kursi kosong

優先席（ゆうせんせき）　ที่นั่งสำรองพิเศษ／chỗ ưu tiên／kursi prioritas

●駅（えき）　สถานีรถไฟ／Ga／Stasiun

ホーム　ชานชาลา／sân ga／peron

～番線（ばんせん）　ชานชาลาที่～／tuyến tàu số～／jalur nomor～

乗り場（のりば）　ชานชาลา, จุดขึ้นรถ／nơi lên tàu／tempat naik

切符売り場（きっぷうりば）　ที่ขายตั๋ว／nơi bán vé／tempat penjualan tiket

通路（つうろ）　ทางเดิน, ทางสัญจร／lối đi／lorong, jalan

南口（みなみぐち）　ทางออกทิศใต้／cửa phía Nam／pintu selatan

類 中央口、出口、改札口、公園口、非常口

CD 07

例文

①「遅かったですね」「すみません。電車を**乗り過ごして**しまったんです」

②「11時の電車なんですが、今から出て**間に合う**でしょうか」「うーん、ぎりぎりですね」

③「**指定席**は取れましたか」「いえ。**満席**でもう取れなかったので、**自由席**で行きます」

④「昨日、家に帰らなかったんですか」「ええ。**終電**に**乗り遅れた**ので、友だちの家に泊まりました」

⑤地下鉄にお**乗り換え**の方は、**北口通路**をご利用ください。

ドリル

つぎの（　　）に合うものをa～eの中から一つ選びなさい。

1）

①この電車は（　　）ですので、次の駅には止まりません。

②お荷物は（　　）に置かないで、ひざの上に置いてください。

③私が利用する駅は、快速が止まらないので（　　）に乗っています。

④この席はお年寄りやけがをしている人のための（　　）です。

a. 優先席	b. 空席	c. 座席	d. 特急	e. 各駅停車

2）

①電車で通勤しているので、3か月の（　　）を買っている。

②見本市会場に行くなら、（　　）の「国際センター前」が便利です。

③（　　）で帰りの電車の時間を確認しておきましょう。

④特急列車をご利用の場合は、（　　）のほか、特急券が必要です。

a. 時刻表	b. 乗車券	c. 定期券	d. 終点	e. 終電

8 飛行機(ひこうき)・バス・車(くるま)

เครื่องบิน, รถโดยสาร, รถยนต์／Máy bay, Xe buýt, Xe Ô tô／Pesawat, Bus, Mobil

●飛行機(ひこうき)・空港(くうこう)

เครื่องบิน, สนามบิน／Máy bay, Sân bay／Pesawat, Bandara

航空機(こうくうき)	เครื่องบิน／máy bay／pesawat
▶ジェット機	เครื่องบินเจ็ท／máy bay phản lực／pesawat jet
エコノミークラス	ชั้นประหยัด／hạng phổ thông／kelas ekonomi
ビジネスクラス	ชั้นธุรกิจ／hạng thương gia／kelas bisnis
ファーストクラス	เฟิร์สคลาส, ชั้นหนึ่ง／hạng nhất／kelas satu
～便(びん)	เที่ยวบิน／chuyến bay ~／penerbangan ~

例：次の便、一日５便

直行便(ちょっこう)	เที่ยวบินตรง／chuyến bay thẳng／penerbangan langsung
経由(けいゆ)	เที่ยวบินที่แวะจอดที่ใดที่หนึ่งก่อนถึงจุดหมาย／quá cảnh／via, melalui

例：バンコク経由パリ行き

入国(にゅうこく)	การเข้าประเทศ／vào nước nào đó／imigrasi
出国(しゅつ)	การออกนอกประเทศ／ra khỏi nước nào đó／keberangkatan
免税店(めんぜいてん)	ร้านค้าปลอดภาษี／cửa hàng miễn thuế／toko bebas pajak
税関(かん)	ภาษีศุลกากร／hải quan／Bea dan Cukai
出迎える(でむか)	ไปรับ／đón／menyambut kedatangan
荷物(にもつ)を預(あず)ける	ฝากของ／giữ hành lý／menitipkan barang
ヘリコプター	เฮลิคอปเตอร์／máy bay trực thăng／helikopter

●バス・車(くるま)

รถโดยสาร, รถยนต์／Xe buýt, Xe ô tô／Bus, Mobil

路線(ろせん)	เส้นทาง (รถยนต์ รถไฟ)／tuyến／rute
停留所(ていりゅうじょ)	ป้าย (จอดรถประจำทาง) , ที่จอด／bến xe／halte bus
▶バス停	
運賃(うんちん)	ค่าโดยสาร／phí／tarif, ongkos
高速道路(こうそくどうろ)	ทางด่วน／đường cao tốc／jalan tol
シートベルト	เข็มขัดนิรภัย／dây an toàn／sabuk pengaman
車道(しゃ)	ทางเดินรถ／lòng đường (đường xe chạy)／jalan raya
歩道(ほ)	ฟุตบาท, ทางคนเดิน／vỉa hè／trotoar
ブレーキ	เบรก／phanh／rem
速度(そくど)	ความเร็ว (ของรถ)／tốc độ／kecepatan
停車(てい)する	หยุดรถ／dừng xe／berhenti
免許(めんきょ)	การออกใบอนุญาต , ใบอนุญาต／bằng／lisensi
行(い/ゆ)き先(さき)	จุดหมาย, ที่ที่จะเดินทางไป／điểm đến／jurusan
トラック	รถบรรทุก／xe tải／jalur
バイク	รถมอเตอร์ไซด์／xe máy／sepeda motor
タクシーを拾(ひろ)う	เรียกแท็กซี่／bắt taxi／mencegat taksi
=タクシーを捕(つか)まえる	
▶タクシーが捕まる	

●その他(た)

อื่นๆ／Khác／ Lain-lain

安全(あんぜん)な	ปลอดภัย／an toàn／aman
⇔危険(きけん)な	อันตราย／nguy hiểm／bahaya

①「いくつ目のバス停で降りるの？」「ちょっと待って。路線図を見てみる。・・・次の次だ」
②「この飛行機は直行便ですか」「いえ、ソウルを経由します」
③「市役所行きのバスはどれですか」「あそこに停車しているバスです」
④「バスの運賃はいつ払いますか」「おりるときに、運賃箱に入れてください」
⑤バスに乗る時、整理券を取ってください。

ドリル

1）つぎの（　　　）に合うものを下の語から一つ選び、必要があれば形を変えて入れなさい。

①天気が悪かったため、飛行機は 30 分遅れて空港に（　　　　　　）した。
②その辺りは車の通りが少なくて、なかなかタクシーが（　　　　　　）なかった。
③飛行機に乗るとき、一人 25 キロまでは無料で荷物を（　　　　　　）ことができる。
④空港に着いたら、地元の子どもたちが（　　　　　　）てくれた。

停車する	出迎える	預ける	到着する	捕まる

2）つぎの（　　　）に合うものを a ～ e の中から一つ選びなさい。

①（　　　）を歩くと危ないよ。ちゃんとこっちを歩いて。
②（　　　）によって乗り場が全然違うので、気をつけてください。
③乗り換えないといけないので、次の（　　　）で降りましょう。
④田舎に引っ越した友人は、周りに何もなくて不便なので、運転（　　　）をとることにした。

a. 行き先	b. バス停	c. 車道	d. 税関	e. 免許

9 家（いえ）

บ้าน／Nhà ／ Rumah

●家（いえ） บ้าน／Nhà／Rumah

- **リビング〔居間（いま）〕** ห้องนั่งเล่น／phòng khách／ruang keluarga
- **ダイニング〔食堂（しょくどう）〕** ห้องอาหาร／phòng ăn／ruang makan
- **▶食卓（たく）** โต๊ะอาหาร／bàn ăn／ meja makan
- **キッチン〔台所（だいどころ）〕** ห้องครัว／bếp／dapur
- **天井（てんじょう）** เพดานห้อง／trần nhà／langit-langit
- **床（ゆか）** พื้น／sàn nhà／lantai
- **▶フローリング** พื้น／lát sàn／ lantai kayu
- **廊下（ろうか）** ทางเดิน／hành lang／koridor
- **柱（はしら）** เสา／cột／pilar
- **壁（かべ）** ฝาผนัง, กำแพง／tường／dinding
- **ベランダ** ระเบียง／ban công／beranda
- **和室（わしつ）** ห้องแบบญี่ปุ่น／phòng kiểu Nhật truyền thống／kamar bergaya Jepang
- **たたみ** เสื่อทาตามิ／chiếu tatami／tatami
- **マンション** แมนชั่น／chung cư cao cấp／kondominium
- **ワンルーム** ห้องเดี่ยว (มีครัว, ห้องนั่งเล่นอยู่ในห้องเดียว)／căn hộ kiểu một phòng lớn／satu kamar
- **オートロック** ล็อคอัตโนมัติ／khóa tự động／kunci otomatis

●家具（かぐ）・家電製品（かでんせいひん） เครื่องเรือน, เครื่องใช้ไฟฟ้าภายในบ้าน／Đồ gia dụng, Đồ điện gia dụng／Porabot, Poralatan Listrik Rumah Tangga

- **扇風機（せんぷうき）** พัดลม／quạt／kipas angin
- **エアコン** แอร์／điều hòa／AC
- **ドライヤー** ไดร์เป่าผม／máy sấy／pengering rambut
- **ソファー** โซฟา／ghế sa lông／sofa
- **カーペット** พรม／thảm trải sàn／karpet
- **じゅうたん** พรม／thảm trải sàn／karpet
- **毛布（もうふ）** ผ้าห่ม／chăn／selimut
- **コンセント** ปลั๊กไฟ／ổ điện／stopkontak

●家庭用品（かていようひん） ของใช้ในบ้าน／Đồ dùng trong nhà／Perlengkapan Rumah Tangga

- **タオル** ผ้าเช็ดตัว／khăn mặt／handuk
- **スリッパ** รองเท้าใส่ภายในบ้าน／dép đi trong nhà／sandal rumah
- **枕（まくら）** หมอน／gối／bantal
- **ティッシュ(ペーパー)** กระดาษทิชชู่／giấy ăn／kertas tisu

●その他（た） อื่นๆ／Khác／ Lain-lain

- **大家（おおや）** เจ้าของบ้านเช่า／chủ nhà／pemilik rumah
- **飾（かざ）る**（花（はな）/絵（え）を） ประดับ／trang trí ／menghias
- **かかる**（絵/時計（とけい）が） แขวนอยู่／được treo lên／dipajang, terpajang

例文

①こんなぜいたくなものが、うちの**食卓**に出ることはありません。

②「この**ドライヤー**は海外でも使えますか」「**コンセント**の形が同じなら使えますよ」

③**ベランダ**から富士山が見えるんですか？　いいですねえ。

④山田さんは花が大好きで、家を訪ねると、いつも**リビング**や玄関に飾ってあります。

⑤うちは古い**マンション**で**オートロック**じゃないので、直接ここまで来てください。

ドリル

つぎの（　　　）に合うものをａ～ｅの中から一つ選びなさい。

1）

①昨日はとても暑かったので、一日中、（　　　）をつけていた。

②（　　　）が広いと、料理がしやすくていいですね。

③家で犬を飼っているので、床に傷がつかないよう、（　　　）を敷いています。

④このマンションは、すべて（　　　）です。

a. カーペット　b. キッチン　c. エアコン　d. ワンルーム　e. ダイニング

2）

①食事の後はたいてい、みんなが（　　　）に集まって、テレビを見ます。

②引っ越しをしたとき、いらなくなった（　　　）を友達にあげました。

③部屋に棚がないので、荷物はほとんど（　　　）の上に置いています。

④4月だけどまだ寒いので、（　　　）をかけて寝ています。

a. 家具　b. 毛布　c. 天井　d. 床　e. 居間

10 街（まち）

ในเมือง／Khu phố／Kota

●店（みせ）など　ร้านค้าต่างๆ／Các cửa hàng v.v…／Toko, dll

書店（しょてん）（本屋（ほんや））	ร้านหนังสือ／cửa hàng sách／toko buku
雑貨屋（ざっかや）	ร้านขายของชำ , ร้านขายของเบ็ดเตล็ด／cửa hàng tạp hóa／toko kelontong
スポーツ用品店（ようひん）	ร้านขายอุปกรณ์กีฬา／cửa hàng dụng cụ thể thao／toko perlengkapan olah raga
美容院（びよういん）	ร้านตัดผม , ร้านเสริมสวย／cửa hàng cắt tóc／salon kecantikan
カフェ	คาเฟ่／quán cà phê／kafe
薬屋（くすり）	ร้านขายยา／cửa hàng thuốc／toko obat
薬局（やっきょく）	ร้านขายยา／cửa hàng thuốc／apotek

※薬を扱（あつか）う店。特（とく）に、病院（びょういん）が指示（しじ）する薬を出（だ）すところ。
ร้านที่จำหน่ายยา โดยเน้นร้านที่จำหน่ายยาที่ถูกสั่งจากโรงพยาบาล／Cửa hàng bán thuốc. Đặc biệt chỉ những nơi cấp thuốc theo chỉ định của bác sĩ／Toko yang menjual obat-obatan. Khususnya, resep dari rumah sakit.

▶ドラッグストア	ร้ายขายยา／cửa hàng dược phẩm mĩ phẩm／toko obat

※健康（けんこう）や美容などに関（かん）する商品（しょうひん）を豊富（ほうふ）に扱う店。
ร้านที่จำหน่ายผลิตภัณฑ์เพื่อสุขภาพ ความสวยงาม เป็นหลัก／*Cửa hàng bán phong phú các sản phẩm về sức khỏe, thẩm mĩ／* Toko yang menjual berbagai produk kesehatan dan kecantikan.

不動産屋（ふどうさん）	บริษัทรับจัดหาบ้านหรือห้องพัก／cửa hàng bất động sản／agen real estat
牛丼屋（ぎゅうどん）	ร้ายขายข้าวหน้าเนื้อ／cửa hàng bán cơm bò／restoran gyudon (nasi dengan lauk daging sapi)
イタリアン（レストラン）	ร้านอาหารอิตาเลี่ยน／nhà hàng kiểu Ý／restoran masakan Italia
中華料理店（ちゅうかりょうり）	ร้านอาหารจีน／nhà hàng món ăn Trung Hoa／restoran masakan Cina
ファーストフード店	ร้านอาหารฟาส์ฟู้ด , ร้านอาหารจานด่วน／cửa hàng đồ ăn nhanh／restoran cepat saji
100円（えん）ショップ	ร้าน 100 เยน／cửa hàng 100 yên／toko 100 yen
医院（い）	สถานรักษาพยาบาล／bệnh viện／klinik
クリニック	คลีนิก／phòng khám／klinik
商店（しょう）	ร้านค้า／cửa hàng thương mại／toko
家電量販店（かでんりょうはん）	ร้านขนาดใหญ่ที่ขายเครื่องใช้ไฟฟ้าจำนวนมาก／cửa hàng bán đồ điện tử／pengecer besar produk elektronik rumah tangga
映画館（えいがかん）	โรงภาพยนตร์／rạp chiếu phim／bioskop
劇場（げきじょう）	โรงละคร／sân khấu kịch／teater
競技場（きょうぎ）（スタジアム）	สนามกีฬา／nhà thi đấu／stadion
ATM	ตู้เอทีเอ็ม／ATM／ATM
ポスト	ตู้ไปรษณีย์／thùng thư／kotak pos
商店街（がい）	ย่านร้านค้า／phố mua sắm／pertokoan

類 住宅（じゅうたく）街・学生（がくせい）街・オフィス街・地下（ちか）街

駅（えき）ビル	ตึกที่เชื่อมต่อกับสถานีรถไฟ／tòa nhà trước ga／gedung stasiun

●街（まち）の風景（ふうけい）・様子（ようす）　ทิวทัศน์ของเมือง, สภาพ／Quang cảnh khu phố／Pemandangan, Kondisi Kota

駅前（えきまえ）	หน้าสถานีรถไฟ／trước ga／depan stasiun
広場（ひろば）	ลานกว้าง　／quảng trường／lapangan
大通り（おおどお）	ถนนใหญ่, ถนนหลัก／đại lộ／jalan raya
空き地（あち）	พื้นที่ที่ว่างอยู่ , ที่ดินเปล่า／đất hoang／tanah kosong
看板（かんばん）	ป้ายโฆษณา (หน้าร้านค้า)／biển hiệu／papan
広告（こうこく）	การโฆษณา , โฆษณา／quảng cáo／iklan
ベンチ	เก้าอี้ม้านั่งยาว／ghế đá／bangku
活気（かっき）がある	มีชีวิตชีวา／sôi động／ada kehidupan
にぎわう	คึกคัก , พลุกพล่าน／nhộn nhịp／ramai
人通り（ひとどお）が多い	มีคนผ่านไปผ่านมาจำนวนมาก／nhiều người qua lại／banyak orang lalu-lalang
通行人（つうこうにん）	คนที่เดินผ่านไปผ่านมา , คนเดินถนน／người đi trên phố／pejalan kaki
人ごみ	ฝูงชน ,กลุ่มคน ,คนจำนวนมาก／biển người／kerumunan orang

混雑 แออัด , สับสนวุ่นวาย／đông đúc／penuh sesak

雰囲気がいい บรรยากาศดี／bầu không khí dễ chịu／suasananya bagus

●その他 อื่นๆ／Khác／ Lain-lain

ぶらぶらする เดินเที่ยวเล่น, เดินเรื่อยเปื่อย, นั่งเล่นนอนเล่น／đi lang thang／jalan-jalan

のぞく（店を） แอบมองดู (ในร้าน)／nhìn, nhìn vào／menengok

見かける（人を） มองเห็น／nhìn thấy／melihat

地元 บ้านเกิด, ถิ่นเกิด ／vùng mình ở／lokal, setempat

例文

①昨日、**駅前**で先生を見かけました。ご家族とご一緒でした。
②ずっと**人ごみ**の中を歩いていたから、すごく疲れた。早く家に帰りたい。
③「やっぱり土日は**人通り**が**多い**ですね」「ええ。特にこの辺はにぎやかです」
④「この近くには銀行はないですよね」「ATM なら、すぐそこのコンビニにありますよ」
⑤この辺りは**オフィス街**なので、お昼時はサラリーマンでいっぱいになる。

ドリル

1）つぎの（　　）に合うものを下の語から一つ選び、必要があれば形を変えて入れなさい。

①「変わったお店！　ちょっと（　　　　　）みていい？」「いいよ」
②この辺は大きな公園はあるし、おしゃれなお店は多いし、（　　　　　）ですね。
③今日は近くの神社で祭りがあるので、たくさんの人で（　　　　　）ている。
④「昨日は何をしていましたか」「妹と銀座のデパートに行って、（　　　　　）いました」

にぎわう	さびしい	のぞく	雰囲気がいい	ぶらぶらする

2）つぎの（　　）に合うものを a ～ e の中から一つ選びなさい。

①このビルには、洋服の店や本屋、レストラン、それに（　　）もある。
②電気製品を買うときは、（　　）をいくつか見て、一番安い店で買います。
③この辺りは（　　）だから、安い店が多いんです。
④「ここの（　　）は活気がありますね」「ええ。特に夕方はたくさんの買い物客でにぎやかになりますよ」

a. 家電量販店	b. 学生街	c. 映画館	d. 商店街	e. 競技場

11 お金・売る・買う

かね　う　か

เงิน, ขาย, ซื้อ／Tiền, Bán, Mua／ Uang, jual, beli

●お金（かね） เงิน／Tiền／Uang

お札（さつ）〔紙幣（しへい）〕	ธนบัตร／tiền giấy／uang kertas
～円（えん）札（千（せん）円札・五（ご）千円札・一万（いちまん）円札）	
硬貨（こうか）〔コイン〕	เหรียญ／tiền xu／uang logam, koin
～円玉（だま）（一円玉・五円玉・十（じゅう）円玉・五十円玉・百（ひゃく）円玉・五百円玉）	
▶小銭（こぜに）	เงินย่อย／tiền lẻ／uang kecil
現金（げんきん）〔キャッシュ〕	เงินสด／tiền mặt／uang tunai
▶クレジットカード	บัตรเครดิต／thẻ tín dụng／kartu kredit
※短（みじか）く、「カード」ともいう。	
両替（りょうがえ）する	แลกเงิน／đổi tiền／menukar uang
お金（かね）を崩（くず）す	แลกเป็นเงินย่อย／đổi tiền mệnh giá to sang nhiều tiền mệnh giá nhỏ／memecah uang
お金をおろす	ถอนเงิน／rút tiền／mengambil uang
振（ふ）り込（こ）む	โอนเงินเข้าบัญชี／chuyển tiền vào tài khoản／transfer
お金を節約（せつやく）する	ประหยัดเงิน／tiết kiệm tiền／menghemat uang
お金を貯（た）める〔貯（ちょ）金する〕	เก็บออมเงิน／để dành tiền／menabung uang

●売（う）る・買（か）う ขาย, ซื้อ／Bán, Mua／Jual, beli

売れる	ขายได้／bán chạy／laris
売り切（き）れる	ขายหมด／bán hết hàng／habis terjual
▶売り切れ	การขายหมด／bán hết ／ habis terjual
売上（うりあげ）	ยอดขาย／doanh thu／penjualan
会計（かいけい）	คิดเงิน／kế toán／pembayaran
支払（しはら）う	จ่าย／thanh toán／bayar
レシート	ใบเสร็จ／hóa đơn／slip pembelian, kuitansi
市場（いちば）	ตลาด／thị trường／pasar
フリーマーケット〔フリマ〕	ตลาดนัด／chợ đồ cũ／pasar loak
値段（ねだん）	ราคา／giá／harga
金額（きんがく）	จำนวนเงิน／số tiền／jumlah uang
(～円（えん）)負（ま）ける	ลดราคา (~เยน)／giảm bớt ~／memberikan korting

●セール การลดราคา／Hạ giá／Obral

セール〔バーゲン〕	การลดราคา／hàng hạ giá／obral
▶特売（とくばい）	การขายราคาพิเศษ, การขายถูกเป็นพิเศษ／hàng giảm giá đặc biệt／obral
セール価格（かかく）	ราคาที่ลดแล้ว／giá đã giảm／harga obral
２割引（わりびき）＝20％オフ	ลด 20 เปอร์เซ็นต์／giảm 20%／diskon 20%
定価（ていか）の半額（はんがく）	ลดครึ่งราคา／giảm một nửa so với giá niêm yết／setengah harga normal
行列（ぎょうれつ）に並（なら）ぶ	ต่อแถว／xếp vào hàng／berdiri dalam antrean

●その他（た） อื่นๆ／Khác／ Lain-lain

税金（ぜいきん）	ภาษี／tiền thuế／pajak
消費税（しょうひぜい）を含（ふく）む	รวมภาษีมูลค่าเพิ่มแล้ว／đã bao gồm thuế tiêu dùng／termasuk pajak konsumsi
物価（ぶっか）が高（たか）い	ค่าครองชีพสูง／vật giá đắt đỏ／harga barang-barang tinggi
ポイントカード	บัตรสะสมแต้ม／thẻ tích điểm／kartu poin
クーポン	คูปอง／phiếu giảm giá／kupon
得（とく）をする	ได้กำไร／lời, lãi／untung
⇔損（そん）をする	ขาดทุน／lỗ／rugi
借金（しゃっきん）を返（かえ）す	ใช้หนี้／trả nợ／mengembalikan utang

①「この自動販売機は**お札**が使えますか」「いえ、**百円玉**と**十円玉**しか使えません」

②「あの**行列**は何ですか」「今日から**バーゲン**が始まったんですよ」

③「この値段には**消費税**が含まれていますか」「はい、含まれています」

④「お**支払い**方法はどうなさいますか」「**カード**でお願いします」

⑤あそこの店は、たくさん買うと**負けて**くれるんです。

ドリル

つぎの（　　）に合うものをａ～ｅの中から一つ選びなさい。

１）

①バスや電車の子どもの運賃は、だいたい大人の（　　）です。

②何があるかわからないから、（　　）は捨てずに持っておいたほうがいいよ。

③駅前のスーパーは毎月１日に（　　）をしている。

④先月私が買った服がバーゲンで 50%（　　）になっていて、くやしかった。

a. レシート	b. クレジットカード	c. オフ	d. 半額	e. 特売

２）

①このカップが買いたいんだけど、（　　）がわからない。いくらだろう？

②この市場では（　　）しか使えないと思うよ。

③（　　）して、お昼は弁当を持っていくことにしました。

④世界一周旅行に行くために、毎月、少しずつ（　　）をしています。

a. 貯金	b. 値段	c. 物価	d. 現金	e. 節約

12 服・靴（ふく・くつ）

เสื้อผ้า, รองเท้า／Quần áo, Giày dép／Pakaian, sepatu

●服・靴（ふく・くつ） เสื้อผ้า, รองเท้า／Quần áo, Giày dép／Pakaian, sepatu

ワンピース ชุดกระโปรงติดกัน วันพีซ／váy liền／baju terusan

ブラウス เสื้อผู้หญิง／áo cánh／blus

パンツ กางเกง／quần／celana

ジーンズ กางเกงยีน／quần bò／jin

マフラー ผ้าพันคอ／khăn／syal, mafela

手袋（てぶくろ） ถุงมือ／găng tay／sarung tangan

ハイヒール ร้องเท้าส้นสูง／giầy cao gót／sepatu hak tinggi

サンダル ร้องเท้าแตะ／dép sandal／sandal

スニーカー ร้องเท้าผ้าใบ／giầy thể thao／sepatu kets

イヤリング ต่างหู ／khuyên tai kẹp／anting jepit

ピアス ต่างหู (แบบเจาะ)／khuyên tai xỏ qua lỗ tai／anting tusuk

襟（えり） ปกเสื้อ, คอเสื้อ／cổ áo／kerah

長袖（ながそで） เสื้อแขนยาว／áo tay dài／lengan panjang

半袖（はんそで） เสื้อแขนสั้น／áo tay ngắn／lengan pendek

柄（がら） ลวดลาย／hoa văn／pola, corak

模様（もよう） ลวดลาย／hoa văn／motif

デザイン ดีไซน์／thiết kế／desain

和服（わふく） เสื้อผ้าแบบญี่ปุ่น／quần áo kiểu Nhật／pakaian gaya Jepang

---

●【服などの表現（ふくなどのひょうげん）】

服	着る	ぬぐ
シャツ	着る	ぬぐ
ズボン	はく	ぬぐ
スカート	はく	ぬぐ
くつ	はく	ぬぐ
ネクタイ	する／しめる*1	はずす*4／とる
マフラー	する／まく*2	はずす／とる
手ぶくろ	する／つける*3／はめる	はずす／とる
ゆびわ	する／つける／はめる	はずす／とる
時計	する／つける／はめる	はずす／とる
ネックレス	つける	はずす／とる
めがね	かける	はずす／とる
マスク	つける	はずす／とる

***1 しめる** มัด รัด (ให้กระชับ) ,ทำให้แน่น／thắt／memakai, mengencangkan

***2 巻く（まく）** พัน, หมุน ,ไข／quấn／gulung

***3 はめる** สวม, ใส่ (ถุงมือ แหวน)／đeo (nhẫn)／menutup

***4 はずす** ถอดออก ,ปลดออก／tháo／lepaskan, tanggalkan

●評価（ひょうか）など ความเห็น การประเมิน／Đánh giá／ Penilaian, dll

派手（はで）な (สี) ฉูดฉาด, เป็นที่สะดุดตา／sặc sỡ／mencolok

地味（じみ）な เรียบๆ , ไม่ฉูดฉาด／giản dị／tidak mencolok

シンプルな เรียบง่าย , เรียบๆ , ไม่ยุ่งยาก／đơn giản／sederhana, simpel

おしゃれな ดูดี ,มีสไตล์ ／điệu, sành điệu／modis, keren

上品（じょうひん）な ดูมีรสนิยม , ดูเป็นผู้ดี／sang trọng／elegan, anggun

サイズ ขนาด／kích cỡ／ukuran

例（れい）：サイズが合（あ）わない、別（べつ）のサイズ

(服が)きつい	คับ／chât／sempit
(服が)ゆるい	หลวม／rộng／longgar
▶ぶかぶか	ใหญ่เกินไป , ใหญ่เทอะทะ ／rộng thùng thình／kebesaran, kelonggaran
(服が)気に入る	ถูกใจ／thích, ưng ý／menyukai
(人に)似合う	เข้ากันกับ... , ดูเหมาะ／hợp／cocok
流行る	เป็นที่นิยม ,ได้รับความนิยม／đang là mốt, thịnh hành／tren
例:流行りの髪型	ทรงผมที่เป็นที่นิยม／kiểu tóc đang thịnh hành／gaya rambut tren
試着する	ลองใส่เสื้อผ้า／mặc thử／mencoba pakai
例:試食する、試飲する、CDを試聴する	

①「Aさんは仕事に行くとき、ネクタイを**しめます**か」「はい。会社の規則なんですよ」
②〈試着室で〉「お客様、いかがですか」「ちょっとウエストが**きつい**ですね」
③「あの方が鈴木部長の奥様ですよ」「とても**上品な**方ですね」
④「見て。新しい服、買ったの」「うーん、ちょっと**派手**じゃない？」
⑤このかばんは**デザイン**がいいし、荷物もたくさん入るから、**気に入って**います。

ドリル

1）つぎの（　　）に合うものを下の語から一つ選び、必要があれば形を変えて入れなさい。

①あの歌手はいつもサングラスを（　　　　）ているので、どんな顔か、わからない。
②あの人は指輪を（　　　　）てないから、独身じゃないですか。
③食事をする時は、帽子を（　　　　）たほうがいい。
④朝、寒かったので、マフラーを（　　　　）て出かけたら、暑くなってきた。

巻く	はめる	しめる	かける	とる

2）つぎの（　　）に合うものをa～eの中から一つ選びなさい。

①この服は結婚式に着ていくには、ちょっと（　　）だ。
②これはどうですか。落ち着いた感じの、（　　）な柄だと思いますけど。
③ダイエットをして10キロやせたら、パンツが（　　）になった。
④「どういったシャツをお探しですか」「柄があまりない、（　　）なデザインのものがいいんですが」

a. 派手	b. 上品	c. 地味	d. ぶかぶか	e. シンプル

13 色・形

สี, รูปร่างลักษณะ／Màu sắc, Hình dạng／Warna, bentuk

●基本の色 สีพื้นฐาน／màu cơ bản／warna dasar

黒	ブラック	ดำ／đen／hitam	黒いくつ
白	ホワイト	ขาว／trắng／putih	白い犬
赤	レッド	แดง／đỏ／merah	赤いバラ
青	ブルー	ฟ้า／xanh／biru	青い海
黄色	イエロー	เหลือง／màu vàng／kuning	黄色い看板
緑（色）	グリーン	เขียว／xanh lá cây／hijau	緑（色）のカーテン
ピンク（色）	ピンク	ชมพู／hồng／merah muda	ピンク（色）のスカート
茶色	ブラウン	น้ำตาล／màu nâu／cokelat	茶色い髪
灰色	グレー	เทา／màu xám／abu-abu	グレーのスーツ
オレンジ（色）	オレンジ	ส้ม／ da cam／oranye	オレンジ（色）のバッグ
紫（色）	パープル	ม่วง／ tím／ungu	紫（色）の花
金（色）	ゴールド	ทอง／vàng kim／emas	金（色）の紙
銀（色）	シルバー	เงิน／bạc／perak	銀色のケース

●【真っ～】

「真～」มีความหมายว่า โดยแท้, จริงๆ ／"真～" có nghĩa là "Thật sự" "Đúng／「真～」memiliki arti "benar-benar", atau "betul-betul".

例：真夜中、真っ赤な車

ต่อไปนี้ เป็นสำนวนที่มีความหมายแตกต่างจากอันอื่น／dưới đây là các từ có "真～"được dùng theo thói quen có ý nghĩa khác với các từ khác／Berikut ini adalah idiom yang memiliki arti berbeda.

●海に行って、真っ黒になった。ไปทะเลมาเลยดำปี๋เลย／Tôi đi biển nên trở nên đen xì／Aku pergi ke pantai sampai menjadi benar-benar hitam.

●真っ赤な顔をして怒った。 หน้าแดงเพราะโกรธ／Anh ấy cáu, mặt đỏ bừng.／Dia marah sampai mukanya benar-benar merah.

●真っ青な顔をして倒れた。 หน้าซีดแล้วก็ล้มลง／Cô ấy mặt xanh lét và ngất.／Dia pingsan dengan muka yang benar-benar pucat.

●柄・模様 รูปร่าง, ลวดลาย／hoa văn, họa tiết／Pola, motif

柄 รูปร่าง, ลวดลาย／hoa văn, họa tiết／pola, corak

模様 ลวดลาย／hoa văn, họa tiết／motif

無地（むじ）　ไม่มีลวดลาย／không có hoa văn／polos

派手（はで）な　ฉูดฉาด, เด่น／sặc sỡ／mencolok

地味（じみ）な　เรียบๆ, ขรึมๆ／giản dị, chìm／tidak mencolok

シンプルな　เรียบง่าย／đơn giản／simpel, sederhana

●柄（がら）

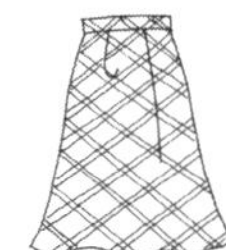

花柄（はながら）　チェック　ストライプ　ボーダー　水玉（みずたま）　無地（むじ）

●形（かたち）　รูปร่างลักษณะ／hình dạng／bentuk

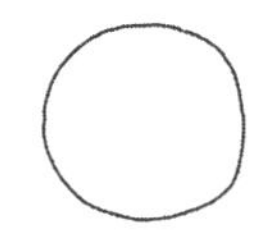

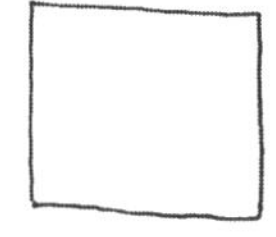

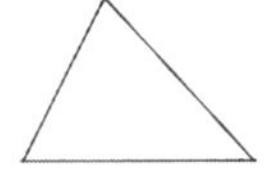

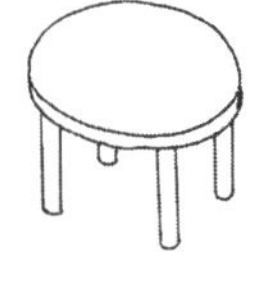

丸（まる）・丸い　วงกลม, กลม／tròn／lingkaran, bundar

四角（しかく）・四角い　สี่เหลี่ยม／tứ giác／persegi, kotak

三角（さんかく）　สามเหลี่ยม／tam giác／segitiga

正方形（せいほうけい）　สี่เหลี่ยมด้านเท่า／hình vuông／persegi

長方形（ちょうほうけい）　สี่เหลี่ยมผืนผ้า／hình chữ nhật／persegi panjang

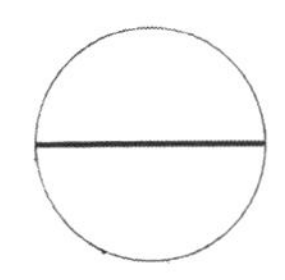
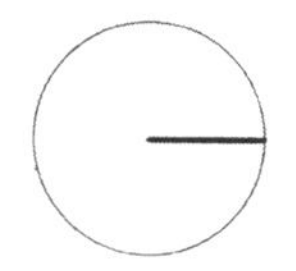
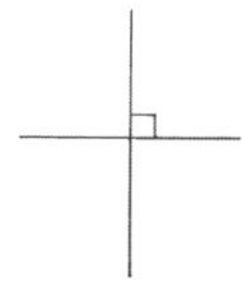

直径（ちょっけい）　เส้นผ่านศูนย์กลาง／đường kính／diameter

半径（はんけい）　รัศมี／bán kính／radius

直線（ちょくせん）　เส้นตรง／đường thẳng／garis lurus

直角（ちょっかく）　มุมฉาก／góc vuông／sudut siku-siku

●長い・短い

厚い	หนา／dầy／tebal	厚め	厚さ
薄い	บาง／mỏng／tipis	薄め	薄さ
長い	ยาว／dài／panjang	長め	長さ
短い	สั้น／ngắn／pendek	短め	短さ
太い	อ้วน／béo／tebal, gemuk	太め	太さ
細い	ผอม, เรียวบาง／gầy, mảnh／tipis, ramping	細め	細さ
細長い	เรียวยาว／thon dài／panjang dan ramping	（細長め）	（細長さ）
広い	กว้าง／rộng／lebar, luas	広め	広さ
狭い	แคบ／hẹp／sempit	（狭め）	狭さ

※「～め」は「少し～い」という意味。

※「～さ」は「～ということ」も表す。

※（　）はあまり使われない。

●その他 อื่นๆ／Khác／Lain-lain

カラー สี／màu／warna

白黒 ขาวดำ／đen trắng／hitam putih

①「顔が**真っ青**だよ。もう帰ったほうがいいんじゃない？」「うん、そうする」
② 〈店で〉「こちらのシャツは**無地**ですから、合わせやすいですよ」「でも、ちょっと**地味**ですね」
③ 〈店で〉「うーん、ちょっと**派手**すぎるかなあ」「では、こちらの**花柄**は、いかがでしょうか。」
④「どんなカップがいい？」「絵とか**模様**とかないほうがいいなあ。**シンプルな**デザインがいい」
⑤「このテーブル、**長**さがちょうどよくない？」「でも、**丸い**ほうがおしゃれだと思う」

ドリル

つぎの（　　　）に合うものをａ～ｅの中から一つ選びなさい。

1）

①「林さん、どうしたんですか、（　　　　）な顔をして」「娘さんが事故にあったようなんです」
②（　　　）よりも何か柄が入っているほうが細く見えます。
③あのオレンジの花柄のワンピースは、ちょっと（　　　）なんじゃない？
④彼女は大勢の前で話すのが苦手で、すぐ顔が（　　　）になるそうです。

a. 派手	b. 地味	c. 無地	d. 真っ赤	e. 真っ青

2）

①こんなに（　　　）本、明日までには読めないよ。
②このジャケット、（　　　）のに暖かいね。これ、買おうかな。
③おじぎをするときは、体をこんなふうに（　　　）に曲げないでください。
④ここのラーメン、めんが（　　　）ね。普通の倍くらいある。

a. 直角	b. 直線	c. 薄い	d. 厚い	e. 太い

14 数・量（かず・りょう）

จำนวน, ปริมาณ／Số, Lượng／Jumlah, kuantitas

●数・量（かず・りょう） จำนวน, ปริมาณ／Số, Lượng／Jumlah, kuantitas

数を**数える**（かぞ）	นับจำนวน／đếm số／menghitung jumlah
時間を**計る**（じかん・はか）	จับเวลา／đo thời gian／menghitung waktu
長さを**測る**（なが・はか）	วัดความยาว／đo chiều dài／mengukur panjang
重さを**量る**（おも・はか）	ชั่งน้ำหนัก／đo cân nặng／menimbang berat
増える（ふ）	เพิ่มขึ้น, มีจำนวนมากขึ้น／tăng／bertambah, meningkat
⇔**減る**（へ）	ลดลง／giảm／berkurang, menurun
増やす	เพิ่ม (จำนวน) ขึ้น／làm tăng／menambah, meningkatkan
⇔**減らす**	ลด (จำนวน) ลง／làm giảm／mengurangi, menurunkan
増加する（ぞうか）	เพิ่มขึ้น／tăng／bertambah, meningkat
⇔**減少する**（げんしょう）	ลดลง／giảm／berkurang, menurun
激増する（げき）	เพิ่มขึ้นอย่างรวดเร็ว／tăng mạnh／melonjak, meningkat secara drastis
⇔**激減する**（げん）	ลดลงอย่างรวดเร็ว／giảm mạnh／menurun secara drastis
合計（ごうけい）	ผลรวม , ยอดรวม／tổng số／total
平均（へいきん）	ค่าเฉลี่ย／trung bình／rata-rata
倍（ばい）	เท่า , เท่าตัว／gấp đôi／kelipatan

例（れい）：２倍、1.5倍

～**以上**（いじょう）	...ขึ้นไป／từ ~ trở lên／sama dengan atau lebih dari ~
～**以下**（か）	ต่ำกว่า.../từ ~ trở xuống／sama dengan atau kurang dari ~
～**以内**（ない）	ภายใน.../trong vòng ~／dalam atau kurang dari ~

例：２時間以内に着（つ）く

～**未満**（みまん）	ต่ำกว่า... , ไม่ถึง.../dưới ~／di bawah ~ , kurang dari ~

例：18歳（さい）未満

～**ずつ**	ทีละ... , คนละ.../từng ~／masing-masing ~

例：１人（ひとり）ずつ面接（めんせつ）する

●割合が多いこと（わりあい・おお） มีอัตราส่วนมาก , มีสัดส่วนมาก／Tỉ lệ lớn／Persentase yang besar

ほとんどの国（くに）	เกือบทุกประเทศ／hầu hết các quốc gia／sebagian besar negara
ほぼ完成（かんせい）した。	เสร็จเกือบสมบูรณ์／gần như đã xong／Hampir selesai.
大体（だいたい）わかった。	เข้าใจเป็นส่วนใหญ่／hiểu hầu hết／Kira-kira mengerti.
だいぶ(だいぶん)慣（な）れてきた。	คุ้นชินขึ้นมาแล้วมากทีเดียว／Khá quen rồi.／Lumayan mulai terbiasa.
島（しま）の**大部分**（ぶぶん）	(พื้นที่) ส่วนใหญ่ของเกาะ／phần lớn đảo／sebagian besar pulau

●単位（たんい） หน่วย／đơn vị／Satuan

トン(t)	ตัน／tấn／ton
キロ(k)／キログラム(kg)	กิโลกรัม／cân／kilo
グラム(g)	กรัม／gram／gram
メートル(m)	เมตร／mét／meter
センチ(㎝)	เซนติเมตร／xăng ti mét (cm)／senti
ミリ(㎜)	มิลลิเมตร／mi li mét (mm)／mili
リットル(l)	ลิตร／lít／liter
ミリリットル(ml)	มิลลิลิตร／mi li lít (ml)／mili liter
分（ふん／ぷん）	นาที／phút／menit
秒（びょう）	วินาที／giây／detik
パーセント(%)	เปอร์เซ็นต์／phần trăm／persen
割（わり）	อัตรา, สัดส่วน／10%／puluh persen

※１割＝10%

①「今日の発表会に来た参加者の数を**数えて**ください」「わかりました。」
②司会：では、だれか時間を**計る**人を決めて、今から５分間、グループで話してください。
③「このスーツケース、**何キロ**ぐらいかなあ」「体重計で**量って**みたら？」
④〈案内〉３歳**未満**のお子様は、入場が無料になっております。
⑤「新しい会社はどうですか」「はい、**だいぶ**慣れてきました」

ドリル

1）つぎの（　　　）に合うものをａ～ｅの中から一つ選びなさい。

①もう時間がない。森さん、悪いんだけど、１時間（　　　）でこの資料をまとめてくれない？
②今日のパーティーでは、一人（　　　）自己紹介をするそうです。
③ケーキを買いに行ったら、（　　　）売り切れていて、買いたいものがなかった。
④今年のモーターショーには、4,000 人（　　　）の人が訪れたそうだ。

a. 以上	b. 以内	c. 合計	d. ずつ	e. ほとんど

2）つぎの（　　　）に合うものを下の語から一つ選び、必要があれば形を変えて入れなさい。

①３歳の娘は、最近、指を使って数を（　　　　）られるようになった。
②Ａ社は、今後３年間で従業員を 1,000 人（　　　　）計画を発表した。
③最近、体重を（　　　　）いないので、何キロなのか、わからない。
④郊外のショッピングセンターの客の数が（　　　　）につれて、商店街の客が減ってきている。

量る	数える	減る	減らす	増える

15 趣味・活動
しゅみ　かつどう

งานอดิเรก, กิจกรรม／Sở thích, Hoạt động／Hobi, kegiatan

●スポーツ・運動（うんどう）
กีฬา, การออกกำลังกาย／Thể thao, Vận động／ Olahraga

スポーツジム／クラブ　โรงยิม／phòng tập thể thao, câu lạc bộ／pusat kebugaran, klub

水泳（すいえい）　การว่ายน้ำ／bơi／renang

マラソン　การวิ่งมาราธอน／maraton／maraton

ジョギング　การจ๊อกกิ้ง／đi bộ thể thao／joging

登山（とざん）（山登り（やまのぼり））　การปีนเขา／leo núi／pendakian gunung

ハイキング　การเดินป่าหรือภูเขา／leo núi (ngắm cảnh thiên nhiên)／haiking

釣り（つり）　การตกปลา／câu cá／memancing

キャンプ　การตั้งแคมป์／cắm trại／berkemah

サイクリング　การขี่จักรยาน／đạp xe／bersepeda

ボウリング　โบว์ลิ่ง／bowling／boling

野球（やきゅう）　เบสบอล／bóng chày／bisbol

卓球（たっきゅう）　ปิงปอง／bóng bàn／tenis meja

柔道（じゅうどう）　ยูโด／nhu đạo／judo

空手（からて）　คาราเต้／karate／karate

●音楽・絵（おんがく・え）
ดนตรี, รูปภาพ／Âm nhạc, Tranh／Musik, gambar

歌を歌う（うたをうたう）　ร้องเพลง／hát bài hát／menyanyikan lagu

踊る（おどる）　เต้นรำ／nhảy múa／menari

▶踊り（ダンス）　การเต้นรำ／điệu múa, điệu nhảy／tarian

カラオケ　คาราโอเกะ／Karaoke／karaoke

演奏する（えんそうする）（弾く（ひく））　การแสดงดนตรี／biểu diễn／memainkan

▶楽器を弾く（がっきをひく）　เล่นดนตรี／chơi nhạc cụ／memetik alat musik

ピアノ piano／ギター guitar／バイオリン violin

▶音楽を聴く（きく）　ฟังเพลง／nghe nhạc／mendengarkan musik

ジャズ Jazz／ロック Rock／ポップス Pops／クラシック Classic

コンサート　คอนเสิร์ต／buổi hòa nhạc／konser

ライブ　ถ่ายทอดสด／buổi biểu diễn âm nhạc／konser langsung

美術館（びじゅつかん）　หอศิลป์／bảo tàng mĩ thuật／museum seni

博物館（はくぶつかん）　พิพิธภัณฑ์／viện bảo tàng／museum

●本・映画（ほん・えいが）
หนังสือ, ภาพยนตร์／Sách, Phim／Buku, film

読書（どくしょ）　การอ่านหนังสือ／đọc sách／membaca

小説（しょうせつ）　นวนิยาย／tiểu thuyết／novel

雑誌（ざっし）　นิตยสาร／tạp chí／majalah

漫画（まんが）　การ์ตูน／truyện tranh／komik

アニメ　อนิเมชั่น／phim hoạt hình／animasi

●旅行・活動（りょこう・かつどう）
การท่องเที่ยว, กิจกรรม／Du lịch, Hoạt động／ Wisata, kegiatan

旅館に泊まる（かん・と）　พักโรงแรมแบบญี่ปุ่น／nghỉ tại khách sạn kiểu Nhật／menginap di penginapan khas Jepang

温泉（おんせん）　บ่อน้ำพุร้อน／suối nước nóng／pemandian air panas

観光（かんこう）（をする）　การท่องเที่ยว／thăm quan／jalan-jalan

見物（けんぶつ）（をする）　ทัศนาจร, เที่ยวชม／thăm quan kiến tập／melihat-lihat

クラブ　คลับ, ชมรม, สโมสร／câu lạc bộ／klub

▶サークル　ชมรม／câu lạc bộ／perkumpulan

コンクールに出場する（しゅつじょう）　ร่วมแข่งขัน／tham gia cuộc thi／mengikuti kompetisi

ボランティア　อาสาสมัคร／tình nguyện／sukarelawan

●その他 อื่นๆ／Khác／Lain-lain

料理 อาหาร／món ăn／memasak

おしゃれ รักสวยรักงาม, เก๋／mặc diện／modis, keren

ペットを飼う เลี้ยงสัตว์เลี้ยง／nuôi thú nuôi／memelihara hewan peliharaan

作品 ผลงาน, ชิ้นงาน／tác phẩm／hasil karya

プロ มืออาชีพ／chuyên nghiệp／profesional

アマチュア มือสมัครเล่น／nghiệp dư／amatir

選手 นักกีฬา／tuyển thủ／atlet

チーム ทีม／đội／tim

応援する เชียร์, สนับสนุน／cổ vũ／mendukung

ファン แฟน (กีฬา, เพลง)／cổ động viên／penggemar

CD 15

例文

①「趣味は？」「**ジム**に行って、体を動かすことかな。人間関係も広がっていいよ。」

②「フラメンコを習ってるの？」「ええ。来月**コンクール**に出るから、今日もこれから練習です」

③「ねえ、今度、子どもと遊ぶ**ボランティア**に参加してみない？」「私、子ども、苦手なのよ」

④〈案内〉市では、外国語・パソコン・料理・ダンス・**水泳**など、さまざまな教室を開いています。

⑤〈旅行の説明〉今回泊まる**旅館**は**温泉**付きで、中でカラオケやボウリングを楽しむこともできます。

ドリル

つぎの（　　　）に合うものをａ～ｅの中から一つ選びなさい。

1）

①彼女はとても（　　　　）で、毎日、雑誌に出ているような服を着ている。

②カルロスさんはサッカーが好きでしたよね。どこのチームを（　　　　）しているんですか。

③ほかの人の迷惑になりますから、（　　　　）中は静かにしてください。

④私達はもう少し市内を（　　　　）してから、ホテルに戻ります。

a. 演奏	b. 踊り	c. 応援	d. おしゃれ	e. 観光

2）

①なかなか手に入らないチケットが取れた。今から（　　　　）が楽しみだ！

②この頃、（　　　　）を飼う一人暮らしの老人が増えているようだ。

③今度、みんなで高尾山に（　　　　）に行きませんか。

④田中さんの入っている（　　　　）って、どういう活動をしているの？

a. ペット	b. ハイキング	c. バイオリン	d. サークル	e. コンサート

第1回 実戦練習（じっせんれんしゅう）

問題1 （　　）に入れるのに最も よいものを、1・2・3・4から一つえらびなさい。

① この辺（あた）りは道が（　　）ので、車で通るときは注意しなければならない。

1 細長い　2 薄（うす）い　3 やさしい　4 狭い

② 子供のころは、（　　）、外国で暮（く）らしたいと思っていた。

1 来週　2 将来（しょうらい）　3 現在　4 来月

③ 何度洗っても、服に付いた汚（よご）れが（　　）ない。

1 なくなら　2 直ら　3 落ち　4 減ら

④ 14時発、のぞみ10号東京行きは、3番（　　）から出発いたします。

1 サークル　2 ホーム　3 カラー　4 セール

⑤ あの交差点でタクシーを（　　）。

1 拾（ひろ）おう　2 取ろう　3 持とう　4 つかもう

⑥ 猫（ねこ）を（　　）マンションを探している。

1 暮（く）らせる　2 持てる　3 住める　4 飼（か）える

⑦ あの美術館のロビーの（　　）には、とても大きな絵がかけられている。

1 天井（てんじょう）　2 床（ゆか）　3 壁（かべ）　4 窓（まど）

⑧ 彼はりんごの皮を（　　）ないで、そのまま食べる。

1 むか　2 切ら　3 噛（か）ま　4 刻（きざ）ま

⑨ この情報は、知らなかったら（　　）をする。

1 不便（ふべん）　2 複雑（ふくざつ）　3 損（そん）　4 不運（ふうん）

⑩ 朝早く電話がかかって来て、目が（　　）。

1 立った　2 起きた　3 開いた　4 覚めた

問題２ ＿＿＿ に意味が最も近いものを、１・２・３・４から一つえらびなさい。

① となりの家は、昼間に行くといつも留守だ。

1 寝ている　　2 いない　　3 静かだ　　4 真っ暗だ

② このテレビには、たくさんのサイズがある。

1 模様　　2 色　　3 重さ　　4 大きさ

③ この千円札を崩していただけませんか。

1 節約して　　2 勘定して　　3 両替して　　4 会計して

④ 姉のスカートを借りたが、ゆるかったので、はかなかった。

1 大きかった　　2 細かった　　3 長かった　　4 汚かった

問題３ つぎのことばの使い方として最もよいものを、一つえらびなさい。

① ぬるい

1 このお茶は、ぬるくておいしい。
2 熱があったので、薬を飲んで寝たら、すぐにぬるくなった。
3 昨日はぬるかったので、クーラーをつけなかった。
4 お風呂がぬるいので、もう少しわかそう。

② だいぶ

1 先生の話は難しくて、だいぶわからなかった。
2 この会社の社員は、だいぶ女性だ。
3 新しい仕事にも、だいぶ慣れてきた。
4 明日のサッカーの試合は、だいぶＡチームが勝つだろう。

③ 温まる

1 料理が冷めたので、電子レンジで温まろう。
2 お風呂に入ると、体が温まる。
3 風邪を引いたときは、首にスカーフなどを巻いて温まるといいそうだ。
4 今日は寒いので、寝る前に寝室を温まっておこう。

16 郵便・宅配 (ゆうびん たくはい)

การขนส่งทางไปรษณีย์, การส่งพัสดุ(ถึงบ้าน)／Bưu điện, Chuyển phát hàng／Pos, pengantaran

●手紙・はがき (てがみ)

จดหมาย, ไปรษณียบัตร／Thư, Bưu thiếp／Surat, kartu pos

- はがきを出す (だ)　ส่งไปรษณียบัตร／gửi bưu thiếp／mengirim kartu pos
- ▶絵はがき (え)　โปสการ์ด, ไปรษณียบัตรรูปภาพ／bưu thiếp tranh／ kartu pos bergambar
- 80円切手を貼る (えんきって は)　ติดแสตมป์ 80 เยน／dán tem 80 yên／menempel prangko 80 yen
- 封筒に入れる (ふうとう い)　ใส่ในซองจดหมาย／cho vào phong bì／memasukkan ke dalam amplop
- ▶返信用封筒 (へんしんよう)　ซองจดหมายสำหรับการตอบกลับ／phong bì dùng để trả lời lại／ amplop balasan
- 写真を同封する (しゃしん どう)　แนบรูปถ่าย／gửi cùng cả ảnh／melampirkan foto
- 年賀状 (ねんがじょう)　บัตรอวยพรปีใหม่ , ส.ค.ส.／thiệp mừng năm mới／kartu tahun baru
- 便せん (びん)　กระดาษเขียนจดหมาย／giấy viết thư／kertas surat

●～を記入する (きにゅう)

เขียน กรอก...／Điền ~ ／Mengisi ~

- あて先 (さき)　ชื่อที่อยู่ผู้รับ／địa chỉ gửi đến／penerima, tujuan pengiriman
- お届け先 (とど)　ที่อยู่สำหรับจัดส่ง／nơi gửi đến／alamat pengiriman
- 郵便番号 (ゆうびんばんごう)　รหัสไปรษณีย์／mã số bưu điện／kode pos
- 住所 (じゅうしょ)　ที่อยู่／địa chỉ ／alamat
- 氏名 (しめい)　ชื่อ／tên／nama
- 用紙に記入する (ようし きにゅう)　กรอกในแบบฟอร์ม／điền vào giấy mẫu／mengisi formulir

●方法 (ほうほう)

วิธีการ／Phương pháp／Cara

- 普通郵便 (ふつうゆうびん)　ไปรษณีย์ธรรมดา／gửi thường／pos biasa
- 速達 (そくたつ)　ไปรษณีย์ด่วน／chuyển phát nhanh／pos ekspres, pos kilat
- 書留 (かきとめ)　ไปรษณีย์ลงทะเบียน／bảo đảm／pos tercatat
- 航空便 (こうくうびん)　ไปรษณียภัณฑ์ทางอากาศ, ขนส่งทางอากาศ／đường hàng không／pos udara
- 船便 (ふな)　ไปรษณียภัณฑ์ทางเรือ／đường biển／pos laut
- 宅配 (たくはい)　การส่งพัสดุ (ถึงบ้าน)／chuyển phát hàng／pengantaran

●配達する・届く (はいたつ とど)

การส่ง(ของ) นำจ่าย (ไปรษณียภัณฑ์), ส่งสิ่งของ／Chuyển hàng, Hàng đến／Mengirim, diterima

- 荷物を配達する (にもつ)　ส่งสัมภาระ ／chuyển hàng／mengirim barang
- 荷物を届ける　ส่งสัมภาระ／gửi hàng đến／mengantar barang
- ⇔荷物が届く　สัมภาระถูกส่งมาถึง／hàng được chuyển đến／barangnya diterima
- 荷物が着く (つ)　สัมภาระมาถึง／hàng được chuyển đến／barangnya sampai
- 荷物を受け取る (う と)　รับสัมภาระ／nhận hàng／menerima barang
- はんこを押す (お)　ประทับตราประจำตัว (ฮังโคะ) ／đóng con dấu／mengecap, menstempel
- サインをする　เซ็นต์ชื่อ／kí／menandatangani

●その他 (た)

อื่นๆ／Khác／ Lain-lain

- 便りがある (たよ)　มี (ได้รับ) ข่าวคราว／có thư／ada surat, ada kabar
- 返事を書く (へんじ か)　(เขียน) ตอบกลับ／viết hồi âm／menulis balasan
- 送料がかかる (そうりょう)　มีค่าใช้จ่ายในการส่ง／mất phí gửi／kena biaya pengiriman
- 小包 (こづつみ)　พัสดุไปรษณีย์／gói hàng nhỏ／paket kecil
- 電報 (でんぽう)　โทรเลข／điện báo／telegram

①「**荷物**は**宅配**で送る？　それとも持って帰る？」「そんなに重くないから、持って帰るよ」
②係：こちらの**用紙**に**お届け先**のご住所とお名前をご**記入**ください。
③**航空便**だと、いくらかかりますか。
④「**速達**で出したほうがいいのかなあ？」「いや、普通**郵便**でも大丈夫だよ」
⑤配達の人：**お届け**物です。こちらに**はんこ**か**サイン**をお願いします。

ドリル

つぎの（　　　）に合うものをａ～ｅの中から一つ選びなさい。

1）

①（　　　）を書き間違えたため、手紙がもどってきてしまった。
②お（　　　）ありがとうございます。お元気そうで、よかったです。
③結婚式には出席できないから、お祝いの（　　　）を送るつもりです。
④締切に間に合わないかもしれないよ。（　　　）で送ったらどう？

a. 速達	b. 書留	c. 電報	d. 便り	e. あて先

2）

①航空便にすると、送料が１万円も（　　　）しまう。
②ほかの部品がまだ（　　　）いないから、作業を進めることができない。
③このラベルに住所と名前、電話番号を（　　　）ください。
④郵送での受け取りをご希望の場合は、返信用封筒を（　　　）ください。

＊ラベル：物に貼るための紙

a. 配達して	b. 届いて	c. かかって	d. 記入して	e. 同封して

17 人生（じんせい）

ชีวิตคน／Cuộc đời／Hidup

●誕生・成長（たんじょう・せいちょう）

การเกิด, เจริญเติบโต／Sinh ra, Lớn lên／Kelahiran, pertumbuhan

生まれる（う）〔誕生する〕	เกิด／sinh ra／lahir
▶生む	คลอด, ทำให้เกิด／đẻ／ melahirkan
育つ（そだ）	เติบโต, เจริญเติบโต／lớn lên／besar, tumbuh
▶成長する	เจริญเติบโต／lớn lên, trưởng thành／besar, tumbuh
育てる	เลี้ยงดู, ดูแล／nuôi／membesarkan
▶育児（いくじ）〔子（こ）育て〕	การเลี้ยงเด็ก, การเลี้ยงลูก／nuôi con／perawatan anak
幼稚園（ようちえん）	โรงเรียนอนุบาล／nhà trẻ／TK
大人（おとな）になる	เป็นผู้ใหญ่／thành người lớn／menjadi dewasa
大（おお）きくなる	โตขึ้น ／lớn lên／tumbuh besar

●夢・希望（ゆめ・きぼう）

ความฝัน, ความคาดหวัง／ước mơ, hi vọng／Mimpi, harapan

夢を持（も）つ	มีความฝัน／có ước mơ／punya mimpi
希望を抱（いだ）く	มีความหวัง／có hi vọng／menggenggam harapan
かなう（夢・希望が）	(ความฝัน, ความหวัง) เป็นจริง, สมหวัง／thành hiện thực／terwujud
志望（しぼう）	ความปรารถนา, ความใฝ่ฝัน／mong muốn vào／yang diinginkan

●入学・卒業・就職（にゅうがく・そつぎょう・しゅうしょく）

การเข้าเรียน, การจบการศึกษา, การหางานทำ／Nhập học, Tốt nghiệp, Làm việc／Masuk sekolah, kelulusan, masuk kerja

入学する	เข้าเรียน／nhập học／masuk sekolah
卒業する	จบการศึกษา／tốt nghiệp／lulus
入社（しゃ）する	เข้าเป็นพนักงานบริษัท／vào công ty／masuk kerja, diterima di perusahaan
就職する	หางานทำ／vào làm／masuk kerja, mendapat kerja
退（たい）職する	ออกจากงาน／nghỉ việc／berhenti kerja
＝会社（かい）をやめる	ลาออกจากบริษัท／nghỉ việc công ty／berhenti dari perusahaan
独立（どくりつ）する	เป็นอิสระไม่พึ่งพาใคร／độc lập／menjadi mandiri, berdikari

●恋愛（れんあい）

ความรัก／Yêu／Percintaan

出会（であ）う	พบเจอกัน, มาพบกัน／gặp／bertemu
▶出会い	
付（つ）き合（あ）う	คบหากัน／hẹn hò／berpacaran
▶付き合い	
デートする	ออกเดท／hẹn hò／berkencan
恋人（こいびと）	คนรัก, แฟน／người yêu／pacar
失恋（しつれん）する	อกหัก／thất tình／patah hati
ふる	ทิ้ง, สลัดรัก／bỏ, chia tay ai／menolak, memutus

例（れい）：彼女（かのじょ）にふられてしまった。

結婚（けっこん）する	แต่งงาน／kết hôn／menikah
離（り）婚する	หย่า／li hôn／bercerai
別（わか）れる	แยกทางกัน／bỏ, chia tay ai／berpisah

●死（し）

ความตาย／Chết／Kematian

生（い）きる	มีชีวิต／sống／hidup
命（いのち）〔生命（せいめい）〕	ชีวิต／sinh mạng／nyawa
死ぬ〔亡（な）くなる〕	ตาย／chết／meninggal, mati
年（とし）をとる	อายุมาก／có tuổi／menjadi tua
老（お）いる	แก่ตัวลง, แก่เฒ่า／già đi／menua
長生（ながい）きする	อายุยืนยาว／sống lâu／panjang umur
寿命（じゅみょう）	อายุขัย／sống thọ／usia harapan hidup
葬式（そうしき）	งานศพ／đám tang／upacara kematian
墓（はか）	สุสาน／mộ／makam

●人の呼び方 วิธีเรียกขานบุคคล／Cách gọi người／Cara memanggil orang

赤ちゃん〔赤ん坊〕 ทารก, เด็กอ่อน／em bé／bayi

幼児 เด็กเล็ก (ก่อนเข้าโรงเรียน)／trẻ nhỏ／balita, prasekolah

少年 เยาวชน／thiếu niên／anak laki-laki

青年 วัยรุ่น／thanh niên／pemuda, pemudi

大人 ผู้ใหญ่／người lớn／dewasa

▶成人 การบรรลุนิติภาวะ, การโตเป็นผู้ใหญ่／người trưởng thành／dewasa

未成年 ยังไม่บรรลุนิติภาวะ／vị thành niên／di bawah umur

中年 วัยกลางคน／trung niên／paruh baya

年配 คนสูงอายุ／người cao tuổi／orang tua, sudah berumur

お年寄り〔老人／高齢者〕 คนชรา／người già／lansia

17 人生

CD 17

例文

①〈スピーチ〉運命の出会いをしたお二人は、その後、すぐにお**付き合い**を始めたそうです。

②「林先生が**亡くなった**のはショックだったね」「うん。ずい分お世話になったからね」

③私は東京**生まれ**ですが、**育った**のは北海道です。

④ロボットを作るという**夢をかなえる**ため、彼はその会社に**就職した**。

⑤いつかは**独立**して、自分の店を持ちたいと思っています。

ドリル

つぎの（　　　）に合うものをａ～ｅの中から一つ選びなさい。

1）

①医学の進歩により、人間の平均（　　　）はどんどん伸びている。

②祖父には、いつまでも（　　　）してほしいと思っています。

③今日、さくら動物園で初めて、ゾウの赤ちゃんが（　　　）しました。

④大きくなったら何になりたいか、将来の（　　　）について子どもたちに聞きました。

a. 成長	b. 寿命	c. 長生き	d. 夢	e. 誕生

2）

①将来は貿易関係の会社に（　　　）、海外で働きたいと思っています。

②知りませんでした？　あの二人は半年くらい前から（　　　）ますよ。

③いい名前ですね。だれが名前を（　　　）くれたんですか。

④父は、長年の夢が（　　　）、本当にうれしそうだ。

a. つけて	b. 出会って	c. 付き合って	d. かなって	e. 就職して

18 国・社会（くに・しゃかい）

ประเทศ, สังคม／Đất nước, Xã hội／Negara, masyarakat

●政治・選挙（せいじ・せんきょ） การเมือง, เลือกตั้ง／Chính trị, Bầu cử／Politik, pemilihan

- **選挙** การเลือกตั้ง／bầu cử／pemilihan
- **投票する**（とうひょう） ลงคะแนนเสียง , ออกเสียง／bỏ phiếu／memilih
- **代表**（だいひょう） ตัวแทน ／đại biểu／wakil
- **候補者**（こうほしゃ） ผู้สมัครเข้ารับการเลือกตั้ง／ứng cử viên／calon, kandidat
- **演説する**（えんぜつ） กล่าวคำปราศรัย ／diễn thuyết／berpidato
- **首相**（しゅしょう） นายกรัฐมนตรี／thủ tướng／perdana menteri
- **政府**（せいふ） รัฐบาล／chính phủ／pemerintah

●社会（しゃかい） สังคม／Xã hội／Masyarakat, sosial

- **首都**（しゅと） เมืองหลวง／thủ đô／ibu kota
- **全国**（ぜんこく） ทั่วประเทศ／toàn quốc／nasional
- **地方**（ちほう） ภูมิภาค／địa phương／daerah
- **県**（けん） จังหวัด／tỉnh／prefektur, daerah administrasi
- ▶**東京都、北海道、大阪府、京都府**（とうきょうと、ほっかいどう、おおさかふ、きょうと）
- **市・町・村**（し・ちょう・そん） เมือง, ตำบล, หมู่บ้าน／thành phố, huyện, xã／kota, kota, desa
- **都会** เมืองใหญ่／đô thành／perkotaan
- **田舎**（いなか） ชนบท บ้านนอก／quê／pedesaan
- **都市** เมืองใหญ่／đô thị／kota
- **地域**（いき） ย่าน, บริเวณ, ท้องถิ่น／vùng／wilayah
- **郊外**（こうがい） ชานเมือง／ngoại ô／pinggiran kota
- **市長**（ちょう） นายกเทศมนตรี／thị trưởng／wali kota
- **市役所**（やくしょ） ที่ว่าการอำเภอ／ủy ban thành phố／balai kota
- **役人**（にん） เจ้าหน้าที่ (ของหน่วยงานรัฐ)／cán bộ／pejabat pemerintah
- **国民**（こくみん） ประชาชน／quốc dân／rakyat
- **市民** พลเมือง , ชาวเมือง／người dân thành phố／penduduk kota
- **住民**（じゅう） ผู้อยู่อาศัย , ประชาชน／người dân ／penduduk
- **公共の**（こうきょう） ส่วนรวม , สาธารณะ／công cộng／publik, umum
- **法律（法）を守る**（ほうりつ、まも） รักษากฎหมาย／tuân thủ luật／menaati hukum
- ▶**規則（ルール）**（きそく） กฎระเบียบ／quy tắc／ aturan
- **税金がかかる**（ぜいきん） ต้องเสียภาษี／mất thuế／kena pajak
- **消費税**（しょうひ） ภาษีผู้บริโภค , ภาษีโภคภัณฑ์／thuế tiêu dùng／pajak konsumsi
- **権利**（けんり） สิทธิ／quyền lợi／hak
- **義務**（ぎむ） หน้าที่／nghĩa vụ／kewajiban

●社会問題（しゃかいもんだい） ปัญหาสังคม／Vấn đề xã hội／Masalah sosial

- **犯罪を防ぐ**（はんざい、ふせ） ป้องกันการเกิดอาชญากรรม／ngăn ngừa tội phạm／mencegah kejahatan
- **治安がいい**（ちあん） มีความปลอดภัย／an ninh tốt／aman
- **いじめ** กลั่นแกล้ง／bắt nạt／perundungan, penindasan
- **自殺**（じさつ） การฆ่าตัวตาย／tự sát／bunuh diri
- **暴力をふるう**（ぼうりょく） ใช้กำลัง (ทำร้าย) , ใช้ความรุนแรง／dùng vũ lực／melakukan kekerasan
- **深刻な事件**（しんこく、じけん） คดีร้ายแรง , คดีสะเทือนขวัญ／vụ án nghiêm trọng／kejadian serius
- **少子化が進む**（しょうしか、すす） สถานการณ์เด็กเกิดน้อยรุดหน้าไป／tỉ lệ sinh giảm ngày càng nghiêm trọng／tingkat kelahiran terus menurun
- **高齢化**（こうれい） การเพิ่มขึ้นของคนสูงอายุ／tỉ lệ người già cao／populasi yang menua
- **フリーター** คนที่ประกอบอาชีพอิสระ ／thanh niên làm việc bán thời gian／pekerja lepas
- **公害**（こうがい） มลพิษ , มลภาวะ／ô nhiễm môi trường／polusi
- **騒音**（そうおん） เสียงรบกวน／tiếng ồn／kebisingan
- **排気ガス**（はいき） ควันจากท่อไอเสีย／khí thải／gas buang
- **汚染する**（おせん） ปนเปื้อน , ก่อให้เกิดมลภาวะเป็นพิษ／ô nhiễm／terkontaminasi, tercemar

●その他（た） อื่นๆ／Khác／Lain-lain

世の中（世間）（よのなか（せけん）） บนโลกใบนี้ , โลกนี้／thế gian, người đời／dunia

ビザ วีซ่า／visa／visa

在留カード（ざいりゅう） บัตรประจำตัวคนต่างชาติ (ที่อาศัยอยู่ในญี่ปุ่น)／thẻ cư trú／kartu penduduk

身分証明書（みぶんしょうめいしょ） บัตรประจำตัวประชาชน／chứng minh nhân dân／kartu identitas

環境（かんきょう） สิ่งแวดล้อม／môi trường／lingkungan

パトカー รถตำรวจ／xe đi tuần／mobil patroli

消防車（しょうぼうしゃ） รถดับเพลิง／xe cứu hỏa／mobil pemadam kebakaran

救急車（きゅうきゅうしゃ） รถพยาบาล／xe cấp cứu／ambulans

大統領（だいとうりょう） ประธานาธิบดี／tổng thống／presiden

CD 18

例文（れいぶん）

①若い頃は**都会**に出たいと思ったけど、年をとったら、**田舎**でのんびり暮らしたくなった。

②「**外国人登録証**＊の手続きは、どこでできますか」「**市役所**でできますよ」

③「今週末は、**市長選挙**ですね」「そういえば、昨日、駅前で**候補者**が**演説**してました」

④〈ニュース〉**政府**は、新５か年経済計画を発表しました。

⑤いじめによる**自殺**がまた起きた。本当に**深刻**な問題だ。

＊現在は「在留カード」という。
ปัจจุบันเรียกว่า Zairyu Card ／ Hiện nay gọi là "Thẻ cư trú" ／ Saat ini disebut "Kartu Tanda Penduduk Jepang (zairyu card)"

ドリル

つぎの（　　　）に合うものをａ～ｅの中から一つ選びなさい。

１）

①選ばれた選手たちは皆、国の（　　　）としてがんばると語った。

②この法律は、（　　　）の建物の中でたばこを吸うことを禁じたものです。

③これらの新しい企業の活動は、地域（　　　）の発展にも役立つ。

④今回の（　　　）率を見ると、政治に関心を持たない若者が、また増えているようだ。

a. 代表（だいひょう）	b. 公共（こうきょう）	c. 社会（しゃかい）	d. 投票（とうひょう）	e. 技術（ぎじゅつ）

２）

①この雑誌には、日本（　　　）のおいしいラーメン屋がたくさん紹介されている。

②（　　　）の大学を出ても、都会で就職を希望する若者が多い。

③新しい首相、政府に対する（　　　）の期待は大きい。

④農村の（　　　）は年々減少しており、さらに高齢化が進んでいる。

a. 地域（ちいき）	b. 国民（こくみん）	c. 全国（ぜんこく）	d. 地方（ちほう）	e. 人口（じんこう）

19 産業・技術 (さんぎょう・ぎじゅつ)

อุตสาหกรรม, เทคโนโลยี／Ngành, Kĩ thuật／Industri, teknologi

●産業 (さんぎょう) อุตสาหกรรม／Các ngành／Industri

- **国内の産業** (こくない) อุตสาหกรรมภายในประเทศ／ngành nghề trong nước／industri dalam negeri
- **発展する** (はってん) พัฒนา／phát triển／berkembang
- **工業** (こう) อุตสาหกรรม／công nghiệp／industri, manufaktur
- **農業** (のう) เกษตรกรรม／nông nghiệp／pertanian
- **漁業** (ぎょ) การประมง／ngư nghiệp／perikanan
- **生産する** (せいさん) ผลิต／sản xuất／memproduksi
- **大量生産** (たいりょう) การผลิตปริมาณมากๆ ／sản xuất hàng loạt／produksi massal
- **消費する** (しょうひ) อุปโภคบริโภค／tiêu thụ／mengonsumsi
- **開発する** (かいはつ) พัฒนาคิดค้นสิ่งใหม่／phát triển, khai thác／mengembangkan
- **管理する** (かんり) จัดการ, ควบคุม／quản lý／mengelola, mengatur
- **建設する** (けんせつ) ก่อสร้าง, ก่อตั้ง／xây dựng／membangun
- **建築する** (ちく) ออกแบบ／kiến trúc, xây dựng／membangun

※道路(どうろ)・空港(くうこう)・工場(じょう)などにはふつう「建設」を使(つか)う。

- **原料** (げんりょう) วัตถุดิบ (ที่นำมาแปรรูป)／nguyên liệu／bahan baku
- **材料** (ざい) วัตถุดิบ, เครื่องปรุง／vật liệu／bahan, material
- 類 **原材料** วัตถุดิบ, วัสดุตั้งต้นในกระบวนการผลิต／nguyên vật liệu giống nhau／bahan baku
- **石油** (せきゆ) น้ำมันปิโตรเลียม／dầu mỏ／minyak bumi
- **石炭** (たん) ถ่านหิน／than đá／batu bara
- **燃料** (ねんりょう) เชื้อเพลิง／nhiên liệu／bahan bakar
- **電力を供給する** (でんりょく, きょうきゅう) จ่ายกระแสไฟฟ้า, อุปทานกระแสไฟฟ้า／cung cấp điện／menyuplai daya listrik
- **発電する** (はつ) ทำให้เกิดไฟฟ้า／phát điện／membangkitkan listrik
- ▶**原子力発電所** (げんしりょく, しょ) โรงไฟฟ้านิวเคลียร์／nhà máy phát điện hạt nhân／ Pembangkit Listrik Tenaga Nuklir
- **科学技術の進歩** (かがくぎじゅつ, しんぽ) ความก้าวหน้าทางวิทยาศาสตร์และเทคโนโลยี／tiến bộ của khoa học kĩ thuật／kemajuan dalam sains dan teknologi
- **バイオ技術** เทคโนโลยีชีวภาพ／kĩ thuật vi sinh／bioteknologi
- **プロジェクト** โครงการ／dự án／proyek

●工場・機械 (こうじょう・きかい) โรงงาน, เครื่องจักร／Nhà máy, Cơ khí／Pabrik, mesin

- **作業する** (さぎょう) งาน, ปฏิบัติงาน／làm việc／mengerjakan
- **運転する(機械を)** (うんてん) ขับเคลื่อน (เครื่องจักร)／vận hành／mengoperasikan
- **停止する(機械を)** (ていし) หยุด (เครื่องจักร)／dừng／menghentikan
- **調節する** (ちょうせつ) ปรับให้เหมาะสม／điều phối ／menyesuaikan
- **自動** (じどう) อัตโนมัติ／tự động／otomatis
- **部品を組み立てる** (ぶひん, く, た) ประกอบชิ้นส่วน／lắp ráp phụ tùng／merakit suku cadang
- **エネルギー** พลังงาน／năng lượng／energi
- **エンジン** เครื่องยนต์／động cơ／mesin
- **モーター** มอเตอร์／mô-tơ／motor

●製品 (せいひん) สินค้า, ผลิตภัณฑ์／Sản phẩm／ Produk

- **品質がいい** (しつ) คุณภาพดี／chất lượng tốt／kualitasnya bagus
- ▶**質** คุณภาพ／chất lượng ／kualitas
- **性能がいい** (せいのう) ประสิทธิภาพดี ／tính năng tốt／performanya bagus
- **便利な機能** (べんり, き) ฟังก์ชั่นที่ใช้งานสะดวก／tính năng tiện dụng／fungsi yang praktis
- **最新のモデル** (さいしん) แบบใหม่ล่าสุด／kiểu dáng mới nhất／model terbaru

●その他 อื่นๆ／Khác／Lain-lain

規模 ขนาด, สัดส่วน／quy mô／skala

例：大規模(な・に)、小規模(な・に)

大型 ขนาดใหญ่／cỡ lớn／besar

小型 ขนาดเล็ก／cỡ nhỏ／kecil

特許 สิทธิบัตร／bằng sáng chế／paten

円高 ค่าเงินเยนแข็งตัว／giá đồng yên tăng／apresiasi yen

⇔円安 ค่าเงินเยนอ่อนตัว／giá đồng yên giảm／depresiasi yen

CD 19

例文

①〈工場で〉**組み立て**が終わったものは、こっちに運んでください。

②私の友人は、何年後かに会社をやめて、**農業**を始めたいと言っています。

③〈工場で〉あれっ？ **停止**ボタンを押したのに止まらない。故障かなあ？

④林さんは、海外向けの商品**開発**を行う**プロジェクト**チームに入った。

⑤**石油**に代わる新しい**燃料**の一つとして、バイオ燃料の開発が進められている。

ドリル

つぎの（　　）に合うものをａ～ｅの中から一つ選びなさい。

１）

①来年の春、郊外に大型のスーパーが（　　）される予定です。

②この工場では、年間300万台の車を（　　）しています。

③この３つのボタンで、スピードを（　　）することができます。

④〈工場で〉（　　）中は、けがをしないように十分気をつけてください。

a. 生産	b. 消費	c. 作業	d. 建設	e. 調節

２）

①あれ？（　　）が一つ足りない。これじゃ、完成しないよ。困ったな。

②最新モデルには、多くの（　　）がついている。

③（　　）のほとんどを輸入しているので、円安になると影響が大きい。

④他社の製品に比べ、（　　）はいいけど、デザインがよくない。

a. 機能	b. 原材料	c. 性能	d. 特許	e. 部品

20 材料・道具（ざいりょう　どうぐ）

วัตถุดิบ, ส่วนประกอบ, เครื่องมือ／Nguyên liệu, Dụng cụ／Bahan, alat

●材料（ざいりょう）　วัตถุดิบ ส่วนประกอบ／Nguyên liệu／Bahan

- 油（あぶら）　น้ำมัน／dầu／minyak
- 石油（せきゆ）　น้ำมันดิบ／dầu mỏ／minyak bumi
- 石炭（せきたん）　ถ่านหิน／than／batu bara
- 鉄（てつ）　เหล็ก／sắt／besi
- ▶スチール製（せい）の棚（たな）　ชั้นวางของทำจากเหล็ก／giá làm bằng thép／rak terbuat dari baja
- 金（きん）メダル　เหรียญทอง／huy chương vàng／medali emas
- 銀（ぎん）　เงิน／bạc ／perak
- 銅（どう）　ทองแดง／đồng／tembaga
- ダイヤモンド　เพชร／kim cương／berlian
- アルミ缶（かん）　กระป๋องอลูมิเนียม／lon nhôm／kaleng aluminium
- 金属（きんぞく）　โลหะ／kim loại／logam
- 輪（わ）ゴム　ยางรัด, หนังยาง／dây chun／karet gelang
- ビニールの袋（ふくろ）　ถุงพลาสติก／túi ni lông／kantong plastik
- ナイロンの靴下（くつした）　ถุงเท้าไนล่อน／tất sợi ni lông／kaus kaki nilon
- プラスチックの容器（ようき）　ภาชนะพลาสติก／hộp đựng nhựa／wadah plastik
- 綿（めん）のシャツ　เสื้อผ้าฝ้าย／áo vải cotton／kemeja katun
- ウールのセーター　เสื้อสเวตเตอร์ขนสัตว์／áo len lông cừu／sweter wol
- ひもで結（むす）ぶ　มัดโดยเชือก／buộc bằng dây thừng／mengikat dengan tali
- 木材（もくざい）　วัสดุที่ทำจากไม้ , ไม้แปรรูป／vật liệu gỗ／kayu

●道具（どうぐ）　อุปกรณ์ เครื่องมือ／Dụng cụ／Alat

- ナイフ　มีด／dao／pisau
- はさみ　กรรไกร／kéo／gunting
- カッター　มีดคัตเตอร์／dao rạch giấy／pemotong kertas, cutter
- セロハンテープ　เทปใส／băng dính trong／selotip, pita perekat
- ガムテープ　เทปกาว／băng dính dùng đóng hộp đồ khi chuyển nhà／pita karet
- インク　หมึก／mực／tinta
- コピー用紙（ようし）　กระดาษถ่ายเอกสาร／giấy để phô-tô／kertas fotokopi
- 文房具（ぶんぼうぐ）（文具）　อุปกรณ์เครื่องเขียน／văn phòng phẩm／alat tulis
- 針（はり）で縫（ぬ）う　เย็บโดยใช้เข็ม／khâu bằng kim／menjahit dengan jarum
- 布（ぬの）　ผ้า／vải／kain
- ふきんでふく　เช็ดโดยผ้าเช็ด (จาน โต๊ะ)／lau bằng khăn lau／mengelap
- ほうきで掃（は）く　กวาดโดยไม้กวาด／quét bằng chổi／menyapu
- ちりとり　ที่ตักผง／dụng cụ hót rác／serok
- ぞうきん　ผ้าขี้ริ้ว／giẻ lau／kain pel
- スポンジ　ฟองน้ำ／miếng mút (rửa bát v.v...)／spons
- 棒（ぼう）　แท่งไม้, ไม้ตะบอง／gậy／tongkat
- 板（いた）　แผ่นกระดาน, แผ่น (ไม้,โลหะ)／tấm ván／papan
- 包丁（ほうちょう）　มีดทำครัว／dao／pisau dapur
- まな板　เขียง／thớt／talenan
- 入れ物（いれもの）　ภาชนะใส่ของ／hộp đựng／wadah
- ▶ケース　กล่องใส่ของ／hộp đựng／ wadah
- ふた　ฝา／nắp／tutup
- ▶カバー　ปลอก (หมอน) , ปก (หนังสือ)／nắp／sampul, penutup
- 段（だん）ボール箱（ばこ）　กล่องกระดาษลูกฟูก／hộp các-tông／kotak kardus

※「ダンボール」とも書（か）く。　บางครั้งเขียน「ダンボール」／còn được viết là「ダンボール」／* Dapat juga ditulis "ダンボール".

ベルト	เข็มขัด, สายพาน／thắt lưng／sabuk	**スイッチ**	สวิตช์ไฟ／công tắc／sakelar, tombol
リモコン	รีโมทคอนโทรล／điều khiển／pengendali jarak jauh, remote control	**電池**(でんち)	ถ่าน , แบตเตอรี่／pin／baterai
ボタン	ปุ่ม／nút／tombol	**アンテナ**	เสาอากาศ／ăng-ten／antena

CD 20

例文(れいぶん)

①**油**(あぶら)を使(つか)うときは気(き)をつけてね。火(ひ)が移(うつ)ると大変(たいへん)だから。

②それは、**はさみ**より**カッター**を使(つか)ったほうがきれいに切(き)れますよ。

③明日(あした)のバーベキュー用(よう)に、**包丁**(ほうちょう)と**まな板**(いた)、それから、**プラスチック**のお皿(さら)とか紙(かみ)コップとかがいるね。

④「プリンターの**インク**ってどこ？」「そこの**ダンボール箱**(ばこ)に入っていたと思(おも)うけど」

⑤**電池**(でんち)が切れたのかなあ？　**リモコン**が全然(ぜんぜん)使えない。

ドリル

つぎの（　　　）に合(あ)うものをａ～ｅの中(なか)から一(ひと)つ選(えら)びなさい。

1）

①すみません、（　　　）を貸(か)してもらえませんか。しょう油(ゆ)をこぼしちゃって。

②さっき（　　　）で床(ゆか)を掃(は)いたばかりだから、汚(よご)さないでね。

③ボタンがとれそうね。どこかで糸(いと)と（　　　）を買(か)って縫(ぬ)ってあげるよ。

④新聞紙(しんぶんし)は、（　　　）でこんなふうに結(むす)んだほうが運(はこ)びやすいですよ。

a. ほうき　　b. ちりとり　　c. ふきん　　d. 針(はり)　　e. ひも

2）

①（　　　）をしっかり貼(は)って、中(なか)の物(もの)が出(で)ないようにしないと。

②この（　　　）の指輪(ゆびわ)は、亡(な)くなった祖母(そぼ)からもらったものです。

③このセーターは（　　　）100パーセントだから暖(あたた)かいよ。

④実家(じっか)では、冬(ふゆ)は、エアコンよりも（　　　）ストーブを使(つか)うことが多(おお)いです。

a. ウール　　b. 金属(きんぞく)　　c. ガムテープ　　d. 石油(せきゆ)　　e. 金(きん)

21 自然①(自然と人間)

ธรรมชาติ① (ธรรมชาติกับมนุษย์)／Tự nhiên① (Tự nhiên và con người)／Alam ① (alam dan manusia)

●自然 ธรรมชาติ／Tự nhiên／Alam

宇宙　อวกาศ／vũ trụ／antariksa, ruang angkasa

地球　โลก／trái đất／bumi

太陽　พระอาทิตย์／mặt trời／matahari

波　คลื่น／sóng／ombak, gelombang

陸　พื้นแผ่นดิน／đất liền／darat

大陸　แผ่นดินใหญ่, ทวีป／châu lục／daratan, benua

北極　ขั้วโลกเหนือ／Bắc Cực／kutub utara

南極　ขั้วโลกใต้／Nam Cực／kutub selatan

森林　ป่า／rừng／hutan

砂漠　ทะเลทราย／sa mạc／padang pasir

谷　หุบเขา／thung lũng／lembah

●気候 สภาพอากาศ／Khí hậu／Iklim

温暖な気候　สภาพอากาศอบอุ่น／khí hậu ấm áp／beriklim hangat

温帯　เขตอบอุ่น／ôn đới／beriklim sedang

熱帯　เขตร้อน／nhiệt đới／beriklim tropis

▶熱帯雨林　ป่าดิบชื้น, ป่าเขตร้อน／mưa rừng nhiệt đới／hutan hujan tropis

部屋の温度　อุณหภูมิห้อง／nhiệt độ phòng／suhu ruangan

７月の気温　อุณหภูมิเดือนกรกฎาคม／nhiệt độ tháng 7／suhu bulan Juli

湿度(が高い/低い)　ค่าความชื้น／độ ẩm／kelembapan nisbi

湿気(が多い/少ない)　ความชื้น／hơi ẩm／kelembapan

蒸し暑い　ร้อนอบอ้าว／oi ả／gerah

湿る　เปียกชื้น／ẩm thấp／menjadi lembap

乾燥する　ตากให้แห้ง, ทำให้แห้ง／khô ráo／kering

天気予報　พยากรณ์อากาศ／dự báo thời tiết／prakiraan cuaca

異常気象　สภาพอากาศที่ผิดปกติ／khí hậu bất thường／cuaca ekstrem

地球温暖化　ภาวะโลกร้อน／hiện tượng trái đất nóng lên／pemanasan global

●自然現象 ปรากฏการณ์ธรรมชาติ／Hiện tượng tự nhiên／Fenomena alam

朝日が昇る　พระอาทิตย์ขึ้น／mặt trời mọc／matahari terbit

夕日(日)が沈む　พระอาทิตย์ตก／mặt trời lặn／matahari tenggelam

強い日差し　แดดแรง／tia nắng gắt／sinar matahari yang terik

日に焼ける　ผิวคล้ำจากแดด／bị cháy nắng／terbakar sinar matahari

嵐　พายุ／bão／badai

夕立　ฝนที่ตกลงมาอย่างกระทันหันในตอนเย็น／mưa rào ／hujan sore

雷が鳴る　ฟ้าร้อง／sấm nổ／guntur bergemuruh

虹　รุ้ง, สายรุ้ง／cầu vồng／pelangi

空気　อากาศ／không khí／udara

酸素　ออกซิเจน／khí Oxy／oksigen

二酸化炭素　คาร์บอนไดออกไซด์／khí các-bon／karbon dioksida

●地震・台風 แผ่นดินไหว, ไต้ฝุ่น／Động đất, Bão／Gempa bumi, topan

地震が起きる　เกิดแผ่นดินไหว／có động đất／terjadi gempa bumi

▶震度　ระดับความแรงของแผ่นดินไหว／độ mạnh của động đất／intensitas seismik

▶揺れる　สั่น／rung／bergetar

雷が落ちる　ฟ้าผ่า／sấm đánh／petir menyambar

台風　ไต้ฝุ่น／bão／topan

大雨　ฝนตกหนัก／mưa lớn／hujan deras

洪水（こうずい）	น้ำท่วม／lụt／banjir
津波（つなみ）	สึนามิ／sóng thần／tsunami
火山（かざん）が噴火（ふんか）する	ภูเขาไฟระเบิด／núi lửa phun／gunung berapi meletus
停電（ていでん）	ไฟฟ้าดับ／mất điện／mati lampu
被害（ひがい）が出（で）る	เกิดความเสียหาย／bị thiệt hại／ada korban

●その他（た）　อื่นๆ／Khác／Lain-lain

天然（てんねん）	ธรรมชาติ／tự nhiên／alamiah
▶人工（じんこう）	เทียม, สิ่งที่มนุษย์สร้างขึ้น／nhân tạo／buatan

例文

①「毎日、**蒸し暑い**ね」「今年は**異常気象**だって。早く涼しくなってほしいね」

②このプログラムは、**自然**の中でいろいろな体験をするのが目的です。

③「今朝の**地震**、大きかったですね。**震度**4だったそうですよ」「かなり揺れましたからね」

④＜天気予報＞あすは**日差し**が強く、**気温**もぐんぐん上がって、30度を越えそうです。

⑤あっ、**雷**が鳴りましたね。もうすぐ**夕立**が来るかもしれませんね。

ドリル

つぎの（　　）に合うものをa～eの中から一つ選びなさい。

1）

①波が少し高くなっていますが、（　　）の危険はないようです。

②大雨による（　　）は各地に広がり、500人以上の人が家を失った。

③（　　）が近づいているので、午後から雨と風が強くなるようです。

④この山が（　　）したのは、もう何年も前のことです。

a. 被害（ひがい）	b. 台風（たいふう）	c. 洪水（こうずい）	d. 噴火（ふんか）	e. 津波（つなみ）

2）

①この季節は（　　）が多くていやですね。洗濯物もなかなか乾かないし。

②今日は日差しも少なく、（　　）はあまり上がらなさそうです。

③都会は（　　）が汚いから住みたくないと、祖母は言います。

④ホテルの部屋からは、海に沈む（　　）がきれいに見えました。

a. 夕日（ゆうひ）	b. 虹（にじ）	c. 空気（くうき）	d. 気温（きおん）	e. 湿気（しっけ）

22 自然②(生き物と人間)
しぜん　いもの　にんげん

ธรรมชาติ ② (สิ่งมีชีวิตและมนุษย์)／Tự nhiên② (sinh vật và con người)／ Alam ② (makhluk hidup dan manusia)

●動物（どうぶつ） สัตว์／Động vật／Binatang

- サル(猿)（さる）　ลิง／khỉ／kera
- クマ(熊)（くま）　หมี／gấu／beruang
- トラ(虎)（とら）　เสือ／hổ／harimau
- パンダ　หมีแพนด้า／gấu trúc／panda
- ヒツジ(羊)（ひつじ）　แกะ／cừu／domba
- ▶群れ（む）　ฝูง／đàn／ sekawanan
- ヤギ　แพะ／dê／kambing
- ヘビ　งู／rắn／ular
- ワニ　จระเข้／cá sấu／buaya
- ペンギン　นกเพนกวิน／chim cánh cụt／penguin
- イルカ　ปลาโลมา／cá heo／lumba-lumba
- クジラ　ปลาวาฬ／cá voi／ikan paus
- カメ(亀)（かめ）　เต่า／rùa／kura-kura
- サメ　ปลาฉลาม／cá mập／ikan hiu
- マグロ　ปลาทูน่า／cá ngừ／ikan tuna
- サケ　ปลาแซลมอน／cá hồi／ikan salmon
- スズメ　นกกระจอก／chim sẻ／burung gereja
- ハト　นกพิราบ／chim bồ câu／burung merpati
- カラス　นกกา／quạ／burung gagak
- ハエ　แมลงวัน／ruồi／lalat
- 蚊（か）　ยุง／muỗi／nyamuk
- アリ　มด／kiến／semut
- ハチ　ผึ้ง／ong／lebah
- しっぽ　หาง／đuôi／ekor
- 羽（はね）　ขน (นก), ปีก／cánh／sayap, bulu
- 巣（す）　รัง／tổ／sarang

●植物（しょくぶつ） พืช／Thực vật／Tumbuh-tumbuhan

- 葉〔葉っぱ〕（は）　ใบไม้／lá／daun
- 根（ね）　ราก／rễ／akar
- 芽が出る（め・で）　แตกตา, แตกหน่อ／nẩy mầm／tumbuh tunas
- 花が咲く（はな・さ）　(ดอกไม้) บาน／nở hoa／bunga mekar
- 花が散る（ち）　(ดอกไม้) ร่วง／hoa rụng／bunga rontok
- 枯れる(草/花/木が)（か・くさ・き）　เหี่ยว, เฉา (ใช้กับพืช)／héo／layu
  例（れい）：枯れ葉、枯れ木
- 枝が折れる（えだ・お）　กิ่งไม้หัก／cành bị gẫy／cabangnya patah
  ▶枝を折る
- 紅葉（こうよう）　ใบไม้สีแดง ใบไม้เปลี่ยนสี／lá vàng lá đỏ／daun musim gugur
- 落ち葉（お・ば）　ใบไม้ที่ร่วงอยู่／lá rụng／daun yang rontok
- 芝生を刈る（しばふ・か）　ตัดหญ้า, ดายหญ้า／xén cỏ／memotong rumput
- 竹（たけ）　ไม้ไผ่, ต้นไผ่／trúc／bambu
- バラ　ดอกกุหลาบ／hoa hồng／mawar

●農業（のうぎょう） การเกษตร／Nông nghiệp／Pertanian

- 田〔田んぼ〕（た）　ทุ่งนา／ruộng／sawah
- 稲を植える（いね・う）　ดำนา／trồng lúa／menanam padi
  ▶田植え　ดำนา／trồng lúa／ penanaman padi
- 稲を刈る（か）　เกี่ยวข้าว／gặt lúa／memotong padi
- 畑を耕す（はたけ・たがや）　ไถนา／cuốc đất ruộng／berladang, berkebun
- 種をまく（たね）　หว่านเมล็ด／gieo hạt／menanam bibit
- 作物を収穫する（さくもつ・しゅうかく）　เก็บเกี่ยวผลผลิต／thu hoạch nông sản／memanen hasil pertanian

草が生える หญ้าขึ้น／cỏ mọc／rumput tumbuh

▶**雑草** หญ้า, วัชพืช／cỏ dại／ rumput liar

実がなる ออกผล (ผลไม้)／cây ra quả／berbuah

●その他 อื่นๆ／Khác／ Lain-lain

生き物 สิ่งมีชีวิต／sinh vật／makhluk hidup

人間 มนุษย์／con người／manusia

毛皮 หนังสัตว์ (ที่มีขนหนา)／da thú／bulu binatang

農薬 สารเคมีกำจัดศัตรูพืช／thuốc trừ sâu／pestisida

①週末の雨で、桜がだいぶ**散って**しまった。
②農家の人の話によると、今年は台風の影響でリンゴの**収穫**が少ないそうです。
③いつの間にか、**草**がいっぱい**生え**ちゃったね。そろそろ**刈ら**ないと。
④カラスは賢い鳥で、**人間**の行動をよく観察している。
⑤母も年をとって、**畑**を**耕し**たり**田植え**をしたりするのが、少しつらくなってきたようです。

ドリル

1）つぎの（　　）に合うものを下の語から一つ選び、必要があれば形を変えて入れなさい。

①そろそろジャガイモの種を（　　　　）時期です。
②せっかくかわいい花が咲いたのに、台風で（　　　　）しまうかもしれない。
③この花は、毎日水をやらないと、すぐに（　　　　）しまうんです。
④この桃の木は、おととし植えたんです。今年は実が（　　　　）といいんですが。

なる	枯れる	生える	まく	散る

2）つぎの（　　）に合うものをａ～ｅの中から一つ選びなさい。

①運がよければ、船の上からイルカの（　　）を見ることができます。
②見て！　あそこの木の（　　）に鳥の巣がある。
③彼らは、（　　）を売って金を得るために、簡単に動物を殺しているんです。
④天気がいいから、公園の（　　）で昼寝でもしましょうか。

a. 毛皮	b. 稲	c. 群れ	d. 芝生	e. 枝

23 体・健康（からだ・けんこう）

ร่างกาย, สุขภาพ／Cơ thể, Sức khỏe／Tubuh, kesehatan

●体〔身体〕（からだ〔からだ〕）

ร่างกาย ／Cơ thể (Cơ thể)／Tubuh (badan)

全身（ぜんしん）	ทั้งตัว／toàn thân／seluruh tubuh
ほお〔ほほ〕	แก้ม／má／pipi
ひじ	ข้อศอก／khuỷu tay／siku
手首（てくび）	ข้อมือ／cổ tay／pergelangan tangan
腰（こし）	เอว, สะโพก／lưng eo (phần sau bụng)／pinggang
(お)尻（しり）	ก้น, บั้นท้าย／mông／pantat
ひざ	เข่า／đầu gối／lutut
脳（のう）	สมอง／não／otak
心臓（しんぞう）	หัวใจ／tim／jantung
胃（い）	กระเพาะอาหาร／dạ dày／lambung, perut bagian atas
血液〔血〕（けつえき〔ち〕）	เลือด／máu／cairan darah (darah)
筋肉（きんにく）	กล้ามเนื้อ／cơ ／otot
骨を折る（ほねをおる）〔骨折する（こっせつする）〕	กระดูกหัก／gãy xương／patah tulang
肌（はだ）	ผิว／da／kulit
呼吸する（こきゅうする）〔息をする（いきをする）〕	หายใจ, สูดลมหายใจ／thở／bernapas
▶息を吸う／吐く（いきをすう／はく）	หายใจเข้า/ ออก／hít vào/thở ra／menghirup/ membuang napas
消化する（しょうかする）	ย่อยอาหาร／tiêu hóa／mencerna

●健康・病気（けんこう・びょうき）

สุขภาพ, เจ็บป่วย／Sức khỏe, Bệnh tật／Kesehatan, penyakit

体重を測る（たいじゅうをはかる）	ชั่งน้ำหนัก／đo cân nặng／menimbang berat badan
体温（たいおん）	อุณหภูมิร่างกาย／nhiệt độ cơ thể／suhu tubuh
体調（たいちょう）	สภาพร่างกาย／tình trạng cơ thể／kondisi tubuh
ストレス	ความเครียด／căng thẳng／stres
体がだるい（からだがだるい）	ร่างกายเมื่อยล้า, ไม่มีแรง／cơ thể uể oải／badan terasa berat
熱が出る（ねつがでる）	เป็นไข้／bị sốt／ada demam
汗をかく（あせをかく）	เหงื่อออก／đổ mồ hôi／berkeringat
咳(をする)（せき）	ไอ／ho／batuk
傷が痛い（きずがいたい）	ปวดแผล／vết thương đau／lukanya sakit
痛み	ความเจ็บปวด／đau／sakit
▶頭痛・腹痛（ずつう・ふくつう）	ปวดหัว, ปวดท้อง／đau đầu, đau bụng／Sakit kepala, sakit perut
めまい	วิงเวียน, ตาลาย, หน้ามืด／chóng mặt／pusing
吐く（はく）	อาเจียน／nôn／muntah
▶吐き気がする（はきけがする）	อาการคลื่นไส้อยากอาเจียน／buồn nôn／mual
虫歯（むしば）	ฟันผุ／sâu răng／gigi berlubang
診察する〔診る〕（しんさつする〔みる〕）	การตรวจรักษา, ตรวจโรค／khám／memeriksa

例：医者に診てもらう。（れい：いしゃにみてもらう。）

検査する（けんさする）	การตรวจสอบ (หาสิ่งแปลกปลอม) , การตรวจเช็ค／xét nghiệm／memeriksa
治療する（ちりょうする）	รักษา (โรค)／trị liệu／mengobati
手術する（しゅじゅつする）	ผ่าตัด／phẫu thuật／melakukan operasi
看病する（かんびょうする）	ดูแลผู้ป่วย／chăm bệnh／merawat
予防する（よぼうする）	ป้องกันล่วงหน้า／phòng ngừa／mencegah
うがい(をする)	การกลั้วคอ, การบ้วนปาก／xúc miệng／kumur-kumur
マスク(をする)	หน้ากาก (อนามัย)／khẩu trang／masker
かぜのウイルス	ไวรัสไข้หวัด／vi rút cảm ／virus flu
ワクチン	วัคซีน／vắc-xin／vaksin
注射(をする)（ちゅうしゃ）	การฉีดยา／tiêm／suntik
効く（きく）	ได้ผล, มีประสิทธิภาพ／công hiệu／manjur
精神（せいしん）	จิตใจ, ประสาท／tinh thần／jiwa
▶精神的なストレス（てき）	ความเครียดทางจิตใจ／căng thẳng thần kinh／stres kejiwaan

●「～をとる」「～(が)不足」の形でよく使う

คำมักใช้ในรูป "～をとる" "～(が)不足" ／thường dùng dưới dạng「～をとる」「～(が)不足」／Sering digunakan dalam bentuk「～をとる」dan「～(が)不足」

睡眠	การนอนหลับ／ngủ／tidur
栄養	สารอาหาร, คุณค่าทางโภชนาการ／dinh dưỡng／gizi
ビタミン	วิตามิน／vitamin／vitamin
水分	ส่วนประกอบที่เป็นน้ำหรือของเหลว, ความชุ่มชื้น, น้ำ／thành phần nước／cairan
休養	การพักฟื้น, การพักผ่อนหลังตรากตรำทำงาน／nghỉ ngơi tĩnh dưỡng／istirahat untuk pemulihan

●その他 อื่นๆ／khác／Lain-lain

ダイエット	การควบคุมอาหาร, ไดเอ็ท／ăn kiêng／diet

CD 23 例文

①今、かぜが流行っているので、**外出**するときは、マスクをするようにしています。
②かぜかなと思ったら、まず、**睡眠**をとるようにしてください。**休養**をとることが一番です。
③**ダイエット**で無理に体重を減らすのは、体によくありませんよ。
④**熱**があるのか、今朝からちょっと**体がだるい**です。
⑤仕事で**ストレス**を感じた時は、友だちと食事に行ったりおしゃべりをしたりします。

ドリル

つぎの（　　　）に合うものをａ～ｅの中から一つ選びなさい。

1）

①いろいろ(　　　) みたが、脳には特に異常はなかった。
②暑いから、しっかり水分を(　　　)、なるべく体を休めるようにしてください。
③ひどくならないうちに、早く医者に(　　　) もらったほうがいいよ。
④薬が(　　　) きて、少し楽になった。

a. とって	b. 検査をして	c. 診て	d. 効いて	e. 予防して

2）

①「体調はどうですか」「最近、忙しくて、ちょっと(　　　) 不足です」
②こちらのクリームは少し高いですが、(　　　) にいいものを使っております。
③空気が悪い所に行くと、(　　　) が出て、止まらなくなるんです。
④学校では、子どもがかぜをひかないように、(　　　) と手洗いをさせている。

a. 睡眠	b. せき	c. 肌	d. ダイエット	e. うがい

24 気持ち(きも)

ความรู้สึก／Tâm trạng, cảm xúc／Perasaan

●気持ち(きも) ความรู้สึก／Tâm trạng, cảm xúc／Perasaan

気持ちを込(こ)める ใส่ความรู้สึก／dồn hết tình cảm vào／penuh perasaan

心(こころ)を込める ทำด้วยใจ, ตั้งใจทำ／dành cả tấm lòng vào／sepenuh hati

例(れい)：心を込めて歌(うた)う

気分(きぶん)がいい อารมณ์ดี, รู้สึกดี／tâm trạng sảng khoái, dễ chịu／merasa senang

例：空気(くうき)がきれいで気分がいい。
ตัวอย่าง: อากาศสดชื่นรู้สึกดี／Không khí trong lành nên tôi cảm thấy dễ chịu／ Saya merasa senang karena udaranya bersih.

例：今日(きょう)はベアーズが勝(か)って気分がいい。
ตัวอย่าง : วันนี้ทีม Bears ชนะก็เลยรู้สึกอารมณ์ดี／Vì hôm nay đội Bears thắng nên tôi thấy sảng khoái／Hari ini saya merasa senang karena the Bears menang.

気分が悪(わる)い รู้สึกไม่สบาย, อารมณ์ไม่ดี／tâm trạng không tốt, khó chịu／merasa tidak sehat, sebal

例：電車(でんしゃ)の中(なか)で気分が悪くなった。
รู้สึกไม่ค่อยสบายตอนอยู่บนรถไฟ／Tôi cảm thấy khó chịu trong tàu điện.／Merasa tidak sehat di dalam kereta.

例：あの人(ひと)と話(はな)していると気分が悪くなる。
ตัวอย่าง : พอพูดคุยกับคนนั้นก็จะรู้สึกอารมณ์ไม่ดี／Nói chuyện với người kia là thấy khó chịu.／Saya merasa sebal kalau berbicara dengan dia.

●プラスの気持ち(きも) ความรู้สึกด้านบวก／Cảm xúc tích cực／ Perasaan yang positif

安心(あんしん)する รู้สึกปลอดภัย, โล่งใจ／yên tâm／tenang, aman

ほっとする รู้สึกโล่งใจ／thở phào／lega

満足(まんぞく)する พอใจ／thỏa mãn／puas

わくわくする ตื่นเต้น, ใจเต้นแรง／phấn khích, nô nức／antusias, bersemangat

感動(かんどう)する ประทับใจ／cảm động／terkesan

幸(しあわ)せな มีความสุข／hạnh phúc／bahagia

笑顔(えがお) หน้าตาที่ยิ้มแย้ม／khuôn mặt cười／senyum

●マイナスの気持ち(きも) ความรู้สึกด้านลบ／Cảm xúc tiêu cực／ Perasaan yang negatif

つらい ลำบาก, ทุกข์／đau khổ／berat

悔(くや)しい เจ็บใจ, เสียใจ／uất ức／kecewa, menyesal

不安(ふあん) รู้สึกไม่ปลอดภัย／bất an／cemas

不満(ふまん) ไม่พอใจ／bất mãn／tidak puas

腹(はら)が立(た)つ โกรธ／tức giận／jengkel

がっかりする ผิดหวัง, หมดกำลังใจ／thất vọng／kecewa

いらいらする หงุดหงิด／sốt ruột, cáu kỉnh／kesal

ため息(いき)をつく ถอนหายใจ／thở dài／menghela napas panjang

▶ため息が出(で)る ถอนหายใจ (ไม่ได้ตั้งใจ)／buông ra tiếng thở dài／ mendesah

仕事(しごと)で悩(なや)む กลุ้มใจ (กังวลใจ) เรื่องงาน／trăn trở vì công việc／menghadapi masalah dalam pekerjaan

▶悩み ความกังวลใจ, ความทุกข์ใจ／nỗi băn khoăn, trăn trở／ masalah

●その他(た) อื่นๆ／Khác／ Lain-lain

人前(ひとまえ)で緊張(きんちょう)する ตื่นเต้นตอนอยู่ต่อหน้าคนอื่น／cẳng thẳng khi đứng trước mọi người／gugup di depan orang

どきどきする ใจเต้น (ด้วยความตื่นเต้น)／hồi hộp／berdebar-debar

落(お)ち着(つ)く สงบใจ, ไม่กระวนกระวาย／bình tĩnh／tenang, damai

うらやましい รู้สึกอิจฉา／ghen tị／iri

なつかしい นึกถึง, ระลึกถึง／tiếc nhớ／kangen

平気(へいき) ไม่รู้สึกอะไร／bình thản／tidak apa-apa

期待(きたい)する คาดหวัง／kì vọng／mengharapkan

惜(お)しい รู้สึกเสียดาย／tiếc nuối／sayang

涙(なみだ) น้ำตา／nước mắt／air mata

例文

①「はあ～」「**ため息**ばかり**ついて**いると、幸せが逃げて行くよ」

②この映画を初めて見た時は本当に**感動して**、自然と涙が出ました。

③「日本語で発表するのは初めてだから、**緊張します**」「あれだけ練習したんだから大丈夫。**落ち着いて**」

④「部長、今日はずっと**いらいらして**いるね」「うん。何か嫌なことでもあったんじゃない？」

⑤**悔しい**なあ。あともう少しで勝てたのに。

ドリル

つぎの（　　　）に合うものをａ～ｅの中から一つ選びなさい。

1）

①合格発表の時は、期待と不安ですごく（　　　）しました。

②「このドラマも、来週で終わってしまいますね」「ええ。でも、最後、どうなるのか、（　　　）しますね」

③楽しみにしていた旅行がなくなって、子どもたちは（　　　）していた。

④事故のニュースを聞いて心配したが、家族が無事だとわかって、（　　　）した。

a. いらいら	b. ほっと	c. どきどき	d. わくわく	e. がっかり

2）

①私は、お金がたくさんある人を（　　　）とは思わない。

②〈喫茶店で〉「（　　　）曲だね」「ほんと。私たちが中学生の頃にすごく流行ってたよね」

③近くに悩みを相談できる人がいないので、（　　　）です。

④仲間が困っているのに、どうしてそんなに（　　　）顔をしていられるんですか。

a. 平気な	b. つらい	c. うらやましい	d. なつかしい	e. 幸せな

25 学校（がっこう）

โรงเรียน／Trường học／Sekolah

●科目（かもく）　วิชา／Môn học／Mata pelajaran

- 時間割（じかんわり）　ตารางเรียน (สอน)／thời khóa biểu／jadwal pelajaran
- 数学（すうがく）　คณิตศาสตร์／toán học／matematika
- 理科（りか）　วิทยาศาสตร์／môn tự nhiên／ilmu pengetahuan alam
- ▶観察（かんさつ）する　สังเกต／quan sát／mengamati
- ▶実験（じっけん）する　ทดลอง／thí nghiệm／bereksperimen
- 歴史（れきし）　ประวัติศาสตร์／lịch sử／sejarah
- 地（ち）理　ภูมิศาสตร์／địa lý／geografi
- 物（ぶつ）理(学)　ฟิสิกส์／vật lý (học)／fisika (ilmu)
- 化（か）学　เคมี／hóa học／kimia
- 文法（ぶんぽう）　ไวยากรณ์／ngữ pháp／tata bahasa
- 初級（しょきゅう）　ชั้นต้น, ระดับต้น／sơ cấp／tingkat dasar
- 中級（ちゅう）　ชั้นกลาง, ระดับกลาง／trung cấp／tingkat menengah
- 上級（じょう）　ชั้นสูง, ระดับสูง／cao cấp／tingkat atas
- 作文（さくぶん）　เรียงความ／tập làm văn／karangan, tulisan
- 基礎（きそ）　พื้นฐาน／cơ sở／dasar
- 知識（ちしき）　ความรู้／kiến thức／pengetahuan
- ▶知識を身（み）につける　ศึกษาหาความรู้／thu nạp kiến thức／memperoleh pengetahuan
- 得意（とくい）な科目　วิชาถนัด／môn mình học giỏi／mata pelajaran yang paling dikuasai
- 苦手（にがて）な分野（ぶんや）　สาขาที่ไม่ถนัด／lĩnh vực mình kém／mata pelajaran yang tidak dikuasai

●学習（がくしゅう）　การเรียน／Học／Pembelajaran

- 学習する　เรียนรู้／học／mempelajari
- ▶学（まな）ぶ　เรียนรู้／học／belajar
- 暗記（あんき）する　จำ／học thuộc lòng／menghafal
- 自（じ）習する　เรียนด้วยตนเอง／tự học／belajar sendiri

●試験（しけん）など　การสอบ เป็นต้น／Thi v.v…／Ujian, dll

- 問題（もんだい）を解（と）く　ตอบคำถาม, ตอบปัญหา／giải bài／menjawab soal
- 解答用紙（かいとうようし）　กระดาษคำตอบ／giấy trả lời câu hỏi／lembar jawaban
- 正（せい）解〔解答〕　เฉลย (คำตอบ)／đúng (câu trả lời)／benar (kunci jawaban)
- 点（てん）〔点数（すう）〕　คะแนน (จำนวนคะแนน)／điểm (điểm số)／skor (nilai skor)
- ▶満（まん）点をとる　ได้คะแนนเต็ม／được điểm tối đa／mendapat skor sempurna
- ▶点が伸（の）びる　คะแนนสูงขึ้น／điểm tăng／skornya naik
- 成績（せいせき）をつける　ตัดเกรด／đánh giá thành tích／memberi penilaian
- カンニング(をする)　ทุจริต (ในการสอบ)／quay cóp／menyontek

●使（つか）うもの　ของใช้／Dụng cụ sử dụng／Benda yang dipakai

- 電子辞書（でんしじしょ）　พจนานุกรมอิเลคทรอนิกส์／kim từ điển／kamus elektronik
- 参考書（さんこう）　เอกสารอ้างอิง／sách tham khảo／buku referensi
- 黒板（こくばん）　กระดานดำ／bảng đen／papan tulis
- ホワイトボード　ไวท์บอร์ด／bảng phoc-mi-ca／papan tulis white board
- プリント　เอกสารประกอบการเรียน, ชีท／tài liệu in ra／lembaran kegiatan

●学校行事（こうぎょうじ）など　งานโรงเรียนต่างๆ／Sự kiện ở trường v.v…／Kegiatan sekolah, dll

- 遠足（えんそく）　การเดินทางไกล／đi thăm quan／tamasya
- 運動会（うんどうかい）　งานกีฬาสี／ngày hội thể thao／festival olahraga

コンクール	การประกวด (งานศิลปะ, ดนตรี)／cuộc thi nghệ thuật／kompetisi
コンテスト	การแข่งขัน, การประกวด／cuộc thi ／kontes
同窓会	งานเลี้ยงรุ่น／họp lớp／acara reuni

●その他 อื่นๆ／Khác／ Lain-lain

同級生	เพื่อนร่วมชั้น／bạn cùng khóa／teman seangkatan
クラスメート	เพื่อนร่วมห้อง／bạn cùng lớp／teman sekelas
塾	โรงเรียนพิเศษ／lớp học thêm／kursus, les
受験する	สอบเข้าแข่งขัน／dự thi／mengikuti ujian
居眠りする	สัปหงก／ngủ gật／tertidur
授業をサボる	ไม่เข้าชั้นเรียน, โดดเรียน／trốn học／membolos sekolah

CD 25

例文

①「原さんは、どの**科目**が得意でしたか」「**国語**とか**英語**です。**理科**とか**数学**はいつも苦手でした」

②〈試験会場で〉では、まず、**解答用紙**に名前と**受験**番号を書いてください。

③ときどき**居眠り**はするけど、授業を**サボった**ことは一度もありません。

④試験まであと二日しかないんでしょ？　これを全部**暗記する**のは無理だよ。

⑤林先生は電車の事故で少し遅れるそうなので、それまで**自習して**おいてください。

ドリル

つぎの（　　　）に合うものをａ～ｅの中から一つ選びなさい。

1）

①くり返し（　　　）を行った結果、健康に害のないことが確認された。

②もちろん、学校の（　　　）がよくないと、先生に推せんしてもらえません。

③「英語が 150 点満点、国語が 100 点満点です」「（　　　）によって違うんですね」

④人々の様子を（　　　）していて、おもしろいことに気がついた。

a. 観察　b. 科目　c. 実験　d. 暗記　e. 成績

2）

①まず、基礎的な知識を（　　　）ることから始めましょう。

②まじめに勉強しているんだけど、数学の点がなかなか（　　　）ない。

③これから一年間、学校や社会で、いろいろなことを（　　　）たいと思っています。

④問題の量が多くて、全部（　　　）なかった。

a. 伸び　b. 身につけ　c. 受験して　d. 学び　e. 解け

26 大学（だいがく）

มหาวิทยาลัย／Đại học／ Universitas

●大学（だいがく）　มหาวิทยาลัย／Đại học／ Universitas

受験する（じゅけん）　สอบ／dự thi／mengikuti ujian

▶大学を受ける（う）　สอบเข้ามหาวิทยาลัย／thi đại học／mengikuti ujian masuk universitas

▶入試（にゅうし）（=入学試験（にゅうがくしけん））　การสอบเข้ามหาวิทยาลัย／thi đầu vào／ujian masuk

▶大学に進学する（しん）　เรียนต่อในระดับมหาวิทยาลัย／học lên đại học／meneruskan studi ke universitas

大学院に進む（いん　すす）　เรียนต่อในระดับปริญญาโท／học lên cao học／meneruskan studi ke program pascasarjana

推薦する（すいせん）　แนะนำ (ว่ามีคุณสมบัติเหมาะสม)／tiến cử／merekomendasikan

▶推薦状（じょう）　หนังสือแนะนำ, จดหมายแนะนำ／thư tiến cử／surat rekomendasi

教授（きょうじゅ）　ศาสตราจารย์／giáo sư／profesor

講師（こうし）　อาจารย์, ผู้สอน／giáo viên／dosen, guru

指導する（しどう）　ชี้แนะ, สอน／hướng dẫn／membimbing

▶アドバイス（をする）　ให้คำแนะนำ／cho lời khuyên／memberi nasihat

授業料（じゅぎょうりょう）（学費（ひ））　ค่าเล่าเรียน／học phí／biaya kuliah

奨学金（しょう　きん）　ทุนการศึกษา／học bổng／beasiswa

休学する（きゅう）　ลาพักการเรียน／nghỉ học／mengambil cuti akademik

国立大学（こくりつ）　มหาวิทยาลัยของรัฐ／đại học quốc lập／universitas negeri

▶私立（し）　เอกชน／tư (dân lập)／swasta

●分野（ぶんや）　สาขา, แขนง／Lĩnh vực／ Bidang ilmu

経済学（けいざいがく）　เศรษฐศาสตร์／kinh tế học／ilmu perekonomian

文学（ぶん）　วรรณคดี／văn học／ilmu budaya

教育学（きょういく）　ศึกษาศาสตร์／giáo dục học／pedagogi, ilmu pendidikan

医学（い）　แพทยศาสตร์／y học／ilmu kedokteran

法律を専攻する（ほうりつ　せんこう）　เรียนวิชาเอกกฎหมาย／học chuyên ngành pháp luật／mengambil jurusan hukum

学部（ぶ）　คณะ／khoa／fakultas

例：経済学部・法学部・文学部・医学部

เช่น คณะเศรษฐศาสตร์ คณะนิติศาสตร์ คณะอักษรศาสตร์ คณะแพทยศาสตร์／khoa kinh tế, khoa pháp luật, khoa văn học, khoa y／fakultas ekonomi, fakultas hukum, fakultas sastra, fakultas kedokteran

●授業（じゅぎょう）　ชั่วโมงเรียน／Giờ học／ Perkuliahan

専門（せんもん）　วิชาเอก, สาขาที่เชี่ยวชาญ／chuyên môn／keahlian, spesialisasi

▶専門知識（ちしき）　ความรู้ในสาขาที่เชี่ยวชาญ／kiến thức chuyên môn／pengetahuan khusus, keahlian

前期（ぜんき）　ภาคการศึกษาต้น, เทอมต้น／học kì một／semester awal

後期（こう）　ภาคการศึกษาปลาย, เทอมปลาย／học kì hai／semester akhir

学期（がっ）　ภาคการศึกษา／học kì／semester

講義（こうぎ）　การบรรยายทางวิชาการ, ชั่วโมงเรียน／giờ giảng／kuliah

▶休講（きゅう）　งดการเรียนการสอน／giờ học nghỉ／kuliah yang diliburkan

提出する（ていしゅつ）　ส่ง (การบ้าน รายงาน)／nộp／menyerahkan

締め切り（し　き）　วันหมดเขต ／hạn／tenggat

期限（きげん）　เวลาที่กำหนดไว้／hạn／batas waktu

▶徹夜する（てつや）　การโต้รุ่ง การไม่ได้นอนจนถึงเช้า／thức trắng đêm／begadang

評価する（ひょうか）　ประเมินค่า／đánh giá／menilai

単位を取る（たんい　と）　เก็บหน่วยกิต／lấy học trình／mendapat kredit

⇔単位を落とす（お）　ไม่ได้หน่วยกิต (สอบไม่ผ่าน)／không lấy được học trình／ tidak lulus mata kuliah

ゼミ　สัมมนา／seminar (giờ học do học sinh chủ động từ chuẩn bị tài liệu đến phát biểu)／seminar

●研究

研究	การวิจัย／Nghiên cứu／Penelitian
研究する	วิจัย／nghiên cứu／meneliti
調査する	สำรวจ ／điều tra／menyelidiki
発表する	นำเสนอ, รายงาน／phát biểu／mempresentasikan
報告する	รายงานผล／báo cáo／melaporkan
論文	วิทยานิพนธ์／luận văn／tesis, desertasi
下書きする	เขียนร่าง／viết nháp／membuat draf
資料	เอกสาร／tài liệu／data, materi
参考にする	ใช้อ้างอิง, ดูประกอบ／tham khảo／menjadikan sebagai referensi
引用する	อ้างอิง (ข้อความหรือคำพูด)／trích dẫn／mengutip
文章	ประโยค／bài văn／kalimat
テーマ	หัวข้อ／chủ đề／tema, judul

例文

①「レポートの**締め切り**って何日だっけ？」「25日。でも私、まだテーマも決まってない」
②**提出期限**を過ぎたら、書類を受け付けてくれないそうです。
③中村先生はいつも丁寧に**指導して**くれるので、学生に人気があります。
④**大学院**を受けるのに**教授**の**推薦状**が必要なので、田中先生にお願いしました。
⑤大学では**教育学**を**専攻**していましたが、今はまったく関係のない仕事をしています。

ドリル

つぎの（　　　）に合うものをａ～ｅの中から一つ選びなさい。

１）

①国立大学と私立大学とでは、1年間の（　　　）がずいぶん違う。
②授業料を払うのが大変なので、（　　　）を受けたいと思っています。
③就職するか（　　　）するか、そろそろ決めないと。
④将来、貿易関係の仕事をしたいので、大学は経済学部を（　　　）することにしました。

a. 授業料	b. 奨学金	c. 受験	d. 休学	e. 進学

２）

①先生は、私たちのレポートをどのように（　　　）して、成績をつけているのだろうか。
②先生に論文の（　　　）を見てもらった。
③まだ（　　　）結果をまとめていないので、ゼミで発表できない。
④林先生は大学で英語を教えていますが、（　　　）はイギリス文学です。

a. 調査	b. 評価	c. 下書き	d. 専門	e. 専攻

27 仕事・職業（しごと・しょくぎょう）

งาน, อาชีพ／Nghề, Ngành nghề／Kerja, pekerjaan

●職業（しょくぎょう） อาชีพ／Ngành nghề／Pekerjaan

教師（きょうし）	ครู, อาจารย์／giáo viên／guru
医師（いし）	แพทย์／bác sĩ／dokter
看護師（かんごし）	พยาบาล／y tá／perawat
エンジニア	วิศวกร／kĩ sư／insinyur
通訳（つうやく）	ล่าม／phiên dịch／penerjemah
運転手（うんてんしゅ）	พนักงานขับรถ／lái xe／sopir
俳優（はいゆう）	ดารา, นักแสดง／nam diễn viên／aktor
女優（じょ）	นักแสดงหญิง／nữ diễn viên／aktris
スポーツ選手（せん）	นักกีฬา／vận động viên thể thao／atlet, olahragawan
作家（さっか）	นักเขียน／nhà văn／penulis
公務員（こうむいん）	ข้าราชการ／công chức nhà nước／pegawai negeri
OL	พนักงานบริษัทหญิง／nữ nhân viên văn phòng／pegawai wanita
正社員（せいしゃ）	พนักงานประจำ／nhân viên chính thức／pegawai tetap
パート	งานพาร์ทไทม์, งานพิเศษ／nội trợ đi làm thêm／pekerja paruh waktu
アルバイト（バイト）	งานพิเศษ／việc làm thêm／pekerja sampingan
フリーター	คนที่ทำงานอิสระไม่ได้รับเป็นเงินเดือนประจำ, ฟรีแลนส์／thanh niên chỉ làm việc bán thời gian (không có công việc ổn định)／pekerja lepas
主婦（しゅふ）	แม่บ้าน／nội trợ／ibu rumah tangga

●仕事の種類（しごとのしゅるい） ชนิดของงาน／Loại công việc／Jenis pekerjaan

事務（じむ）	งานสำนักงาน／văn phòng／tata usaha
営業（えいぎょう）	ธุรกิจ, กิจการ／kinh doanh／penjualan
翻訳（ほんやく）	งานแปล／biên dịch／penerjemahan

●就職・退職（しゅうしょく・たい） การหางานทำ, การออกจากงาน／Vào làm, Nghỉ việc／Masuk kerja, berhenti kerja

仕事を探す（しごと さが）	หางาน／tìm việc／mencari kerja
就職する	หางานทำ, ได้งานทำ／vào làm／mendapat kerja
入社する（にゅうしゃ）	เข้าเป็นพนักงานบริษัท／vào công ty／diterima di perusahaan
退職する	ออกจากงาน／nghỉ việc／berhenti kerja
雇う（やと）	จ้างงาน／tuyển ai đó làm viêc／mempekerjakan
会社をやめる（かい）	ลาออกจากบริษัท／nghỉ việc ở công ty／berhenti dari perusahaan
募集する（ぼしゅう）	รับสมัคร／tuyển dụng／merekrut
応募する（おう）	สมัคร／ứng tuyển／melamar
面接（めんせつ）	การสัมภาษณ์／phỏng vấn／wawancara
履歴書（りれきしょ）	ประวัติส่วนตัว, ประวัติการทำงาน／sơ yếu lý lịch／daftar riwayat hidup
資格（しかく）	คุณสมบัติ／chứng chỉ／kualifikasi
給料（きゅうりょう）	เงินเดือน／lương／gaji, upah
▶時給（じ）	ค่าแรงรายชั่วโมง／lương theo giờ／upah per jam
▶ボーナス	โบนัส／tiền thưởng／bonus
▶交通費（こうつうひ）	ค่าเดินทาง／phí giao thông／ongkos transportasi

●仕事をする（しごと） ทำงาน／Làm việc／Bekerja

打ち合わせ（う あ）	ตกลงนัดแนะ／bàn bạc／pertemuan
ミーティング	การประชุม／họp／rapat
休憩する（きゅうけい）	พักผ่อน／nghỉ giải lao／beristirahat
勤務する（勤める）（きんむ つと）	ทำงาน／làm／bekerja
通勤する（つう）	การเดินทางไปทำงาน (ในแต่ละวัน)／đi làm／pergi untuk bekerja
担当する（たんとう）	รับผิดชอบหน้าที่ที่ได้รับมอบหมาย／phụ trách／menangani, bertanggung jawab

残業する(ざんぎょう)	ทำงานล่วงเวลา／làm thêm ngoài giờ／lembur
経営する(けいえい)	บริหาร／kinh doanh／mengelola
かせぐ(お金(かね)を)	ทำงานหาเงิน／kiếm (tiền)／menghasilkan

●その他(た)　อื่นๆ／Khác／ Lain-lain

職場(しょくば)	ที่ทำงาน／chỗ làm／tempat kerja
上司(じょうし)	หัวหน้า, เจ้านาย, ผู้บังคับบัญชา／cấp trên／atasan
部下(ぶか)	ลูกน้อง, ผู้ใต้บังคับบัญชา／cấp dưới／bawahan
責任(せきにん)	ความรับผิดชอบ／trách nhiệm／tanggung jawab
ビジネス	ธุรกิจ／thương mại／bisnis, usaha
名刺(めいし)	นามบัตร／danh thiếp／kartu nama
オフィス	สำนักงาน, ที่ทำการ, ออฟฟิศ／văn phòng／kantor
スタッフ	ทีมงาน／nhân viên／staf

CD 27

例文(れいぶん)

①「どんな仕事(しごと)をしているんですか」「貿易関係(ぼうえきかんけい)の会社(かいしゃ)で**事務**(じむ)の仕事をしています」
②その仕事は田中(たなか)さんが**担当して**(たんとう)いるんですが、今日(きょう)は休(やす)みなんです。
③今回(こんかい)の問題(もんだい)は、すべて私(わたし)の**責任**(せきにん)です。申(もう)し訳(わけ)ありませんでした。
④ずっとパソコンの前(まえ)に座(すわ)るのは体(からだ)によくないよ。ときどき**休憩しない**(きゅうけい)と。
⑤「今度の**ミーティング**でコピー機(き)のことを話し合わないと」「そうだね」

ドリル

1）つぎの（　　）に合(あ)うものをa～eの中(なか)から一(ひと)つ選(えら)びなさい。

①「（　　）時間(じかん)は何(なん)時から何時までですか」「９時から５時までです」
②「これはどう？」「仕事(しごと)はおもしろそうだけど、（　　）がちょっと安(やす)いなあ」
③２時にふじ工業(こうぎょう)との（　　）があるので、そろそろ会社(かいしゃ)を出(で)ます。
④（　　）の雰囲気(ふんいき)がいいので、働(はたら)きやすいです。

a. パート	b. 職場(しょくば)	c. 打(う)ち合(あ)わせ	d. 給料(きゅうりょう)	e. 勤務(きんむ)

2）つぎの（　　）に合(あ)うものを下(した)の語(ご)から一(ひと)つ選(えら)び、必要(ひつよう)があれば形(かたち)を変(か)えて入(い)れなさい。

①レジの経験(けいけん)はありませんが、（　　　　）できますか。
②健康(けんこう)のために、電車(でんしゃ)をやめて自転車(じてん)で（　　　　）ことにしました。
③初(はじ)めてひとりで（　　　　）た仕事(しごと)なので、その時(とき)のことはよく覚(おぼ)えています。
④親(おや)にお金(かね)を送(おく)りたいので、少(すこ)しでも多(おお)く（　　　　）たい。

勤務(きんむ)する	担当(たんとう)する	かせぐ	応募(おうぼ)する	通勤(つうきん)する

28 パソコン・ネット

คอมพิวเตอร์, อินเตอร์เน็ต／Máy tính, Internet／Komputer, internet

●パソコン

คอมพิวเตอร์／Máy tính／Komputer

- ノートパソコン　โน้ตบุ๊ก คอมพิวเตอร์ส่วนบุคคล／máy tính xách tay／laptop
- 画面(がめん)　หน้าจอ／màn hình／tampilan, layar
- キーボード　คีย์บอร์ด／bàn phím／papan tombol
- ▶キーを打(う)つ　กดแป้นพิมพ์／gõ bàn phím／ tekan tombol
- マウス　เม้าส์／con chuột máy tính／tetikus
- プリンター　ปริ้นเตอร์／máy in／pencetak, printer
- ケーブル　สายเคเบิล／dây cáp／kabel／dây cáp／kabel
- ファイル　ไฟล์／tài liệu (file)／file, berkas
- フォルダ　โฟลเดอร์／tập dữ liệu (folder)／folder
- 印刷(いんさつ)する〔プリントする〕　พิมพ์ ／in ra／mencetak
- パスワード　พาสเวิร์ด／mật khẩu／kata sandi

●インターネット・メール

อินเตอร์เน็ต, อีเมล／mạng internet, thư điện tử (email)／Internet, surat elektronik

- ネットにつなぐ／つながる　ต่ออินเตอร์เน็ต อินเตอร์เน็ตเชื่อมต่อได้／kết nối internet／menghubungkan/terhubung ke internet
- ホームページにアクセスする　เข้าไปดูในโฮมเพจ／truy cập vào trang chủ／mengakses ke laman
- (ウェブ)サイト　เว็บไซต์／trang web／situs web
- 検索(けんさく)する　สืบค้น, เสิร์จ／tìm kiếm／mencari
- クリックする　คลิก／bấm vào／mengeklik
- ソフト(ウェア)　ซอฟต์แวร์／phần mềm／perangkat lunak
- ダウンロードする　ดาวน์โหลด／tải xuống／mengunduh
- ブログを書(か)く　เขียนบล็อก／viết blog／menulis blog
- メール　อีเมล／thư điện tử (email)／surat elektronik
  =Eメール、電子(でんし)メール
- メールアドレス　ที่อยู่อีเมล／địa chỉ email／alamat email, alamat surel
  ※短く、「メルアド」「メアド」「アドレス」ともいう。
- 写真(しゃしん)を添付(てんぷ)する　แนบรูปถ่าย／đính kèm ảnh／melampirkan foto
- ウイルス　ไวรัส／vi-rút／virus

●データを～

.... ข้อมูล / dữ liệu / ～data

- 保存(ほぞん)する　บันทึก, เซฟ／lưu／menyimpan data
- 削除(さくじょ)する　ลบ／xóa／menghapus data
- 入力(にゅうりょく)する　พิมพ์ลงไป ／nhập ／memasukkan

●メールの表現(ひょうげん)

สำนวนในการเขียนอีเมล／cách nói dùng với email／"Ungkapan dalam email"

- メールを受信(じゅしん)する／受(う)け取(と)る　ได้รับอีเมล ／nhận thư ／menerima email
- メールを送信(そうしん)する／送(おく)る　ส่งอีเมล ／gửi thư／mengirim email
- メールに返信(へんしん)する／返事(へんじ)をする　ตอบกลับอีเมล ／trả lời thư／membalas email
- メールを転送(てんそう)する　ส่งต่ออีเมล ฟอร์เวิร์ด／chuyển tiếp thư／mengalihkan email

①**ネット**で**検索**して、紅茶のおいしい店を見つけました。
②「その写真、私ももらえる？」「うん、あとで**メール**に**添付して**送るよ」
③「昨日、メールを送ったんだけど」「あ、**返信する**のを忘れてた！　ごめんなさい」
④ではつぎに、「はい」を**クリック**してください。パスワードを**入力する画面**になるはずです。
⑤**データ**がいっぱいになったので、いらない**ファイル**を**削除**しました。

ドリル

1）つぎの（　　　）に合うものをａ～ｅの中から一つ選びなさい。

①さくらさんに連絡したいんだけど、彼女の（　　　）知らない？
②「この店、すごくおいしいね」「うん。いつも読む（　　　）で紹介されてたんだ」
③このパソコン、（　　　）が大きくて見やすいね。
④うちの（　　　）、いま調子が悪くて、うまく印刷できないんです。

a. ブログ	b. データ	c. 画面	d. メルアド	e. プリンター

2）つぎの（　　　）に合うものを下の語から一つ選び、必要があれば形を変えて入れなさい。

①迷わないように、会場までの地図を（　　　　　）て持って行こう。
②さっきからネットに（　　　　　）ないんです。ちょっと見てもらえませんか。
③そのパソコンは日本語も（　　　　　）できるんですか。いいですね。
④「原さんにもこの写真を見せたいんだけど、メールを（　　　　　）てもいい？」「うん、もちろん」

入力する	つながる	転送する	プリントする	受信する

28 パソコン・ネット

29 人と人・グループ

คนกับคน, กลุ่ม／Người và người, Nhóm／Hubungan antarindividu, kelompok

●相手との関係
ความสัมพันธ์กับอีกฝ่ายหนึ่ง／Quan hệ với người khác／Hubungan dengan lawan bicara

電話の相手	คู่สนทนาในโทรศัพท์／người bên đầu kia điện thoại／Lawan bicara di telepon
自分の部屋	ห้องของตนเอง／phòng của mình／ruangan sendiri
▶自分でやる	ทำด้วยตนเอง／tự mình làm／melakukannya sendiri
上司	หัวหน้า, เจ้านาย, ผู้บังคับบัญชา／cấp trên／atasan
部下	ลูกน้อง, ผู้ใต้บังคับบัญชา／cấp dưới／bawahan
先輩	รุ่นพี่／anh (chị) khóa trên, người vào làm trước／senior
後輩	รุ่นน้อง／em khóa dưới, người vào làm sau／junior
新人	หน้าใหม่, คนใหม่／người mới／orang baru
目上の人	ผู้ที่อาวุโสกว่า／người trên／orang yang dihormati
年上	ผู้ที่อายุมากกว่า／hơn tuổi／orang yang lebih tua
年下	ผู้ที่อายุน้อยกว่า／kém tuổi／orang yang lebih muda
同い年	อายุเท่ากัน, เกิดปีเดียวกัน／cùng tuổi／sebaya
わたしの彼	คนรัก (ผู้ชาย) ของฉัน／bạn trai của tôi／pacar saya
ぼくの彼女	คนรัก (ผู้หญิง) ของผม／bạn gái của tôi／pacar saya
仲	ความสัมพันธ์／mối quan hệ／hubungan
▶仲がいい／悪い	สนิท / เข้ากันไม่ได้, ไม่ลงรอยกัน／quan hệ tốt/ xấu／berhubungan baik/buruk
▶仲良し	การมีความสัมพันธ์อันดี／quan hệ tốt, thân thiết／teman baik
▶親友	เพื่อนสนิท／bạn thân／teman akrab
▶仲間	เพื่อนพ้อง／đồng minh, chiến hữu／teman
ライバル	คู่แข่ง／đối thủ／rival, saingan
～同士	～ด้วยกัน, ～กัน／cùng là ~／sesama ~

例：女同士、仲間同士
ผู้หญิงด้วยกัน, เพื่อนกัน／cùng là phụ nữ, cùng là chiến hữu với nhau／sesama wanita, sesama teman

一緒に	ด้วยกัน／cùng nhau／bersama-sama
⇔別々に	แยกกัน, ต่างคนต่างทำ／riêng biệt／ secara terpisah

●グループ
กลุ่ม／Nhóm／ Kelompok

集まり	กลุ่ม (คน), คณะบุคคล ／nhóm／pertemuan
集団	การชุมนุม, การรวมกลุ่ม／đoàn thể／perkumpulan
団体	หมู่คณะ, กลุ่ม, องค์กร／đoàn thể／kelompok, rombongan
個人	ส่วนตัว／cá nhân／perorangan
メンバー	สมาชิก／thành viên／anggota
会員	สมาชิก／hội viên／anggota
入会する	เข้าเป็นสมาชิก／ra nhập hội／menjadi anggota
リーダー	หัวหน้า, ผู้นำ／thủ lĩnh／pemimpin

●その他
อื่นๆ／Khác／ Lain-lain

女性	เพศหญิง／nữ giới／wanita
▶婦人向けの雑誌	นิตยสารสำหรับแม่บ้าน／tạp chí dành cho phụ nữ／ majalah untuk wanita
▶社長のお嬢さん	ลูกสาวของประธานบริษัท／con gái của giám đốc／putri dari kepala kantor
男性	เพศชาย／nam giới／pria
▶紳士用の服	เสื้อผ้าสุภาพบุรุษ／quần áo cho nam giới／pakaian untuk pria
交流する	การแลกเปลี่ยน (วัฒนธรรม)／giao lưu／berinteraksi

①「じゃがいもの会？　これって何の**団体**だろう？」「たぶん、お料理の関係じゃない？」
②自分のことばかり言ったらだめだよ。**相手**のことも考えないと。
③うちの両親は**仲がいい**ですよ。今でもよく、いっしょに山に登ったりしています。
④「今、**会員**登録をすると、３千円の商品券がもらえるんだって」「へー、それはお得だね」
⑤**目上の人**と話すときは、きちんとした言葉を使うよう、気をつけてください。

ドリル

つぎの（　　　）に合うものをａ～ｅの中から一つ選びなさい。

１）

①田中さんはすごくしっかりしていて、私より（　　　）とは思えない。
②「彼女、結婚するんだって」「えっ、そうなの！　（　　　）は誰？」
③私の（　　　）はとても優しくて、部下の面倒をよくみてくれます。
④今日から入る山田くんです。（　　　）なので、いろいろ教えてあげてください。

a. 上司	b. 仲間	c. 年下	d. 相手	e. 新人

２）

①うちの大学は中国の大学と（　　　）があり、毎年たくさんの留学生が来る。
②今日はテニスクラブの（　　　）があるから、帰りがちょっと遅くなると思う。
③健康のために、駅前のスポーツクラブに（　　　）しようと思っています。
④金曜の夜は、（　　　）のいい同僚とよく食事に行きます。

a. 入会	b. 部下	c. 仲	d. 交流	e. 集まり

30 どんな人(ひと)？

คนลักษณะแบบใด？／Người như thế nào?／Orang yang seperti apa?

●外見(がいけん) รูปลักษณ์ภายนอก／Ngoại hình／ Tampak luar

外見〔見た目(みため)〕	รูปลักษณ์ภายนอก／ngoại hình (vẻ bề ngoài)／tampak luar (kelihatan dari luar)
かっこいい	ดูดี, เท่ ／phong độ, ngầu／tampan
美人(びじん)	สวย／xinh đẹp／cantik
スタイルがいい	รูปร่างดี／dáng đẹp／bertubuh proporsional
スマートな	สมาร์ท／thanh mảnh／bertubuh langsing
幼(おさな)い	วัยเด็ก, ตอนเป็นเด็ก／ngây thơ／kekanak-kanakan
おしゃれな	เก๋, ดูสวย／sành điệu, diện／modis, keren

●性格(せいかく) นิสัย／Tính cách／ Sifat

陽気(ようき)な	แจ่มใส, มีชีวิตชีวา／tươi tắn／ceria
▶明(あか)るい	ร่าเริง／tươi tắn／riang
真面目(まじめ)な	เอาจริงเอาจัง／nghiêm túc／serius
⇔不(ふ)真面目な	ไม่เอาจริงเอาจัง／không nghiêm túc／ tidak serius
正直(しょうじき)な	ตรงไปตรงมา ／chính trực／jujur
素直(すなお)な	ว่านอนสอนง่าย ／chân thành, thật thà／sederhana
純粋(じゅんすい)な	บริสุทธิ์, ซื่อๆ／ngây thơ trong sáng／apa adanya, lugu
乱暴(らんぼう)な	รุนแรง, ใช้กำลัง, หยาบคาย／thô tục／kasar
優(やさ)しい	ใจดี／hiền／ramah
落(お)ち着(つ)いた	ใจเย็น, นิ่งๆ ／điềm đạm／kalem
大人(おとな)しい	เรียบร้อย, สงบเสงี่ยม／người lớn／dewasa
おもしろい	น่าสนใจ／thú vị, hài hước／menarik, lucu
のんきな	เรื่อยๆ ไม่เคร่งเครียด／thong dong／santai
けちな	ขี้เหนียว／keo kiệt／pelit
わがままな	เห็นแก่ตัว, เอาแต่ใจ／ích kỉ／egois

●能力(のうりょく) ความสามารถ／Năng lực／Kemampuan

賢(かしこ)い	ฉลาด, หัวไว／thông minh／cerdik, bijaksana
利口(りこう)な	ฉลาด, มีไหวพริบ／thông minh／pintar, pandai
器用(きよう)な	คล่องแคล่ว, ชำนาญ／khéo léo／cekatan, pandai

●行動(こうどう)・態度(たいど) พฤติกรรม, การแสดงออก／Hành động, Thái độ／ Perilaku, sikap

熱心(ねっしん)な活(かつ)動	กิจกรรมที่มุ่งมั่น／hoạt động nhiệt tình／aktivitas yang menggebu-gebu
真剣(しんけん)な態(たい)度(ど)	ท่าทางเอาจริงเอาจัง／thái độ nghiêm túc／sikap serius
慎重(しんちょう)な行動	พฤติกรรมที่รอบคอบ／hành động thận trọng／perilaku berhati-hati
冷(つめ)たい反応(はんのう)	การตอบสนองที่เย็นชา／phản ứng lạnh lùng／tanggapan dingin
不親切(ふしんせつ)な対応(たいおう)	การดูแล (รับมือ) ที่ไม่ดี／đối xử không tử tế／respons yang tidak ramah
礼儀正(れいぎただ)しい	มีมารยาท,มารยาทดี／lễ phép, lịch sự／sopan
⇔失(しつ)礼な	เสียมารยาท／thất lễ／ tidak sopan
行儀(ぎょうぎ)がいい	มารยาทดี／thái độ đứng đắn lịch sự／berperilaku sopan
きちんとした服(ふく)	เครื่องแต่งกายที่เรียบร้อย／quần áo lịch sự trang trọng／pakaian yang sopan
勝手(かって)な	เอาแต่ใจ, เอาตัวเองเป็นหลัก／tự ý, tùy tiện／semaunya
積極的(せっきょくてき)な	กระตือรือร้น／tích cực／bersemangat
⇔消(しょう)極的な	เฉื่อยชา, ไม่กระตือรือร้น／tiêu cực／ tidak bersemangat

●印象(いんしょう)・評価(ひょうか) ความประทับใจ, การประเมิน／Ấn tượng, Đánh giá／ Kesan, penilaian

厳(きび)しい(人(ひと)が)	เข้มงวด／nghiêm khắc, khó tính／ketat, disiplin
怖(こわ)い(人が)	น่ากลัว／đáng sợ／galak, menakutkan
⇔甘(あま)い	ไม่เคร่งครัด, มองโลกในแง่ดีเกินไป／dễ dãi, nuông chiều／terlalu baik
偉(えら)い(人が)	เก่ง, ใหญ่โต (ตำแหน่ง)／vĩ đại, giỏi／hebat

平凡な(へいぼん) ธรรมดา, พื้นๆ／bình thường／biasa

ばかな発言(はつげん) คำพูดที่ไม่ได้เรื่อง, คำพูดโง่ๆ／phát ngôn ngu ngốc／pernyataan bodoh

タイプ แบบ, สไตล์／tuýp／tipe, jenis

天才(てんさい) อัจฉริยะ, มีพรสวรรค์／thiên tài／genius

●～っぽい

子供っぽい(こども) ดูเหมือนเด็ก／như trẻ con／seperti anak-anak

飽きっぽい(あ) ขี้เบื่อ คนเบื่อง่าย／chóng chán／cepat bosan

●～の〔が〕ある

ユーモアのある มีอารมณ์ขัน／có khiếu hài hước／memiliki rasa humor

勇気のある(ゆうき) มีความกล้าหาญ／có dũng khí／memiliki keberanian

魅力のある(みりょく) มีสเน่ห์／có duyên／memiliki daya tarik

CD 30

例文(れいぶん)

①「**スタイルがいい**ですね。何(なに)か運動(うんどう)をしているんですか」「はい、水泳(すいえい)をしています」
②**純粋な**(じゅんすい)気持(きも)ちで、彼女(かのじょ)と**付(つ)き合(あ)い**たいと思(おも)ったんです。
③彼(かれ)は**かっこいい**だけじゃなくって、頭(あたま)もいいんですよ。
④田中先輩(たなかせんぱい)は**けち**で、缶(かん)ジュース一(ひと)つ、おごってくれたことがない。
⑤森(もり)コーチの**熱心な**(ねっしん)指導(しどう)により、チームは確実(かくじつ)に力(ちから)をつけていった。

ドリル

つぎの（　　　）に合(あ)うものをａ～ｅの中(なか)から一(ひと)つ選(えら)びなさい。

1）
①うそはつかないでください。（　　　）に言(い)ってください。
②佐藤(さとう)さんは、何(なに)が起(お)きても全然(ぜんぜん)あわてません。つねに（　　　）な人(ひと)です。
③周(まわ)りに迷惑(めいわく)をかけないよう、（　　　）な行動(こうどう)はしないでくださいね。
④「この服(ふく)は私(わたし)が作(つく)ったんです」「へえ、（　　　）ですね」

a. 勝手(かって)	b. 器用(きよう)	c. 冷静(れいせい)	d. 熱心(ねっしん)	e. 正直(しょうじき)

2）
①先生(せんせい)は（　　　）から、いつもたくさん宿題(しゅくだい)を出(だ)します。
②妹(いもうと)は（　　　）性格(せいかく)ですが、テニスをするときは大声(おおごえ)を出(だ)すんです。
③（　　　）よ。食事(しょくじ)の時(とき)はゲームをしないで。
④私(わたし)は（　　　）ので、新(あたら)しいことを始(はじ)めてもすぐにやめてしまう。

a. 飽(あ)きっぽい	b. 幼(おさな)い	c. きびしい	d. 行儀(ぎょうぎ)が悪(わる)い	e. おとなしい

第2回 実戦練習（じっせんれんしゅう）

問題1 （　　）に入れるのに最もよいものを、1・2・3・4から一つえらびなさい。

① 山田さんの息子さんは、きちんとあいさつができる（　　　）子だ。

1 大人しい　2 礼儀（れいぎ）正しい　3 器用な　4 真剣な

② グループの（　　　）として、皆（みな）の意見をまとめて発表します。

1 ライバル　2 リーダー　3 メンバー　4 タイプ

③ 次回の作文は、パソコンで（　　　）、提出（ていしゅつ）してください。

1 つないで　2 打って　3 引用（いんよう）して　4 打ち合わせて

④ 就職（しゅうしょく）したくても、（　　　）を持っていなければ、面接（めんせつ）に合格するのは難しいだろう。

1 名刺（めいし）　2 応募（おうぼ）　3 募集（ぼしゅう）　4 資格（しかく）

⑤ 授業をサボってばかりいたから、英語の（　　　）を落としてしまった。

1 単位（たんい）　2 専門（せんもん）　3 責任（せきにん）　4 評価（ひょうか）

⑥ ホテルのサービスがとてもよかったので、両親は（　　　）ようだ。

1 わくわくした　2 期待（きたい）した　3 緊張（きんちょう）した　4 満足（まんぞく）した

⑦ もっと（　　　）をとるようにすると、体の調子がよくなると思います。

1 ストレス　2 ビタミン　3 ワクチン　4 ウイルス

⑧ 先週、スイカの種（たね）を植えたばかりなのに、今朝見たら、もう芽（め）が（　　　）いた。

1 散って　2 生（は）えて　3 出て　4 なって

⑨ 子どものころからの夢が（　　　）なんて思っていなかった。とてもうれしい。

1 かなう　2 できる　3 抱く　4 持つ

⑩ 私たちは、地球温暖化（おんだんか）をもっと（　　　）問題として考えるべきだ。

1 苦手な　2 深刻（しんこく）な　3 消極的（しょうきょくてき）な　4 精神的な

問題2 ＿＿＿に意味が最も近いものを、1・2・3・4から一つえらびなさい。

① 彼女は、わがままなことばかり言って、彼を困らせた。

1 勝手な　2 平凡な　3 失礼な　4 乱暴な

② 私と小林さんは、いいライバルです。

1 仲間同士　2 競争相手　3 同級生　4 仲良し

③ 学費をかせぐために、3つアルバイトをしている。

1 貸す　2 得る　3 増やす　4 ためる

④ この画面で検索すれば、探している本がどこにあるか、すぐにわかりますよ。

1 アクセスすれば　2 探せば　3 見れば　4 調節すれば

問題3 つぎのことばの使い方として最もよいものを、一つえらびなさい。

① ユーモア

1 先輩は、飲み会に行っても、多くお金を払ってくれない。ユーモアがない人だ。
2 彼女は、ユーモアがあって、一緒にいるととても楽しい。
3 英語の先生は、毎回、単語テストをする。ユーモアのある先生だ。
4 彼はまだ若いのに、本当にいいユーモアをしている。

② 専攻

1 今日の発表のために、昨晩から専攻して準備した。
2 もっと研究を続けたいと思い、大学院を専攻することにした。
3 林教授は、大学時代、物理学を専攻していて、大きな賞をとったこともあるそうだ。
4 先生が来るまで静かに専攻していてください。

③ 防ぐ

1 警察は、交通事故の数を防ぐために、いろいろと対策を考えている。
2 祖母にすすめられた風邪薬は、すぐに防ぐからいい。
3 夜更かしをして、睡眠を防ぐのは体によくないですよ。
4 この注射をしておけば、大きな病気を防ぐことができます。

31 どんなもの？ どんなこと？

ของแบบไหน? เรื่องแบบไหน? ／Vật như thế nào? Việc như thế nào?／ Benda apa? Hal apa?

●様子・状態（ようす・じょうたい）

สถานการณ์, สภาพ／Tình trạng, Trạng thái／Situasi, keadaan

- **基本的な**知識（きほんてき ちしき） ความรู้พื้นฐาน／kiến thức cơ bản／pengetahuan dasar
- **重要な**資料（じゅうよう しりょう） เอกสารสำคัญ／tài liệu quan trọng／materi yang penting
- **正確な**情報（せいかく じょうほう） ข้อมูลที่ถูกต้อง／thông tin chính xác／informasi yang akurat
- **完全な**データ（かんぜん） ข้อมูลที่สมบูรณ์／dữ liệu toàn bộ／data yang sempurna
- **さまざまな**料理（りょうり） อาหารหลากหลาย／nhiều loại món ăn／masakan yang beragam
- **豊かな**自然（ゆたか しぜん） ธรรมชาติอุดมสมบูรณ์／thiên nhiên phong phú／alam yang kaya
- **貧しい**家庭（まずしい かてい） ครอบครัวยากจน／nhà nghèo／keluarga yang miskin
- **親しい**関係（したしい かんけい） ความสัมพันธ์สนิท／quan hệ thân thiết／hubungan yang erat
- **詳しい**地図（くわしい ちず） แผนที่โดยละเอียด／bản đồ chi tiết／peta yang detail
- **あいまいな**返事（へんじ） คำตอบคลุมเครือ／trả lời ỡm ờ, lập lờ／jawaban yang ambigu
- **激しい**雨（はげしい あめ） ฝนรุนแรง／mưa lớn／hujan lebat
- **夢中**で読む（むちゅう よむ） อ่านด้วยความจดจ่อ／đọc say sưa／asyik membaca
- **高価**な品物（こうか しなもの） ของราคาแพง／đồ đắt tiền／barang yang mahal
- **無駄な**努力（むだ どりょく） ความพยายามสูญเปล่า／nỗ lực lãng phí／usaha yang sia-sia
- **国際的な**会議（こくさいてき かいぎ） การประชุมนานาชาติ／họp quốc tế／rapat yang bersifat internasional
- **可能な**計画（かのう けいかく） โครงการที่สามารถทำได้／kế hoạch khả thi／rencana yang dapat direalisasikan
- ⇔**不可能な**（ふ） ไม่สามารถทำได้／không khả thi／ yang mustahil

●形（かたち）

รูปร่างลักษณะ／Hình dạng／ Bentuk

- **平らな**場所（たいら ばしょ） สถานที่ที่พื้นเรียบ／nơi bằng phẳng／tempat yang datar
- **険しい**山道（けわしい やまみち） เส้นทางภูเขาที่ลาดชัน／đường núi hiểm trở／jalan pegunungan yang berbahaya
- **鋭い**ナイフ（するどい） มีดที่คม／dao sắc／pisau yang tajam

●判断・評価（はんだん・ひょうか）

การพิจารณา, การประเมิน／Phán đoán, Đánh giá／Keputusan, penilaian

- **当然の**結果（とうぜん けっか） ผลลัพธ์ที่สมเหตุสมผล／kết quả đương nhiên／hasil yang pantas
- ▶**当たり前**（あたりまえ） สมเหตุสมผล／đương nhiên／ biasa, pantas
- **意外な**方法（いがい ほうほう） วิธีที่ไม่คาดคิด／phương pháp ít ngờ tới／cara di luar dugaan
- **くだらない**本（ほん） หนังสือไร้สาระ／cuốn sách nhảm nhí／buku yang tidak bermutu
- **つまらない**話（はなし） เรื่องน่าเบื่อ／câu chuyện nhạt nhẽo, chán／cerita yang membosankan
- **あやしい**男（おとこ） ชายน่าสงสัย／người đàn ông khả nghi／laki-laki yang mencurigakan
- **ぜいたくな**生活（せいかつ） การใช้ชีวิตฟุ้งเฟ้อ／cuộc sống xa hoa xa xỉ／kehidupan yang mewah
- **満足な**結果（まんぞく けっか） ผลลัพธ์เป็นที่พอใจ／kết quả mãn nguyện／hasil yang memuaskan
- ⇔**不満な**（ふ） ไม่พอใจ／bất mãn／ tidak memuaskan

●気持ち（きもち）

ความรู้สึก／Tâm trạng, cảm xúc／Perasaan

- **不安な**日々（ふあん ひび） วันที่ไม่ค่อยราบรื่น／những ngày bất an／hari-hari yang penuh kecemasan
- **恐ろしい**事件（おそろしい じけん） เหตุการณ์น่ากลัว／vụ án đáng sợ／kejadian yang menakutkan
- **うらやましい** อิจฉา／ghen tị／iri
- 負けて**悔しい**（まけて くやしい） แพ้จึงเจ็บใจ／uất ức vì thua／menyesal karena kalah
- 胸が**苦しい**（むね くるしい） เจ็บปวดใจ／đau lòng／hatinya sakit
- **不思議な**出来事（ふしぎ できごと） เหตุการณ์แปลกประหลาด／sự việc kì lạ／peristiwa yang ajaib
- **幸せな**家庭（しあわせ かてい） ครอบครัวที่มีความสุข／gia đình hạnh phúc／keluarga yang bahagia
- **なつかしい**場所（ばしょ） สถานที่ที่คิดถึง／nơi hoài nhớ, nơi thân thương khi xưa／tempat yang penuh nostalgia
- **興味深い**話（きょうみぶかい はなし） เรื่องน่าสนใจมาก／câu chuyện thú vị／cerita yang menarik

退屈な話 たいくつ はなし — เรื่องน่าเบื่อ／câu chuyện tẻ nhạt／cerita yang membosankan

面倒な仕事 めんどう しごと — งานที่ยุ่งยาก／công việc phiền phức／pekerjaan yang merepotkan

●感覚 かんかく ความรู้สึก／Cảm giác／Rasa

背中が**かゆい** せなか — คันหลัง／lưng ngứa／punggungnya gatal

息が**臭い** いき くさ — มีกลิ่นปาก／hơi thở hôi／mulutnya bau

光が**まぶしい** ひかり — แสงแสบตา／ánh sáng chói mắt／cahayanya menyilaukan

蒸し暑い夜 む あつ よる — คืนที่ร้อนอบอ้าว／buổi tối oi ả／malam yang menggerahkan

楽な仕事 らく しごと — งานสบาย／công việc nhẹ nhàng／pekerjaan yang mudah

CD 31

例文 れいぶん

①森さん、ギターをやるんですか⁉　音楽にはあまり興味がないと思っていたから**意外**です。

②そんな**あいまいな**言い方はしないで、はっきり言ってください。

③「この映画はどう？」「だめ、だめ。あまりに**くだらなくて**、途中で見るの、やめたよ」

④子どもの頃は**夢中**になってボールを追いかけていました。

⑤えっ、そんなことを言ったんですか。彼女が怒るのも**当然**ですよ。

ドリル

つぎの文の（　　　）に合うものをａ～ｅの中から一つ選びなさい。

1）

①この前の試合では、1点差で負けて、（　　　）思いをした。

②寝る前に怖い映画を見たせいで、（　　　）夢を見てしまった。

③あの山の頂上に行くには、（　　　）道を登らなければならない。

④ちょっと待って。食べすぎて、お腹が（　　　）。

a. あやしい	b. 苦しい	c. 悔しい	d. 恐ろしい	e. 険しい

2）

①（　　　）な書類をなくしてしまい、部長にひどく怒られた。

②1時間に1本しかないのに、バスに乗り遅れて、時間を（　　　）にしてしまった。

③明日、出席する人の（　　　）な人数を教えてください。

④（　　　）な物は買ってあげられないけど、何かプレゼントしたい。

a. 正確	b. 重要	c. 無駄	d. 高価	e. 可能

32 どのように？

ทำอย่างไร？／Như thế nào?／ Bagaimana?

●いつ？
เมื่อไร？／Khi nào?／ Kapan?

あとで電話(でんわ)する จะโทรศัพท์ไปทีหลัง／tôi sẽ gọi lại sau／menelepon nanti

いつか結婚(けっこん)する จะแต่งงานในสักวันหนึ่ง／khi nào đó sẽ kết hôn／suatu saat akan menikah

まず基本(きほん)を覚(おぼ)える อันดับแรกคือจำพื้นฐานก่อน／trước hết nhớ cơ bản／pertama-tama menghafal dasar

そろそろ帰(かえ)る อีกสักครู่จะกลับแล้ว／chuẩn bị về／sebentar lagi pulang

いきなり頼(たの)む ขอร้องอย่างกะทันหัน／đột nhiên nhờ vả／minta tolong secara mendadak

突然(とつぜん)、現(あらわ)れる ปรากฏตัวขึ้นอย่างกะทันหัน／đột nhiên xuất hiện／tiba-tiba muncul

ずっと待(ま)つ รออยู่ตลอด／mãi chờ／terus menunggu

しばらく休(やす)む พักสักครู่／nghỉ một thời gian／libur sementara

あっという間(ま)に อย่างรวดเร็ว, ชั่วพริบตา／thoáng chốc／terasa cepat

いつの間にか โดยไม่รู้ตัว／không biết từ khi nào／tanpa disadari

●どのように？
ทำอย่างไร？／Như thế nào?／ Bagaimana?

本当(ほんとう)に จริงๆ／thật sự／benar-benar

自由(じゆう)に選(えら)ぶ เลือกตามใจชอบ／tự do lựa chọn／memilih dengan bebas

正確(せいかく)に書(か)く เขียนอย่างถูกต้อง／viết chính xác／menulis dengan benar

具体的(ぐたいてき)に言(い)う พูดอย่างเป็นรูปธรรม／nói cụ thể／menyebutkan secara konkret

●どんな気持(きも)ち・考(かんが)え？
มีความรู้สึก, ความคิดเห็นอย่างไร?／Tâm trạng, Tư tưởng như thế nào?／ Bagaimana perasaannya, pikirannya?

やっと会(あ)えた ในที่สุดก็ได้พบ／cuối cùng cũng gặp được／akhirnya bisa bertemu

とうとう壊(こわ)れた และแล้วก็พังจนได้／cuối cùng nó đã vỡ／akhirnya rusak, akhirnya rubuh

ついに完成(かんせい)した ในที่สุดก็เสร็จสมบูรณ์／cuối cùng thì cũng hoàn thành xong／pada akhirnya selesai

なるべく早(はや)く เร็วที่สุดเท่าที่จะทำได้／nhanh nhất có thể／secepat mungkin

やはり(やっぱり)負(ま)けた แพ้ตามที่คาดไว้／quả là đã thua／kalah seperti yang diperkirakan

意外(いがい)に軽(かる)い เบากว่าที่คิด／nhẹ không tưởng／lebih ringan dari perkiraan

とにかく急(いそ)ぐ อย่างไรก็ตามรีบก่อน／trước hết phải nhanh lên／pokoknya bergegas

ぜひ会(あ)いたい อยากพบ (เจอ) ให้ได้／rất muốn gặp／ingin sekali bertemu

もちろんＯＫ แน่นอนว่าตกลง／tất nhiên là được／tentu saja oke

わざと負(ま)ける จงใจแพ้ (แกล้งแพ้)／cố tình thua／sengaja kalah

きっと会(あ)える ต้องได้พบ (เจอ) แน่นอน／chắc chắn sẽ gặp được／pasti bisa bertemu

実(じつ)は優(やさ)しい จริงๆ แล้วใจดี／thật ra rất hiền/dễ tính／sebenarnya baik hati

たしか独身(どくしん) ถ้าจำไม่ผิดยังเป็นโสด／không nhầm thì (anh ấy) độc thân／memang lajang

●どの程度(ていど)？
ระดับไหน？／Ở mức độ nào?／ Seberapa?

かなり安(やす)い ค่อนข้างถูก／khá là rẻ／sangat murah

ずいぶん古(ふる)い เก่ามากทีเดียว／khá cũ／lumayan lama, lumayan tua

ものすごく痛(いた)い เจ็บสุดๆ／rất đau／luar biasa sakit

だいぶ上達(じょうたつ)した เก่งขึ้นค่อนข้างมาก／tiến bộ nhiều／kemajuannya sangat pesat

結構(けっこう)好(す)き ชอบทีเดียว／khá thích／cukup suka

まあまあおいしい อร่อยพอใช้ได้／ngon vừa vừa／lumayan enak

たまに会(あ)う พบ (เจอ) เป็นครั้งคราว／thỉnh thoảng gặp／kadang-kadang bertemu

たいてい断(ことわ)る ปฏิเสธเป็นส่วนใหญ่／hầu như từ chối／hampir selalu menolak

少しずつ食べる　รับประทานทีละน้อย／ăn từng chút một／makan sedikit demi sedikit

一度にたくさん　ครั้งละมากๆ／một lần ~ thật nhiều／sekaligus banyak

いっぺんに運ぶ　ขนหมดภายในครั้งเดียว／vác hết tất cả／mengangkut semuanya sekalian

普段(は)静か　ปกติจะเงียบสงบ／thông thường yên tĩnh／biasanya diam

普通(は)行かない　โดยทั่วไปแล้วจะไม่ไป／thường thì không đi／biasanya tidak pergi

●その他　อื่นๆ／Khác／Lain-lain

結局やめる　ผลสุดท้ายก็หยุด (เลิก)／cuối cùng cũng bỏ việc／akhirnya berhenti

例文

①**いきなり**そんなこと言われても、すぐには返事できないよ。

②「この店、よく来るの？」「**たまにね**」

③**一度に**たくさんは持てないから、何回かに分けて運びましょう。

④平日にしては、**ずいぶん**人が多いなあ。何かイベントがあるのかなあ。

⑤２時間も話し合ったのに、**結局**何も決まらなかった。

ドリル

つぎの（　　　）に合うものをａ～ｅの中から一つ選びなさい。

１）

①先生が何回も説明してくれて、（　　　）意味がわかりました。

②（　　　）しか会えないけれど、さくらさんとはとても仲がいいです。

③（　　　）探したけれど、私の番号はどこにも見つからなかった。

④さっきまで晴れていたのに、（　　　）強い雨が降りだした。

a. たまに	b. わざと	c. やっと	d. 突然	e. しばらく

２）

①明日は 10 時に集合ですが、（　　　）早く来て準備を手伝ってください。

②ここ、もっと高い店かと思ったけど、（　　　）安かったね。

③「明日の試合、見に行く？」「（　　　）行くよ」

④（　　　）伝えられるように、話を聞きながらメモをとっていました。

a. なるべく	b. 意外に	c. もちろん	d. きっと	e. 正確に

33 位置・方向
いち　ほうこう

ตำแหน่งที่ตั้ง, ทิศทาง／Vị trí, Phương hướng／Posisi, arah

●位置・方向（いち・ほうこう）
ตำแหน่งที่ตั้ง, ทิศทาง／Vị trí, Phương hướng／Posisi, arah

表（おもて）　ด้านหน้า／mặt trước, mặt ngoài／depan, muka

裏（うら）　ด้านหลัง／mặt sau, mặt trong／belakang

中央（ちゅうおう）　ศูนย์กลาง／trung tâm, giữa／tengah

道路の**端**（どうろのはし）　ขอบถนน, ไหล่ทาง／lề đường／pinggir jalan

部屋の**隅**（へやのすみ）　มุมห้อง／góc phòng／pojok kamar

奥（おく）　ก้น (ซอย) , ซอกลึก, ซอกในสุด／sâu bên trong／dalam

底（そこ）　ก้น (ภาชนะ) , ก้นบึ้ง／đáy／bawah, dasar

正面（しょうめん）　ด้านหน้า, ตรงหน้า／chính diện／depan

例：正面玄関、正面のビル（れい：しょうめんげんかん、しょうめんのビル）
ประตูด้านหน้า, ตึกด้านหน้า／sảnh vào chính diện, tòa nhà chính diện／pintu depan, gedung depan

向かいの家（むかいのいえ）　บ้านฝั่งตรงข้าม／nhà đối diện／rumah seberang

斜め（ななめ）　เฉียง, เอียง／chéo／sudut, miring

例：斜め前のビル（ななめまえのビル）
ตึกที่อยู่เยื้องไปด้านหน้า／tòa nhà chéo góc phía trước／gedung di sudut depan

隣の席（となりのせき）　ที่นั่งด้านข้าง／ghế bên cạnh／kursi samping

▶**手前**（てまえ）　ข้างหน้า, ก่อนหน้า／trước／sebelumnya

▶一つ手前の駅、50メートル手前（ひとつてまえのえき、50メートルてまえ）
สถานีรถไฟข้างหน้า 1 สถานี, ข้างหน้า 50 เมตร／1 ga trước, trước 50 m／satu stasiun sebelumnya, 50 meter sebelumnya

先（さき）　ก่อน, ล่วงหน้า／sau, sắp tới／setelahnya

▶一つ先の信号、もう少し先（ひとつさきのしんごう、もうすこしさき）
สัญญาณไฟจราจรถัดไปข้างหน้า 1 แห่ง, ข้างหน้าอีกนิดหนึ่ง／đèn giao thông phía sau, sắp tới còn chút nữa／satu lampu lalu lintas setelahnya, masih sedikit lagi setelahnya

辺り（あたり）　ละแวก, แถวๆ／khu／sekitar

例：この辺り、駅の辺り（このあたり、えきのあたり）
ละแวกนี้, แถวๆ สถานีรถไฟ／khu này, khu vực ga／sekitar sini, sekitar stasiun

～側（がわ）　ฝั่ง~／bên／sebelah ~

例：右側、南側、窓側（みぎがわ、みなみがわ、まどがわ）
ฝั่งขวา, ฝั่งทิศใต้, ฝั่งหน้าต่าง／bên phải, bên phía Nam, bên phía cửa sổ／sebelah kanan, sebelah selatan, sebelah jendela

公園の**周り**（こうえんのまわり）　บริเวณรอบๆ สวนสาธารณะ／quanh công viên／sekitar taman

▶**周辺の環境**（しゅうへんのかんきょう）　สภาพแวดล้อมโดยรอบ／môi trường xung quanh／lingkungan sekitar

同じ**方向**（おなじほうこう）　ทิศเดียวกัน／cùng hướng／arah yang sama

▶**逆**の方向（ぎゃくのほうこう）　ทิศตรงข้าม／ngược hướng／arah yang berlawanan

向き（むき）　หันไปทาง／quay về, hướng về／menghadap

▶右向き、南向き、向きを変える（みぎむき、みなみむき、むきをかえる）
หันไปทางขวา, หันไปทางทิศใต้, เปลี่ยนทิศทาง／quay về bên phải, quay về hướng Nam, thay đổi hướng／menghadap kanan, menghadap selatan, mengganti hadapan

●道路・道（どうろ・みち）
ถนน／Đường lộ, Đường／Jalanan, jalan

交差点（こうさてん）　ทางสี่แยก, ชุมทาง／ngã tư／persimpangan

四つ角（よつかど）　สี่แยก, มุมถนน／ngã tư hình chữ thập／perempatan

歩道（ほどう）　ทางเท้า, บาทวิถี／vỉa hè／trotoar

横断歩道（おうだんほどう）　ทางม้าลาย／dải qua đường cho người đi bộ／penyeberangan pejalan

車道（しゃどう）　ทางรถวิ่ง／lòng đường／jalan mobil

突き当たり（つきあたり）　การมีสิ่งขวาง, บริเวณที่มีกำแพง (ผนัง) ขวางอยู่ด้านหน้า／ngõ cụt／ujung jalan

踏切（ふみきり）　จุดตัดระหว่างทางรถไฟกับถนน／đường chắn tàu／pelintasan kereta api

横切る（道を）（よこぎる）　ตัดข้าม, ข้ามฟาก (ถนน)／băng qua đường／melintas (jalan)

沿って（道に）（そって）　ที่เลียบไปตาม, ที่ทอดยาวไปตาม (ถนน)／lạc đường／menyusuri (jalan)

道に**迷う**（みちにまよう）　หลงทาง／lạc đường／tersesat di jalan

例文

①「もしもし、今、どこ？」「ごめん、道に**迷**っちゃって。郵便局の向かいにいる」

②「この**辺り**にコンビニありませんか」「そこの**信号**を右に**曲がると**、すぐですよ」

③「この紙袋、**底**が破れないかなあ？」「だいじょうぶよ」

④駅の北口を出たら、**斜め**前に本屋さんがあるから、そこに来てください。

⑤〈タクシーで〉そこの**交差点**をまっすぐ行って、バス停の**手前**でとめてください。

ドリル

1）つぎの（　　）に合うものをａ～ｅの中から一つ選びなさい。

①家のカギがないと思ったら、部屋の（　　）に落ちていた。

②会場の（　　）は何もないから、お昼ごはんを用意して行ったほうがいいよ。

③「さくらさんの家はどこ？」「ほら、その道の（　　）。あのマンション」

④「そのシャツ、表裏を（　　）に着てない？」「ほんとだ！　ありがとう」

a. 周辺	b. 隅	c. 逆	d. 歩道	e. 突き当たり

2）つぎの（　　）に合うものを下の語から一つ選び、必要があれば形を変えて入れなさい。

①ここから二つ目の角を（　　　　）て、５分くらい行くと学校です。

②ネコの親子が、通りをゆっくり（　　　　）て行った。

③「ここに来るとき、（　　　　）なかった？」「ううん。駅の向かいだし、すぐわかったよ」

④線路に（　　　　）しばらく行くと、５階建ての茶色いビルが見えます。

横切る	左折する	直進する	沿う	迷う

34 擬音語・擬態語①

คำเลียนเสียงธรรมชาติ, คำเลียนเสียงสภาพ ①／Từ tượng thanh, Từ tượng hình ①／ Kata onomatope, mimetik ①

●音 เสียง／Âm thanh／ Suara

ざあざあ／ぱらぱら／わいわい

雨が**ざあざあ**降っていて、外に出られなかった。

ฝนตกหนักเสียงดังซ่าๆ เลยออกไปข้างนอกไม่ได้／Mưa rơi rào rào, không thể ra ngoài được.／Hujan turun sangat lebat sehingga tidak bisa pergi ke luar.

ぱらぱら降っているけど、かさがなくても大丈夫です。

ฝนตกอยู่ปรอยๆ แต่ไม่ต้องมีร่มก็ได้／Mưa rơi lất phất, không cần mang theo ô đâu.／Hujan turun rintik-rintik, tetapi tanpa payung pun tidak apa-apa.

みんなで**わいわい**バーベキューをするのも、楽しそうですね。

ทุกคนสนุกสนานเฮฮาย่างบาร์บีคิวกันก็ดูน่าสนุกดี／Mọi người cùng rộn ràng làm tiệc thịt nướng cũng vui đấy nhỉ.／Kelihatannya menyenangkan juga berbarbeku bersama sambil bersorak-sorak.

●笑う หัวเราะ／Cười／Tertawa

にこにこ／にっこり

原先生はいつも**にこにこ**していて、優しい先生ですよ。

อาจารย์ฮาระเป็นอาจารย์ที่ใจดี ยิ้มแย้มอยู่เสมอ／Thầy Hara lúc nào cũng cười tủm tỉm, thầy rất hiền.／Pak Hara adalah guru yang baik hati, selalu tersenyum.

手を振ったら、**にっこり**笑ってくれた。

พอโบกมือ (เขา) ก็ยิ้มกว้างให้ฉัน／Tôi vẫy tay và chỉ ấy mỉm cười với tôi.／Ketika kita melambaikan tangan, dia membalas dengan senyuman.

●見る มองดู／Nhìn／ Melihat

じっと／じろじろ

気がついたら、ネコが**じっと**こっちを見ていた。

พอรู้สึกตัวแมวก็จ้องมองมาทางนี้ตาเขม็ง／Chợt tôi nhận ra con mèo đang nhìn chằm chằm mình.／Begitu tersadar, ternyata kucing sedang melihat ke arah sini.

人の顔を**じろじろ**見ないでくださいよ。

กรุณาอย่ามองหน้าคนแบบจ้องเขม็งแบบนั้น／Đừng nhìn đăm đăm vào mặt người khác.／Jangan pelototi wajah orang, ya.

●話す พูด／Nói／Berbicara

ぶつぶつ／ひそひそ／ぺらぺら

あの人は、**ぶつぶつ**文句ばかり言う。

คนนั้นพูดบ่นพึมพำ／Người kia cứ suốt ngày lẩm rầm kêu than.／Orang itu terus mengomel.

二人で何を**ひそひそ**話しているんですか。

สองคนคุยกระซิบกระซาบอะไรกันอยู่／Hai người đang thì thào cái gì với nhau thế?／Kalian berdua sedang berbisik-bisik membicarakan apa?

彼女はアメリカ育ちで、英語がぺらぺらなんです。
เธอโตที่อเมริกาก็เลยพูดภาษาอังกฤษได้คล่อง／Cô ấy lớn lên ở Mĩ, tiếng Anh rất trôi chảy.／Dia dibesarkan di Amerika, jadi bisa cas-cis-cus berbicara bahasa Inggris.

●食べる・飲む รับประทาน, ดื่ม／Ăn, Uống／Makan, minum

ぺこぺこ／ごくごく

もう、おなかが**ぺこぺこ**。早く食べよう。
หิวจนท้องร้องแล้ว รีบทานกันเถอะ／Tôi đói lắm rồi. Hãy mau ăn đi thôi.／Perut saya sudah berbunyi. Ayo cepat makan.

父はさっそく、おいしそうにビールを**ごくごく**飲んだ。
พ่อดื่มเบียร์เสียงดังอึกอึก ดูท่าทางน่าอร่อย／Bố tôi nhanh chóng uống ừng ực bia có vẻ rất ngon lành.／Ayah saya langsung meneguk bir dengan enak.

●状態 สภาพ／Trạng thái／Kondisi

はっきり／すっかり

あの日のことは、**はっきり**覚えています。
จำเรื่องราววันนั้นได้ชัดเจน／Tôi vẫn nhớ như in chuyện xảy ra ngày hôm ấy.／Saya ingat dengan jelas kejadian hari itu.

「かぜは治りましたか」「はい。**すっかり**よくなりました」
「เป็นหวัดหายรึยัง」「ค่ะ หายสนิทแล้ว」／"Anh đã khỏi ốm chưa?" "Rồi, tôi đã khỏi hoàn toàn rồi"／"Flunya sudah sembuh?" "Ya. Saya sudah sembuh."

●正しく・よく ทำให้ถูกต้อง, ทำให้ดี／Đúng, Thường xuyên／ Benar, baik

しっかり／きちんと／ちゃんと／うっかり

a) 風で開かないよう、ドアを**しっかり**閉めてください。b) **しっかり**食べて、早く元気になってね。
ปิดประตูให้แน่นหนาเพื่อไม่ให้ลมพัดเปิดได้ / ทานเยอะๆ และหายป่วยไวๆ นะ／Hãy đóng thật chặt cửa để cửa không bị gió thổi bật mở/Hãy ăn uống thật đầy đủ để mau khỏe lại nhé!／Agar tidak terbuka oleh angin, tutuplah pintu dengan benar./ Makanlah dengan benar, dan cepat sembuh, ya.

原さんの机はいつも**きちんと**片づいていて、きれいだね。
โต๊ะของคุณฮาระเก็บเป็นระเบียบเรียบร้อยตลอดเวลา／Bàn của Hara lúc nào cũng được dọn dẹp tử tế, thật là sạch đẹp.／Meja Pak Hara selalu tertata dengan rapi. Bersih, ya.

借りたものは、**ちゃんと**返さないとだめだよ。
ของที่ขอยืมไปต้องคืนให้เรียบร้อยนะ／Đồ đi mượn phải trả lại đàng hoàng.／Barang yang dipinjam harus dikembalikan dengan benar, ya.

電話するのを**うっかり**忘れた。
ลืมไปสนิทว่าจะโทรศัพท์／Tôi quên bẵng đi việc gọi điện thoại.／Saya benar-benar lupa menelepon.

●変化 การเปลี่ยนแปลง／Biến đổi／ Perubahan

ますます／だんだん／どんどん

この映画を見て、**ますます**彼女のファンになった。
ดูภาพยนตร์เรื่องนี้ก็เลยยิ่งชื่นชอบเธอมากขึ้นไปอีก／Xem phim này xong tôi càng hâm mộ cô ấy hơn.／Setelah menonton film ini, saya makin menjadi penggemarnya.

朝(あさ)はあんなに曇(くも)ってたのに、**だんだん**晴(は)れてきた。
ทั้งๆ ที่ตอนเช้ามืดครึ้มขนาดนั้น แต่อากาศค่อยๆ แจ่มใสขึ้นแล้ว／Buổi sáng trời u ám như thế mà dần dần đã nắng lên rồi.／Lama-lama menjadi cerah, padahal tadi pagi semendung itu.

地下鉄(ちかてつ)が通(とお)ってから、この辺(あた)りは、新(あたら)しいマンションが**どんどん**増(ふ)えている。
ตั้งแต่มีรถไฟใต้ดินวิ่งผ่าน แถวนี้ก็มีแมนชั่นใหม่ๆ เพิ่มขึ้นมากขึ้นเรื่อยๆ ／Sau khi tuyến tàu chạy qua thì khu vực này các chung cư mới tăng lên vùn vụt.／Sejak kereta bawah tanah beroperasi, kondomium baru di daerah ini semakin bertambah banyak.

例文(れいぶん)

①「話(はなし)を聞(き)いて、ワンさんは**にっこり**笑(わら)ってたよ」「うれしかったんだろうね」
②もちろん、面接(めんせつ)の時(とき)は、**きちんとした**かっこうで行(い)きます。
③ああ、おなかが**ぺこぺこ**。今日(きょう)、お昼(ひる)ごはん食(た)べてないんだ。
④「CD、持(も)ってきてくれた？」「ごめん、**すっかり**忘(わす)れてた。明日(あした)、絶対(ぜったい)持ってくるよ」
⑤「遠慮(えんりょ)しないで**どんどん**食べてくださいね」「ありがとうございます。いただきます」

ドリル

つぎの（　　　）に合(あ)うものをａ～ｅの中(なか)から一(ひと)つ選(えら)びなさい。

１）

①「原(はら)さんは美人(びじん)だけど、最近(さいきん)（　　　）きれいになってるね」「恋(こい)をしているのかなあ」
②冷(つめ)たいのに、そんなに（　　　）飲(の)んでだいじょうぶ？　もう少(すこ)しゆっくり飲んだら？
③「森(もり)さんって、英語(えいご)が（　　　）なんだね」「以前(いぜん)、イギリスに留学(りゅうがく)してたんだって」
④わからない言葉(ことば)がたくさんあるけど、（　　　）会話(かいわ)が聞(き)き取(と)れるようになった。

a. ぺらぺら　　b. ごくごく　　c. だんだん　　d. ぶつぶつ　　e. ますます

２）

①しまった！（　　　）して、予約(よやく)するの忘(わす)れてた！
②田中(たなか)さんからは、出席(しゅっせき)か欠席(けっせき)か、まだ（　　　）返事(へんじ)をもらっていない。
③薬(くすり)を飲(の)んで、一晩(ひとばん)寝(ね)たら、痛(いた)みは（　　　）なくなっていた。
④毎日(まいにち)（　　　）勉強(べんきょう)してたのに、不合格(ふごうかく)だった。

a. うっかり　　b. ちゃんと　　c. すっかり　　d. はっきり　　e. じっと

35 擬音語・擬態語②

คำเลียนเสียงธรรมชาต, คำเลียนเสียงสภาพ②／Từ tượng thanh, Từ tượng hình ②
／Kata onomatope, mimetik ②

●楽しい気持ち　ความรู้สึกสนุกสนาน／Tâm trạng vui／Perasaan menyenangkan

生き生きする／わくわくする

好きな野球をしている時の彼は、本当に**生き生き**している。

เขาในเวลาที่กำลังเล่นเบสบอลที่ชอบ ช่างมีชีวิตชีวาจริงๆ／Anh ấy khi chơi môn bóng chày yêu thích thật sự trông rất vui tươi.／Dia benar-benar bersemangat pada saat bermain bisbol yang disukainya.

どんな留学生活が待っているか、今から**わくわく**している。

ชีวิตนักเรียนแลกเปลี่ยนจะเป็นยังไงบ้างนะ ตอนนี้ตื่นเต้นใจเต้นตุบตับ／Tôi đang rất phấn khích không biết cuộc sống du học thế nào đang chờ mình.／Dari sekarang saya sudah sangat menanti-nantikan seperti apa kehidupan belajar di luar negeri yang menanti saya.

●いやな気持ち　ความรู้สึกไม่ชอบ／Tâm trạng chán nản／Perasaan yang tidak menyenangkan

いらいらする／むっとする／うんざりする／むかむかする

バスがなかなか来なくて、**いらいら**した。

รถเมล์ไม่มาซักที เลยรู้สึกหงุดหงิด／Xe buýt mãi không đến, tôi thấy rất sốt ruột.／Saya kesal karena busnya tidak kunjung datang.

失礼なことを言われて、**むっと**してしまった。

ถูกพูดเรื่องที่เสียมารยาทก็เลยรู้สึกฉุนขึ้นมา／Bị nói điều bất lịch sự nên chị ấy cau có.／Saya marah karena dikata-katai hal yang tidak sopan.

毎日毎日残業で、ちょっと**うんざり**しています。

ทำงานล่วงเวลาทุกวันทุกวัน จึงเหนื่อยหน่ายนิดหน่อย／Ngày nào cũng làm thêm giờ, tôi thấy hơi chán ngấy rồi.／Saya sedikit merasa kesal karena tiap hari lembur.

胃が**むかむか**して、ちょっと吐きそうになりました。

รู้สึกปั่นป่วนท้อง เหมือนว่าจะอาเจียน／Dạ dày tôi nôn nao, tôi thấy hơi buồn nôn.／Saya merasa mual, hampir saja muntah.

●そのほかの気持ち　ความรู้สึกอื่นๆ／Các tâm trạng khác／ Perasaan lainnya

どきどきする／ほっとする／すっきりする／のんびりする

大勢の前でスピーチするのは初めてだったので、**どきどき**しました。

เพราะเป็นการกล่าวสุนทรพจน์ต่อหน้าคนจำนวนมากเป็นครั้งแรก ก็เลยรู้สึกตื่นเต้น／Đây là lần đầu tiên tôi phát biểu trước đám đông nên tôi đã rất hồi hộp.／Karena baru pertama kali berpidato di depan orang banyak, jantung saya berdebar-debar.

父の手術が無事終わって、**ほっと**しました。

การผ่าตัดของพ่อเสร็จอย่างปลอดภัย รู้สึกโล่งอก／Ca phẫu thuật của bố đã kết thúc tốt đẹp, tôi thở phào nhẹ nhõm.／Saya lega karena operasi ayah saya selesai tanpa masalah.

汗をたくさんかいて気持ち悪かったが、シャワーを浴びて**すっきり**した。

เหงื่อออกมาก รู้สึกไม่ค่อยสบายตัว พอได้อาบน้ำแล้วก็รู้สึกสดชื่น／Mồ hôi ra nhiều rất khó chịu nhưng sau khi tắm vòi sen xong tôi thấy rất sảng khoái.／Saya merasa tidak enak karena banyak berkeringat, tetapi sekarang sudah segar setelah mandi.

一週間くらい休みをとって、**のんびり**温泉にでも行きたいなあ。

ลาพักผ่อนประมาณ 1 สัปดาห์ ก็อยากจะไปเที่ยวน้ำพุร้อนแบบสบายๆ ／Tôi muốn xin nghỉ khoảng một tuần vào đi tắm suối nước nóng thong thả.／Saya mau mengambil cuti sekitar seminggu, dan bersantai-santai pergi ke pemandian air panas.

●物の状態 สภาพของสิ่งของ／Tình trạng của đồ vật／Kondisi benda

ぴかぴか／ごちゃごちゃ／ぼろぼろ／ばらばら／ぴったり／びしょびしょ／たっぷり

「そのギター、買ったの？」「そう。**ぴかぴか**の新品。いいでしょ」

"ซื้อกีต้าร์ตัวนั้นมาเหรอ""ใช่ ของใหม่เอี่ยมเป็นเงาวับเลย ดีใช่ไหมล่ะ"／"Anh đã mua cây đàn ghita đó à?" "Ừ, hàng mới coóng đấy. Đẹp đúng không?"／"Kamu membeli gitar itu?" "Ya, baru dan kinclong. Bagus, kan?"

▶**中古** ของมือสอง／cũ／ bekas

駅は**ごちゃごちゃ**してわかりにくいから、会場の入口で会いましょう。

เพราะว่าสถานีรถไฟวุ่นวายสับสน พบกันที่ทางเข้าสถานที่จัดงานเถอะ／Nhà ga lộn xộn khó hiểu lắm nên ta hẹn nhau ở cửa vào hội trường nhé.／Karena stasiun ramai dan rumit, kita bertemu di pintu masuk, yuk.

そのジーンズ、何年はいてるの？　よくそんな**ぼろぼろ**になるまではいてるね。

ยีนส์ตัวนั้น ใส่มากี่ปีแล้ว ใส่จนซอมซ่อขนาดนั้น／Cậu mặc cái quần bò kia bao nhiêu năm rồi? Cậu cũng giỏi đấy nhỉ mặc cho đến khi nó nát bươm thế kia.／Jin itu sudah berapa tahun dipakai? Bisa-bisanya kamu pakai jin itu sampai belel begitu.

番号順にきちんと並べていたのに、いつの間にか、**ばらばら**になっている。

ทั้งๆ ที่เรียงตามลำดับไว้อย่างดี แต่กระจัดกระจายปนกันไปตอนไหนก็ไม่รู้／Tôi đã xếp theo đúng số thự tự mà không biết chúng bị rời rạc ra từ lúc nào.／Padahal tadi sudah antre sesuai urutan nomor, tanpa disadari sekarang jadi terpisah-pisah.

〈くつ屋で〉さっきのはちょっと大きかったけど、これだと、**ぴったり。**

(ที่ร้านรองเท้า) รองเท้าคู่เมื่อสักครู่นี้หลวม แต่ถ้าเป็นคู่นี้พอดีเลย／(Tại cửa hàng giầy) Đôi lúc nãy hơi rộng một chút nhưng đôi này thì vừa in.／(di toko sepatu) Yang tadi agak longgar, tetapi yang ini pas.

急に雨が降ってきて、**びしょびしょ**になった。

ฝนตกลงมากระทันหัน เปียกโชกเลย／Trời đột nhiên đổ mưa, tôi bị ướt sũng.／Tiba-tiba hujan turun, saya basah kehujanan.

ここのカレーはお肉が**たっぷり**入っているから、男の人に人気がある。

เพราะว่าแกงกะหรี่ที่นี่ใส่เนื้อสัตว์เต็มๆ จึงได้รับความนิยมจากผู้ชาย／Cà ri ở đây có rất nhiều thịt nên rất được nam giới yêu thích.／Karena kare di sini isi dagingnya banyak, populer di kalangan laki-laki.

●状態・程度 สภาพ, ระดับ／Tình trạng, Mức độ／Kondisi, situasi

そっと／さっさと／ざっと／じっくり／ぐっすり／ぎりぎり／そっくり

その箱、中にグラスが入ってるので、**そっと**置いてください。

กล่องนั้น เนื่องจากข้างในใส่แก้วน้ำอยู่ กรุณาวางอย่างเบามือ／Cái hộp ấy đựng cốc thủy tinh nên hãy đặt xuống nhẹ nhàng nhé.／Karena kotak itu berisi gelas di dalamnya, taruhlah pelan-pelan.

さっさと起きたら？　また遅刻するよ。

รีบตื่นได้แล้วนะ เดี๋ยวก็สายอีก／Dậy ngay đi. Không lại muộn học đấy.／Ayo cepat bangun! Nanti terlambat lagi.

ざっと読んだだけですが、特に問題はないと思います。

ได้แค่อ่านผ่านๆ แต่คิดว่าไม่มีปัญหาอะไรเป็นพิเศษ／Tôi chỉ mới đọc lướt qua nhưng tôi nghĩ không có vấn đề gì đâu.／Saya hanya membaca sekilas, tapi saya pikir tidak ada masalah.

まだ時間はあるので、**じっくり**考えてください。

เนื่องจากยังมีเวลา กรุณาคิดให้รอบคอบ／Vẫn còn thời gian nên anh hãy suy nghĩ cho kĩ đi.／Karena masih ada waktu, pikirkanlah baik-baik.

今日は疲れたみたいで、子どもたちは**ぐっすり**眠っている。

วันนี้เหมือนว่าเหนื่อย ลูกๆ หลับสนิทเลย／Hôm nay có vẻ mệt nên lũ trẻ ngủ rất say.／Hari ini kelihatannya lelah, anak-anak tidur dengan nyenyak.

途中でだめかと思ったけど、**ぎりぎり**間に合った。
ระหว่างที่ทำก็คิดว่าไม่น่าจะทัน แต่ก็ทันเวลาเฉียดฉิว／Tôi cứ tưởng đã không xong rồi nhưng cuối cùng vừa kịp.／Di tengah jalan saya pikir mustahil, ternyata masih terkejar meskipun mepet.

あの親子は本当に**そっくり**。声まで似てるね。
พ่อลูกคู่นั้นเหมือนกันเป๊ะ แม้แต่เสียงยังเหมือน／Hai cha con kia thật sự giống nhau như lột. Đến giọng nói cũng giống nhau.／Orang tua dan anaknya itu mirip sekali. Suaranya pun mirip.

①「明日からの沖縄旅行、**わくわく**する」「ほんと。すごく楽しみ」
②「店、まだ開いてるかな？」「8時までだから、**ぎりぎり**間に合うんじゃない？」
③「薬を飲んで**ぐっすり**寝れば、すぐによくなりますよ」「わかりました」
④彼とけんかしたけど、言いたいことを言ったら、**すっきり**した。
⑤年も職業も**ばらばら**だけど、うちのチームはみんな、仲がいいんです。

ドリル

つぎの（　　）に合うものをa～eの中から一つ選びなさい。

1）
①みんな（　　）なことを言うから、意見が全然まとまらない。
②「娘の就職がやっと決まって、（　　）しました」「そうですか。よかったですね」
③そんなに（　　）しないで。こっちまで気分が悪くなる。
④食事が済んだら、（　　）食器を片づけて。

a. ばらばら	b. いらいら	c. ほっと	d. どきどき	e. さっさと

2）
①また雨？　こんな天気ばかり続いて、（　　）するね。
②「田中さんの机、いつも（　　）してるね」「必要なものだけ置いているからね」
③こんどの週末は、家族と（　　）過ごしたいと思います。
④〈不動産屋で〉お客様のご希望に（　　）のお部屋があります。

a. じっくり	b. すっきり	c. ぴったり	d. うんざり	e. のんびり

36 複合動詞①

กริยาประสม ①／Động từ phức ①／ Verba majemuk ①

●～合う

知り合う	รู้จักกัน／quen biết nhau／saling mengenal
話し合う	พูดคุยกัน／nói chuyện với nhau／saling berembuk
互いに**助け合う**	ช่วยเหลือซึ่งกันและกัน／giúp đỡ lẫn nhau／saling membantu
抱き合う	กอดกัน／ôm nhau／saling memeluk

●～上がる・上げる

ベッドから**起き上がる**	ตื่นลุกขึ้นจากเตียง／ngồi dậy từ giường／bangkit dari tempat tidur
テーマに**取り上げる**	หยิบยกขึ้นมาเป็นหัวข้อ／nêu trong chủ đề／mengangkat dalam tema
箱を**持ち上げる**	ยกกล่องขึ้น／cầm hộp lên／mengangkat kotak
論文を**書き上げる**	เขียนวิทยานิพนธ์ (จนสำเร็จ)／viết xong luận văn／menyelesaikan tesis

●～出す

作品を**生み出す**	คิดสร้างสรรค์ผลงาน (ด้านศิลปะ)／cho ra đời tác phẩm／menghasilkan karya
箱から**取り出す**	หยิบออกมาจากกล่อง／lấy ra từ hộp／mengeluarkan dari kotak
呼び出す(人を)	เรียก (คน) ให้ออกมา／gọi ra／memanggil
部屋から**追い出す**	ไล่ออกจากห้อง／đuổi ra khỏi phòng／mengusir dari kamar
急に**泣き出す**	ร้องไห้ออกมาอย่างกะทันหัน／đột nhiên khóc òa／tiba-tiba menangis
走り出す	ออกวิ่ง (แล่น)／bắt đầu chạy đi／mulai berlari
降り出す(雨が)	(ฝน) เริ่มตก／bắt đầu rơi／mulai turun

●～直す

書き直す	เขียนแก้ไข／viết lại／menulis kembali
かけ直す(電話を)	โทรศัพท์กลับไปใหม่／gọi lại／menelepon kembali
答えを**見直す**	ทบทวนคำตอบ／xem lại câu trả lời／mengkaji ulang jawaban
考え直す	คิดไตร่ตรองใหม่／nghĩ lại／berpikir ulang
作り直す	ทำใหม่, สร้างใหม่／làm lại／membuat kembali

●～かえる

着替える	เปลี่ยนเสื้อผ้า／thay quần áo／berganti
電池を**取り替える**	เปลี่ยนแบตเตอรี่ (ถ่าน) ใหม่／thay pin／mengganti baterai
入れ替える	เปลี่ยน...เป็น...／thay thế／menukar

●～込む

申し込む	สมัคร, แจ้งความประสงค์ (ขอสิ่งใดสิ่งหนึ่ง)／đăng ký／mendaftar
▶**申込書**	ใบสมัคร／đơn đăng ký／→ formulir pendaftaran
用紙に**書き込む**	เขียนลงในแบบฟอร์ม (กระดาษ)／viết vào mẫu／mengisi formulir
荷物を**押し込む**	ยัดสิ่งของ／ấn hành lý vào／memasukkan barang

●～きる

全部**食べきる**	รับประทานหมด／ăn hết sạch／makan semuanya
使いきる	ใช้หมด／dùng hết sạch／memakai semuanya
数えきれない	นับไม่ถ้วน／không đếm xuể／tidak dapat mengitung semuanya

●～始める

食べ始める เริ่มรับประทาน／bắt đầu ăn／mulai makan

習い始める เริ่มเรียน／bắt đầu học／mulai belajar

咲き始める เริ่มบาน (ดอกไม้)／bắt đầu nở／mulai mekar

●～過ぎる

食べすぎる ทานมากเกินไป／ăn quá nhiều／terlalu banyak makan

忙しすぎる ยุ่งเกินไป／quá bận rộn／terlalu sibuk

遅すぎる ช้าเกินไป／quá muộn／terlalu lambat

若すぎる เด็กเกินไป (อายุน้อยเกินไป)／quá trẻ／terlalu muda

①「どうしたの？」「パソコンからＣＤが**取り出せ**なくなっちゃって……」

②もう一度**考え直して**みたけれど、やっぱり、やめることにしました。

③先生へのプレゼントは、みんなで**話し合って**決めました。

④すごい量！　こんなにたくさん**食べきれ**ないよ。

⑤「すみません、書く場所を間違えたんですが」「じゃ、新しいのに**書き直して**ください」

ドリル

つぎの（　　）に合うものを下の語から一つ選び、必要があれば形を変えて入れなさい。

1）

①合格の知らせを聞いて、母と（　　　　　）喜びました。

②私たちのボランティア活動が、新聞で（　　　　　）られることになった。

③デジカメの調子が悪くなってきたので、そろそろ（　　　　　）ようと思っています。

④最近、仕事が（　　　　　）、どこにも遊びに行けない。

取り上げる	忙しすぎる	抱き合う	言い出す	買い換える

2）

①「スーさん、遅いね」「料理が冷めちゃうから、先に（　　　　　）いいんじゃない？」

②「あっ、雨が（　　　　　）した」「ほんとだ。傘を持ってきてよかったね」

③だめだ。重すぎて、（　　　　　）られない。

④〈電話〉「ごめん、今から電車に乗るの」「じゃ、あとでまた（　　　　　）ね」

持ち上げる	降り出す	かけ直す	食べ始める	泣き出す

37 複合動詞②

ふくごうどうし

กริยาประสม②／Động từ phức ②／ Verba majemuk②

●通り～

通りかかる บังเอิญผ่าน／đi ngang qua／melewati

例：店の前を通りかかった時、すごくいい匂いがした。

ตอนที่บังเอิญผ่านหน้าร้าน ได้กลิ่นหอมมาก／Khi tôi đi ngang qua trước cửa hàng kia tôi ngửi thấy mùi rất thơm.／contoh: Saya mencium bau yang harum saat melewati depan toko.

通り過ぎる ผ่านเลยไป／đi quá／terlewat

例：そのバス停はさっき通り過ぎた。

ป้ายรถเมล์นั้น ผ่านเลยไปเมื่อสักครู่／Lúc nãy đã đi quá bến xe buýt ấy.／contoh: Tadi halte bus itu terlewat.

●見～

駅まで友だちを**見送る** ส่งเพื่อนจนถึงสถานีรถไฟ／Tôi tiễn bạn ra ga.／mengantar teman sampai stasiun

駅で友だちを**見かける** เห็นเพื่อนที่สถานีรถไฟ／Tôi nhìn thấy bạn ở ga.／melihat teman di stasiun

空を**見上げる** แหงนมองท้องฟ้า／nhìn lên bầu trời／memandang langit

海を**見下ろす** มองลงไปยังทะเล／nhìn xuống biển／memandang laut

誤りを**見落とす** ไม่ทันเห็นที่ผิดพลาด／bỏ sót lỗi sai／tidak melihat kesalahan

●立ち～

立ち上がる ลุกขึ้นยืน／đứng lên, đứng dậy／berdiri

例：さあ、立ち上がって、少し歩いてみてください。

ลุกขึ้นยืนแล้ว กรุณาลองค่อยๆ เดิน／Nào, hãy đứng lên, hãy thử bước đi một chút xem.／contoh: Ayo berdiri, cobalah berjalan sedikit.

立ち止まる หยุด／dừng lại／berhenti

例：立ち止まって、空を見上げた。

หยุด แหงนมองท้องฟ้า／Dừng lại và ngước lên nhìn bầu trời.／Saya berhenti dan memandang langit.

●取り～

電池を**取り替える** เปลี่ยนแบตเตอรี่／thay pin／mengganti baterai

予約を**取り消す** ยกเลิกนัด／hủy bỏ cuộc đặt trước／membatalkan reservasi

アイデアを**取り入れる** นำไอเดียไปปรับใช้／đưa vào ý tưởng mới／mengadopsi ide

アンテナを**取り付ける** ติดตั้งจานดาวเทียม／gắn ăng-ten／memasang antena

●出～

出会うきっかけ จุดเริ่มต้นที่พบกัน (โดยบังเอิญ)／nguyên nhân gặp gỡ／awal bertemu

▶**出会い**の場所

大勢で**出迎える** คนออกมารับจำนวนมาก／đám đông ra đón／menyambut dengan banyak orang

▶**出迎え**に来る

●聞き～

聞き返す ถามกลับ／hỏi lại／bertanya kembali

会話を**聞き取る** ฟังการสนทนา／nghe hiểu hội thoại／mendengarkan percakapan

●その他 อื่นๆ／Khác／ Lain-lain

言い忘れる ลืมบอก／quên nói／lupa mengatakan

例：何か言い忘れた気がするけど、思い出せない。

รู้สึกว่าลืมบอกอะไรสักอย่าง แต่คิดไม่ออก／Hình như tôi quên nói cái gì đó nhưng tôi không thể nhớ ra nổi.／contoh: Saya lupa mengatakan sesuatu, tetapi tidak bisa ingat.

書き間違える เขียนผิด／viết sai／salah menulis

読み終わる อ่านเสร็จ, อ่านจบ／đọc hết／selesai membaca

話しかける พูดคุย／bắt chuyện／mengajak berbicara

前の車を**追い越す** แซงรถคันหน้า／vượt qua xe phía trước／menyalip mobil depan

もう少しで**追いつく** อีกนิดเดียวจะไล่ตามทัน／còn một chút nữa là đuổi kịp／sedikit lagi akan tersusul

会場を**歩き回る** เดินรอบสถานที่จัดงาน／đi quanh hội trường／berjalan mengelilingi tempat pertemuan

仕事を**引き受ける** รับงาน／nhận công việc／menerima pekerjaan

①「どうしたの？　急に**立ち止まって**」「さっきの店に、かさを置き忘れちゃった」
②「これ、**取り消す**ときは、どうやるんだろう？」「この『戻る』を押せばいいんじゃない？」
③原さんはいすから**立ち上がる**と、こちらに向かって歩いてきた。
④いくつかの小学校で、この方法を**取り入れた**授業を行っています。
⑤「すぐに**追いつく**から、先に行ってて」「わかった。じゃ、ゆっくり歩いてるね」

ドリル

つぎの（　　　）に合うものを下の語から一つ選び、必要があれば形を変えて入れなさい。

1）

①「この通りにあるはずなんだけどなあ」「（　　　　　）ちゃったんじゃない？」
②相手の言葉がよく（　　　　　）なくて、もう一度聞き返した。
③明日、電気屋さんが私の部屋にエアコンを（　　　　　）に来ます。
④久しぶりに、北海道の友だちに会いに行ったら、空港まで（　　　　　）てくれました。

聞き取る　　取り付ける　　通り過ぎる　　立ち止まる　　出迎える

2）

①その本、（　　　　　）たら棚に戻しておいてくれる？
②「ねえねえ、お姉ちゃん……」「ごめん、今、電話しているから、（　　　　　）ないで」
③「ねえ、ここ、字が違うよ」「あっ、ほんとだ！（　　　　　）てた。ありがとう」
④今日は一日（　　　　　）ので、足が痛いです。

歩き回る　　出会う　　話しかける　　読み終わる　　見落とす

38 基本動詞（きほんどうし）①

คำกริยาพื้นฐาน ①／Động từ cơ bản ①／Verba dasar ①

●出る（で）・出す（だ）　ออก, เอาออก／Ra, Lấy ra／Keluar, mengeluarkan

授業（じゅぎょう）に**出る**	ไปเข้าเรียน／đến lớp học／mengikuti kuliah
大通り（おおどお）に**出る**	ออกถนนใหญ่／ra đến đường lớn／keluar ke jalan raya
大学（だいがく）を**出る**	ออกจากมหาวิทยาลัย／rời trường đại học／lulus dari universitas
給料（きゅうりょう）が**出る**	เงินเดือนออก／có lương／keluar gaji, ada gaji
デザートが**出る**	ของหวานจะมาเสิร์ฟ／món ăn tráng miệng được dọn ra／ada makanan penutup
熱（ねつ）が**出る**	มีไข้／bị sốt／ada demam
人気（にんき）が**出る**	ได้รับความนิยม／được yêu thích／menjadi terkenal
声（こえ）を**出す**	ส่งเสียง, ออกเสียง／lên tiếng／mengeluarkan suara
宿題（しゅくだい）を**出す**	ส่งการบ้าน／giao bài tập／memberikan pekerjaan rumah

●入れる（い）　ใส่, เติม／Đưa vào, nhét vào／ Masuk

電源（でんげん）を**入れる**	เปิดสวิตช์／cắm điện／menyalakan
予定（よてい）を**入れる**	วางกำหนดการ／ghi dự định vào lịch／mengisi jadwal, ada jadwal

●とる　หยิบ／Lấy／ Ambil

おはしを**取る（と）**	หยิบตะเกียบ／lấy đũa／mengambil sumpit
～点（てん）を**取る**	ได้...คะแนน／lấy điểm／mendapat nilai ~
メモ・ノートを**とる**	จดบันทึกช่วยจำ, จดโน้ต／ghi, nhớ／menulis memo, catatan
コピーを**とる**	ถ่ายเอกสาร／phô-tô／membuat salinan
睡眠（すいみん）を**とる**	นอนหลับ／ngủ／tidur
許可（きょか）を**取る**	ขออนุญาต／xin phép／meminta izin
予約（よやく）を**取る**	จอง／đặt trước／membuat reservasi
出席（しゅっせき）を**とる**	ขานชื่อ／điểm danh／mengabsen
連絡（れんらく）を**とる**	ติดต่อ／liên lạc／menghubungi
年（とし）を**とる**	อายุเพิ่มมากขึ้น／có tuổi／menjadi tua

●かける　ใส่ แขวน／Treo, gọi v.v…／Memasang

鍵（かぎ）を**かける**	ใส่กุญแจ (ประตู)／treo chìa khóa／mengunci
カバーを**かける**	คลุมที่คลุม ห่อ (ปกหนังสือ)／bọc sách, bọc bìa／memasang penutup
しょうゆを**かける**	โรยโชยุ／rưới xì dầu／memberi kecap asin
掃除機（そうじき）を**かける**	ดูดฝุ่น (โดยเครื่องดูดฝุ่น)／bật máy hút bụi／membersihkan dengan penyedot debu
音楽（おんがく）を**かける**	เปิดเพลง／bật nhạc／memasang musik
電話（でんわ）を**かける**	โทรศัพท์／gọi điện thoại／menelepon
心配（しんぱい）を**かける**	ทำให้เป็นห่วง／gây lo lắng／membuat khawatir, mengkhawatirkan
迷惑（めいわく）を**かける**	รบกวน／gây phiền toái／merepotkan
声（こえ）を**かける**	เรียก, บอก／bắt chuyện, gọi／mengajak berbicara
ハンガーに**かける**	แขวนที่ไม้แขวนเสื้อ／mắc quần áo／menggantungkan di gantungan

●つく・つける　ติด, ป้าย／Gắn, dính／Terpasang, memasangkan

汚れ（よご）が**つく**	รอยเปื้อนติด／vết bẩn bám vào／kotoran melekat
傷（きず）が**つく**	เป็นรอย／bị thương／terluka
デザートが**つく**	มีของหวานรวมอยู่ด้วย (ในชุดนั้น)／có kèm món tráng miệng／termasuk makanan penutup
連絡（れんらく）が**つく**	ติดต่อได้／có liên lạc đến／dapat terhubung
都合（つごう）が**つく**	สะดวก (ที่จะทำสิ่งใดสิ่งหนึ่ง)／có thời gian／jadwalnya cocok
飾り（かざ）を**つける**	ตกแต่งเครื่องประดับ (ของตกแต่ง)／gắn trang trí／memasang hiasan

火を**つける**　จุดไฟ／gắn lửa／menyalakan api

電気を**つける**　เปิดไฟ／gắn điện／menyalakan lampu

名前を**つける**　ตั้งชื่อ／đặt tên／memberi nama

身に**つける**　สวมใส่ (เครื่องประดับ), เรียนรู้ (เรื่องใดเรื่องหนึ่ง)／thu nạp (kiến thức)／memakai

CD 38

例文

①昨日からワンさんと連絡が**取れない**んです。

②大学を**出て**から、3年間は東京で働いていました。

③今、けがをしたら、試合に**出られなく**なる。

④「かぜ、もう治ったの？」「うん、心配**かけて**ごめんね」

⑤「土曜日、バーゲンに行かない？」「ごめん、もう予定を**入れちゃった**んだ」

ドリル

つぎの（　　）に合うものを下の語から一つ選び、必要があれば形を変えて入れなさい。

1）

①「何か音楽を（　　　　）もいいですか」「どうぞ」

②この道をまっすぐ行くと、大通りに（　　　　）ます。

③「あれ？　これ、傷が（　　　　）いる」「ほんとだ。昨日買ったばかりなのに」

④「今度のテスト、90点は（　　　　）たいなあ」「じゃ、もっと勉強しないと」

つく	とる	入れる	かける	出る

2）

①「Bランチだと、デザートも（　　　　）んだって」「じゃ、それにする」

②これは、しょうゆを（　　　　）とおいしいよ。

③忘れないように、メモを（　　　　）ながら聞いたほうがいい。

④「電源を（　　　　）たのに、全然動かないよ」「故障したんじゃない？」

かける	入れる	出る	とる	つく

39 基本動詞②

きほんどうし

คำกริยาพื้นฐาน ②／Động từ cơ bản ②／Verba dasar ②

●立つ・立てる
た

ลุก, ตั้ง／Đứng, dựng lên／ Berdiri, mendirikan

席を**立つ** (せき)	ลุกจากที่นั่ง／đứng lên khỏi chỗ／berdiri dari kursi
看板を**立てる** (かんばん)	ตั้งป้าย／dựng biển hiệu／memasang papan
計画を**立てる** (けいかく)	ตั้งโครงการ／lên kế hoạch／membuat rencana

●上がる・上げる
あ

เพิ่มสูงขึ้น, เพิ่ม, (ฝน)หยุด／Tăng, kéo lên／Meningkat, meningkatkan

値段が**上がる** (ねだん)	ราคาขึ้น／giá tăng／harga meningkat
速度を**上げる** (そくど)	เพิ่มความเร็ว／tăng tốc／meningkatkan kecepatan
雨が**上がる** (あめ)	ฝนหยุด／mưa tạnh／hujan berhenti

●乗る
の

รับ／Cưỡi, đi xe／ Naik

相談に**乗る** (そうだん)	ให้คำปรึกษา／tư vấn cho ai／mendapatkan bimbingan
誘いに**乗る** (さそ)	รับการเชิญ／nghe lời mời gọi của ai／menerima ajakan
リズムに**乗る**	เข้าจังหวะ／đu đưa theo nhạc／mengikuti irama

●見る
み

ดู／Nhìn／ Melihat

様子を**見る** (ようす)	ดูสภาพเหตุการณ์／nhìn tình hình／melihat situasi
状況を**見る** (じょうきょう)	ดูสภาพเหตุการณ์／nhìn tình trạng／melihat kondisi
味を**見る** (あじ)	ชิม／ăn thử／mencicipi rasa
面倒を**見る** (めんどう)	ดูแล, ปรนนิบัติ／chăm sóc／menjaga
夢を**見る** (ゆめ)	ฝัน／mơ, mơ ước／bermimpi

●聞く
き

ถาม／Nghe, hỏi／Bertanya

道を**聞く** (みち)	ถามทาง／hỏi đường／menanyakan jalan
名前を**聞く** (なまえ)	ถามชื่อ／hỏi tên／menanyakan nama
意見を**聞く** (いけん)	ถามความคิดเห็น／hỏi ý kiến／menanyakan pendapat

●ある

มี／Có／ Ada

売店が**ある** (ばいてん)	มีร้านขายของ／có quầy hàng／ada toko
お祭りが**ある** (まつ)	มีเทศกาล／có lễ hội／ada festival
約束が**ある** (やくそく)	มีนัด／có hẹn／ada janji
時間が**ある** (じかん)	มีเวลา／có thời gian／ada waktu
お金が**ある** (かね)	มีเงิน／có tiền／ada uang
経験が**ある** (けいけん)	มีประสบการณ์／có kinh nghiệm／punya pengalaman
自信が**ある** (じしん)	มีความมั่นใจ／tự tin／punya rasa percaya diri
熱が**ある** (ねつ)	มีไข้／bị sốt／ada demam

●する

ทำ／Làm／ Melakukan

けんかを**する**	ทะเลาะ／đánh nhau／berkelahi
けがを**する**	เป็นแผล／bị thương／cedera, terluka
損を**する** (そん) ⇔得を**する** (とく)	เสียหาย, ขาดทุน／bị thua thiệt, lỗ／merugi
指輪を**する** (ゆびわ)	สวมแหวน／đeo nhẫn／memakai cincin
10万円**する** (まんえん)	(มีราคา) 1 แสนเยน／giá 10 vạn yên／seharga 100.000 yen
無理を**する** (むり)	ฝืนทำเกินกำลัง／lờ đi／memaksakan diri
話題に**する** (わだい)	หยิบยกขึ้นมาพูดคุย／lấy ~ làm đề tài nói chuyện／menjadikan topik pembicaraan
軽く**する** (かる)	ทำให้เบา／làm nhẹ đi／meringankan

音がする　มีเสียง／có tiếng động／terdengar suara

仕事ができる　สามารถทำงานได้／có thể làm việc／bisa bekerja

夕食ができる　อาหารค่ำเสร็จแล้ว／bữa tối đã xong／makan malam sudah jadi

●できる　สามารถ／Có thể／Bisa

日本語ができる　มีความสามารถภาษาญี่ปุ่น／có thể nói tiếng Nhật／bisa berbahasa Jepang

CD 39

例文

①早起きすると、ちょっと**得をした**気分になるね。

②「今、外で大きな音が**した**ね」「うん。ちょっと見に行ってみよう」

③このファイルは全部紙で**できて**いるので、そのままリサイクルできます。

④先生には、いつもいろいろ相談に**乗って**もらっています。

⑤「いつお祭りが**ある**の？」「たしか、来週の土日だったと思う」

ドリル

つぎの（　　）に合うものを下の語から一つ選び、必要があれば形を変えて入れなさい。

1）

①この部屋、暑いですね。エアコンを少し強く（　　　　）くれませんか。

②「早く旅行の計画を（　　　　）ようよ」「そうだね。どこに行きたい？」

③「あれ、もう帰るの？」「今日はちょっと約束が（　　　　）て……」

④彼女、美人だし、仕事は（　　　　）し、うらやましい。

ある　たてる　する　できる　あげる

2）

①「おかしいなあ、この辺だと思うんだけど……」「あの人に道を（　　　　）てみようよ」

②えっ!?　これ、２万円も（　　　　）の？　けっこう高いんだね。

③「どう？　まだ降ってる？」「ううん、もう雨は（　　　　）たみたい」

④新しい図書館はいつ（　　　　）んですか。

きく　する　のる　できる　あがる

40 「～する」の形（かたち）の動詞（どうし）①

คำกริยา suru①／Động từ ở dạng ①／Verba berakhiran ①

●気持（きも）ち　ความรู้สึก／Tâm trạng／Perasaan

- **がまんする**（痛（いた）みを）　อดทน, อดกลั้น／nhịn／sabar, menahan perasaan
- **感謝（かんしゃ）する**（親（おや）に）　รู้สึกขอบคุณ／cảm tạ／berterima kasih
- **感心（しん）する**（人（ひと）の話（はなし）に）　รู้สึกชื่นชม, ประทับใจ／thán phục／mengagumi
- **感動（どう）する**（映画（えいが）に）　ประทับใจ, ซาบซึ้งใจ／cảm động／terkesan
- **緊張（きんちょう）する**（面接（めんせつ）で）　ตื่นเต้น,วิตกกังวล／căng thẳng／merasa gugup
- **興奮（こうふん）する**（試合（しあい）に）　รู้สึกตื่นเต้น, ประหม่า／hưng phấn, hào hứng／bergairah
- **想像（そうぞう）する**（未来（みらい）を）　การจินตนาการ, นึกคิด (เอาเอง)／tưởng tượng／membayangkan
- **尊敬（そんけい）する**（先生（せんせい）を）　เคารพ, นับถือ／tôn trọng／menghormati
- **反省（はんせい）する**（失敗（しっぱい）を）　ทบทวนตัวเอง, คิดไตร่ตรอง／hối lỗi／menyadari kesalahan
- **理解（りかい）する**（内容（ないよう）を）　ทำความเข้าใจ／hiểu／memahami

●人（ひと）と人　คนกับคน／người và người／Orang dan orang

- **握手（あくしゅ）する**（選手（せんしゅ）と）　จับมือทักทาย／bắt tay／bersalaman
- **応援（おうえん）する**（チームを）　เอาใจช่วย, สนับสนุน／cổ vũ／mendukung
- **乾杯（かんぱい）する**（みんなで）　ดื่มอวยพร／cụng ly／bersulang
- **協力（きょうりょく）する**（友達（ともだち）に）　ร่วมมือ／hợp tác／bekerja sama
- **競争（きょうそう）する**（A社（しゃ）と）　แข่งขัน／cạnh tranh／bersaing
- **許可（きょか）する**（入国（にゅうこく）を）　อนุญาต／cho phép／mengizinkan
- **伝言（でんごん）する**（友達に）　ฝากข้อความ／truyền lại lời／mempromosikan
- **仲直（なかなお）りする**（彼（かれ）と）　คืนดีกัน／làm lành／berbaikan
- **拍手（はくしゅ）する**（選手に）　ปรบมือ／vỗ tay／bertepuk tangan
- **反対（はんたい）する**（計画（けいかく）に）　ไม่เห็นด้วย, คัดค้าน／phản đối／melawan
- **無視（むし）する**（注意（ちゅうい）を）　ไม่สนใจ, เพิกเฉย／lờ đi／tidak mengacuhkan
- **約束（やくそく）する**（友達と）　สัญญา, นัดหมาย／hứa／berjanji
- **通訳（つうやく）する**（彼女（かのじょ）が）　ทำหน้าที่เป็นล่าม, การล่าม／phiên dịch／menerjemahkan

●様子（ようす）・出来事（できごと）　สภาพการณ์, เหตุการณ์／Trạng thái, Sự kiện／Situasi, kejadian

- **影響（えいきょう）する**（健康（けんこう）に）　ส่งผลกระทบ, มีอิทธิพล／ảnh hưởng／memengaruhi
- **延期（えんき）する**（出発（しゅっぱつ）を）　เลื่อนออกไป／hoãn／menunda
- **活躍（かつやく）する**（世界（せかい）で）　มีบทบาท／hoạt động sôi nổi／berkiprah
- **完成（かんせい）する**（ビルが）　เสร็จสมบูรณ์／hoàn thành／selesai
- **乾燥（かんそう）する**（空気（くうき）が）　แห้ง, ทำให้แห้ง／sấy khô／kering
- **故障（こしょう）する**（車（くるま）が）　เสีย, พัง／hỏng／rusak
- **終了（しゅうりょう）する**（試合（しあい）が）　เสร็จสิ้น, จบ／kết thúc／berakhir, selesai
- **成功（せいこう）する**（実験（じっけん）が）　ประสบความสำเร็จ／thành công／berhasil
- **成長（ちょう）する**（子供（こども）が）　เจริญเติบโต／trưởng thành／berkembang
- **発達（はったつ）する**（技術（ぎじゅつ）が）　พัฒนา, เจริญก้าวหน้า／phát triển／memperkembangkan
- **不足（ふそく）する**（お金（かね）が）　ไม่เพียงพอ, ขาดแคลน／thiếu／kurang
- **変化（へんか）する**（色（いろ）が）　เปลี่ยนแปลง／biến hóa／berubah

●交通（こうつう）　การสัญจร／Giao thông／Transportasi

- **発車（はっしゃ）する**（急行（きゅうこう）が）　ออกรถ／xe (tàu) khởi hành／berangkat, mulai berjalan
- **乗車（じょう）する**（バスに）　ขึ้นรถ／lên xe (tàu)／menumpang, naik
- **停車（てい）する**（バスが）　หยุดรถ／dừng xe (tàu)／berhenti
- **通過（つうか）する**（A駅（えき）を）　ผ่าน (จุดใดจุดหนึ่ง)／đi qua／melewati
- **混雑（こんざつ）する**（駅が）　แออัด, สับสนวุ่นวาย／đông／penuh
- **渋滞（じゅうたい）する**（道（みち）が）　การจราจรติดขัด, รถติด／tắc đường／macet
- **移動（いどう）する**（車で）　เคลื่อนที่, เคลื่อนย้าย／di chuyển／bergerak, berpindah
- **横断（おうだん）する**（道路（どうろ）を）　ข้าม (ถนน)／qua đường／menyeberang

①歯が痛かったら、**がまんしないで**、早く歯医者さんに行ったほうがいいよ。
②「原さんは、どこのチームを**応援して**いるの？」「東京ゴジラズ。次の試合も行くよ」
③「雨が降ったら、どうなりますか」「雨が強ければ、次の週に**延期します**」
④このマンション、去年の４月に工事が始まったのに、もう**完成する**んですか。早いですね。
⑤〈ニュース〉ふるさとに帰る車で、高速道路はどこも**渋滞して**います。

ドリル

つぎの（　　　）に合うものを下の語から一つ選び、必要があれば形を変えて入れなさい。

1）

①大勢の前だと、（　　　　　　）て、うまく話せないんです。
②友だちとしばらくけんかしていたけど、昨日やっと（　　　　　　）した。
③先生のおかげで大学に合格できました。本当に（　　　　　　）ています。
④「ごめん、明日２時に（　　　　　　）ていたけど、３時にしてもらえない？」「いいよ」

緊張する	約束する	感動する	感謝する	仲直りする

2）

①みんなで（　　　　　　）れば、１時間で終わりますよ。
②さっき何か事故があったようで、駅はずいぶん（　　　　　　）ていた。
③こんな大変な仕事をボランティアでしているなんて、本当に（　　　　　　）する。
④みなさんにご迷惑をおかけしてしまい、（　　　　　　）ています。

成功する	反省する	混雑する	協力する	感心する

41 「～する」の形の動詞②

คำกริยา suru ②／Động từ ở dạng ②／ Verba berakhiran ②

●あ～き

移動する（場所を） เคลื่อนย้าย／di chuyển／bergerak, berpindah

遠慮する（お酒を） เกรงใจ／ngại／merasa segan

確認する（時間を） ย้ำทำให้แน่ใจ／xác nhận／mengecek, memeriksa

活動する（全国で） ทำกิจกรรม／hoạt động／beraktivitas

観光する（京都を） ท่องเที่ยว／du lịch／berwisata

管理する（資料を） ดูแล, ควบคุม, จัดการ／quản lý／mengawasi, mengatur

記入する（名前を） กรอกข้อมูล／điền vào／mengisi

記録する（データを） บันทึก (ข้อมูล)／ghi chép lại／mencatat

禁止する（使用を） ห้าม／cấm／melarang

●け～こ

決定する（日にちが） ชี้ขาด, กำหนดแน่นอน／quyết định／memutuskan

計画する（旅行を） วางแผน, วางโครงการ／kế hoạch／merencanakan

計算する（金額を） คำนวณ／tính toán／menghitung

契約する（A社と） ทำสัญญา／kí hợp đồng／melakukan perjanjian

化粧する（家で） แต่งหน้า／trang điểm／merias

交換する（電池を） แลกเปลี่ยน, สลับแทนที่กัน／trao đổi／menukar

合計する（数を） รวมยอด／tính tổng／menjumlahkan

行動する（団体で） กระทำ, ประพฤติ／hành động／bergerak, bertindak

●さ～

撮影する（風景を） ถ่ายรูป, ถ่ายภาพยนตร์／chụp ảnh／memotret

参加する（会に） เข้าร่วม, มีส่วนร่วม／tham gia／mengikuti

指示する（やり方を） ชี้บอกให้ทำตาม, แนะนำให้ปฏิบัติตาม／chỉ thị／menginstruksikan

指定する（場所を） เจาะจง, ชี้เฉพาะ, ระบุ／chỉ định／menunjuk

修正する（データを） แก้ไขให้ถูกต้อง／chỉnh sửa／merevisi

修理する（時計を） ซ่อมแซม／sắp xếp／memperbaiki

宿泊する（旅館に） พักแรม, พำนัก／nghỉ trọ／menginap

診察する（子供を） ตรวจรักษา／khám／memeriksa

整理する（資料を） จัดให้เป็นระเบียบ, กำจัดสิ่งที่ไม่ต้องการ／chỉnh lý sắp xếp／membereskan, merapikan

宣伝する（商品を） โฆษณา／tuyên truyền quảng bá／mempromosikan

●た～

追加する（資料を） เพิ่มเติมภายหลัง／bổ sung／menambah

登録する（名前を） ลงทะเบียน／đăng kí／mendaftar

努力する（仕事で） พยายาม／nỗ lực／berusaha

発見する（星を） ค้นพบ／phát hiện／menemukan

比較する（値段を） เปรียบเทียบ／so sánh／membandingkan

変更する（時間を） เปลี่ยนแปลง, แก้ไข (วันเวลาหรือรายละเอียด)／thay đổi／mengubah

保存する（データを） บันทึก, เก็บรักษาไว้／lưu／menyimpan

冷凍する（肉を） แช่แข็ง (อาหาร)／làm lạnh／membekukan

命令する（部下に） สั่ง, ออกคำสั่ง／ra lệnh／memerintahkan

予防する（かぜを） ป้องกันล่วงหน้า／phòng ngừa／mencegah

利用する（ATMを） ใช้ประโยชน์／sử dụng／menggunakan

①「どうしよう。間違えてＬサイズを買っちゃった」「**交換して**もらったら？」

②「明日の予約、一人**追加して**８人にしたいんですが」「はい、結構ですよ」

③カード会員に**登録する**と、次のお買い物からポイントが貯まりますよ。

④すみません、18日に予約したんですが、時間を７時から６時に**変更でき**ませんか。

⑤「たぶん、今日は開いてると思うんだけど……」「電話して**確認した**ほうがいいよ」

ドリル

つぎの（　　　）に合うものを下の語から一つ選び、必要があれば形を変えて入れなさい。

１）

①さくら商店街が、インターネットを（　　　　　　）たサービスを始めました。

②「じゃ、日時が決まったら、ご（　　　　　　）ますね」「はい、お願いします」

③値段とか機能とか、いろいろ（　　　　　　）て、これが一番いいと思いました。

④今日一日で使ったお金を（　　　　　　）たら、２万４千円でした。

修理する	比較する	連絡する	合計する	利用する

２）

①「では、ここにお名前と電話番号を（　　　　　　）てください」「はい、ここですね」

②今回の事故は、道路を（　　　　　　）している市に責任がある。

③会場内での撮影は（　　　　　　）れていますので、ご協力ください。

④この映画、いろんなところで（　　　　　　）ているけど、あまり話題になってないね。

管理する	禁止する	記入する	宣伝する	活動する

42 カタカナ語

คำศัพท์ KATAKANA／Từ KATAKANA／Kata-kata katakana

●する動詞 กริยา suru／Động từ ／ verba "suru"

アップする ⇔ダウンする	เพิ่มขึ้น ／đăng lên／mengunggah
アドバイスする	แนะนำ, ให้คำปรึกษา／cho lời khuyên／memberikan saran
アナウンスする	ประกาศ／thông báo／mengumumkan
アンケートする	สอบถาม (โดยแบบสอบถาม)／điều tra khảo sát／membuat angket
イメージする	นึกถึงภาพ, จินตนาการ／hình dung／membayangkan
インタビューする	สัมภาษณ์／phỏng vấn／mewawancarai
オープンする	เปิด (ร้าน), เปิดกิจการ／mở cửa／membuka
カットする	ตัด／cắt tóc／memotong
サインする	เซ็นชื่อ／kí／menandatangani
スタートする ⇔ゴールする	เริ่ม, เริ่มต้น／bắt đầu／memulai
スピーチする	พูดกล่าว (ในงาน), กล่าวสุนทรพจน์／phát biểu／berpidato
時計をセットする	ตั้งนาฬิกา／để đồng hồ, hẹn giờ／mengeset jam
チェックする	ตรวจสอบ, เช็ก／kiểm tra／mengecek
チェックインする ⇔チェックアウトする	เช็คอิน／nhận phòng／melakukan check-in
デートする	ออกเดท／hen hò／berkencan
デザインする	ดีไซน์, ออกแบบ／thiết kế／mendesain
ノックする	เคาะ (ประตู)／gõ cửa／mengetuk
プラスする ⇔マイナスする	เพิ่มเติมเข้าไป, บวก／thêm／menambah
ホームステイする	โฮมสเตย์／ở trọ homestay／tinggal dengan keluarga angkat
ミスする	ทำผิดพลาด／sai sót／melakukan kesalahan
リサイクルする	รีไซเคิล／tái chế／mendaur ulang
リラックスする	ผ่อนคลายอารมณ์／thư giãn／bersantai, rileks
レンタルする	ให้เช่า, เช่า／thu ê／menyewa

●カタカナ語＋V/A

KATAKANA + กริยา / คำคุณศัพท์／Từ KATAKATA + V/A／ Kata-kata katakana + verba/adjektiva

アイディアがある	มีไอเดีย ／có ý tưởng／ada ide
ゴールを決める／する	ทำประตูได้ (ฟุตบอล) , เข้าถึงเส้นชัย／sút bóng vào／mengegolkan
コミュニケーションをとる	ติดต่อสื่อสาร／giao tiếp／berkomunikasi
ショックを受ける	อาการช็อก, ได้รับความสะเทือนใจรุนแรง／bị sốc／merasa terguncang
スイッチを入れる／切る	เปิดสวิตซ์ / ปิดสวิตซ์／bật/tắt công tắc／menekan tombol untuk menyalakan/ mematikan
センスがいい／悪い	รสนิยมดี / รสนิยมไม่ดี／thẩm mĩ tốt/không tốt／seleranya bagus/buruk
バランスがいい／悪い	มีความสมดุล / ไม่สมดุล／thăng bằng tốt/không tốt／keseimbangannya baik/tidak baik

●な形容詞 คำคุณศัพท์ NA／Tính từ đuôi NA／ Adjektiva "na"

カジュアルな	เจ็บ, ปวด／phổ thông, thông thường／yang kasual
シンプルな	เรียบง่าย, เรียบๆ／đơn giản／yang simpel
スムーズな	ราบรื่น, เป็นไปด้วยดี／trôi chảy／yang lancar
ベストな	ดีที่สุด ／nhất／yang terbaik

●その他 อื่นๆ／Khác／ Lain-lain

アマチュア ⇔プロの選手	มือสมัครเล่น／nghiệp dư／amatir

- **オリジナル**の商品(しょうひん)　สินค้าเฉพาะของที่ใดที่หนึ่ง , ออริจินอล／sản phẩm gốc／produk asli, produk orisinal
- **サンプル**　ตัวอย่าง／mẫu／sampel
- **セルフサービス**　การบริการตัวเอง／tự phục vụ／swalayan
- 本(ほん)の**タイトル**　ชื่อหนังสือ／tựa đề sách／judul buku
- **デジタル**　ดิจิทัล, แบบตัวเลข／điện tử／digital
- **トップ**を走(はし)る　วิ่งนำอยู่อันดับแรก／dẫn đầu／berada di peringkat atas
- ⇔**ラスト**
- **パンフレット**　แผ่นพับ／tờ giới thiệu／pamflet
- **ボランティア**　อาสาสมัคร／tình nguyện／sukarelawan
- **ボリューム**が多(おお)い　ปริมาณมาก／lượng nhiều／isinya banyak
- テレビの**ボリューム**　ความดังของเสียงโทรทัศน์／âm lượng tivi／volume televisi

①ソファーで好(す)きな音楽(おんがく)を聞(き)いているときが、一番(いちばん)**リラックス**できます。
②今日(きょう)、商品(しょうひん)が届(とど)いたけれど、**イメージ**していたものと違(ちが)っていた。
③「どうしたらいいのかなあ……」「青木(あおき)さんなら、いい**アドバイス**をくれると思(おも)うよ」
④「こちらのシャツは、当店(とうてん)**オリジナル**の**デザイン**なんです」「へー、かわいいですね」
⑤またカップラーメン？　ちゃんと栄養(えいよう)の**バランス**をとらないと、病気(びょうき)になるよ。

ドリル

1）つぎの（　　　）に合(あ)うものをａ～ｅの中(なか)から一(ひと)つ選(えら)びなさい。

①クレジットカードでのお支払(しはら)いですね。こちらに(　　　）をお願(ねが)いします。
②金曜(きんよう)の飲(の)み会(かい)は７時(じ)（　　　）だから、遅(おく)れないようにね。
③私(わたし)の(　　　）で、お客(きゃく)さんにおつりを少(すく)なく渡(わた)してしまいました。
④「テレビの(　　　)、もうちょっと下(さ)げてくれない？」「ごめん、うるさかった？」

a. サイン	b. スピーチ	c. ボリューム	d. ミス	e. スタート

2）つぎの（　　　）に合(あ)うものを下(した)の語(ご)から一(ひと)つ選(えら)び、必要(ひつよう)があれば形(かたち)を変(か)えて入(い)れなさい。

①今週(こんしゅう)、駅前(えきまえ)に新(あたら)しいスーパーが(　　　　　）ました。
②ドアを軽(かる)く(　　　　　）てから部屋(へや)に入ってください。
③「どうして遅刻(ちこく)したの？」「目覚(めざ)ましを(　　　　　）のを忘(わす)れちゃって……」
④〈テレビを見(み)て〉「この人(ひと)、中国語(ちゅうごくご)で(　　　　　）してる」「へー、通訳(つうやく)なしなんだ」

ノックする	オープンする	インタビューする	セットする	レンタルする

สำนวน／Quán ngữ／ Idiom

●頭・顔

หัว, หน้า／Đầu, Mặt／Kepala, raut wajah

頭が痛い／頭に来る／顔が広い／顔を出す

子どもの教育費は、親にとって**頭の痛い**問題だ。
ค่าเล่าเรียนของลูกเป็นปัญหาที่ปวดหัวของพ่อแม่／Tiền dành cho con học hành là vấn đề đau đầu với bố mẹ／Biaya pendidikan anak merupakan masalah yang memusingkan kepala.

あんなことを言われたら、**頭に来**ますよ。
ถ้าถูกพูดแบบนั้นก็โกรธนะ／Nếu bị nói thế thì tức đấy.／Kalau dikata-katai seperti itu, pasti marah.

彼は**顔が広い**から、誰かいい人を知っていると思う。
เพราะว่าเขาเป็นคนกว้างขวาง คิดว่าน่าจะรู้จักใครดีๆ นะ／Anh ấy quen biết rộng nên tôi nghĩ anh ấy sẽ biết có ai đó hợp.／Karena dia banyak kenalan, saya rasa dia tahu orang yang tepat.

明日のパーティーには、ちょっとだけ**顔を出す**つもりです。
ตั้งใจว่างานเลี้ยงวันพรุ่งนี้ จะแวะไปทักทายสักหน่อย／Tôi định góp mặt một chút trong buổi tiệc ngày mai.／Saya berencana datang sebentar ke pesta besok.

●口

ปาก／Miệng／Mulut

口が堅い／口が軽い／口に合う／口を出す

「原さんにも話したんですか」「大丈夫。彼は**口が堅い**から」
"คุยกับคุณฮะระแล้วรึยัง" "ไม่เป็นไรเพราะว่า เค้าเป็นคนเก็บความลับได้"／"Cậu đã nói với anh Hara rồi à" "Không sao đâu, anh ấy kín tiếng lắm"／"Apakah Anda juga berbicara kepada Pak Hara?" "Jangan khawatir, Pak Hara bisa menyimpan rahasia."

林さんには話さないほうがいいですよ。彼は**口が軽い**から。
อย่าคุยกับคุณฮะยะชิดีกว่า เพราะว่าเค้าเป็นคนเก็บความลับไม่ได้／Đừng nói với anh Hayashi nhé. Anh ấy không giữ mồm giữ miệng đâu.／Jangan beritahu kepada Pak Hayashi karena ia bermulut bocor.

「お**口に合う**かどうか、わかりませんが、どうぞ」「あ、おいしいです」
"ไม่รู้ว่าจะถูกปากหรือไม่ ลองดู" "อ่า อร่อย"／"Tôi không biết có hợp với khẩu vị của anh không nhưng xin mời anh dùng thử" "Ồ, ngon lắm ạ"／"Saya tidak tahu apakah cocok di mulut Anda, tapi silakan coba." "Wah, enak!"

関係ないのに、彼はすぐ**口を出して**くる。
ทั้งๆที่ไม่เกี่ยวข้อง เขาก็พูดสอดขึ้นมา／Chẳng liên quan gì mà anh ý cứ xía mồm vào.／Meskipun tidak ada hubungannya, dia langsung mengomentari saja.

●耳・目

หู, ตา／Tai, Mắt／ Telinga, mata

耳が(の)痛い／耳にする／目が(の)回る／目に浮かぶ

〈テレビを見て〉飲み過ぎに注意か……。ビール好きには**耳の痛い**話だ。
(ดูโทรทัศน์) ให้ระวังเรื่องดื่มมากเกินไปเหรอ มันเป็นเรื่องเจ็บปวดที่ได้ยินสำหรับ(คน)ชอบดื่มนะ／(Xem ti vi) Cẩn thận đừng uống quá say à. Chuyện này thật là khó nghe đối với những người thích uống bia.／〈melihat TV〉Berhati-hati untuk tidak minum terlalu banyak ya..Cerita yang menohok para pencinta bir.

その話、私も**耳にし**たことがある。
เรื่องเล่าเรื่องนั้น ฉันก็เคยได้ยินได้ฟัง／Chuyện ấy tôi đã từng nghe.／Saya juga pernah mendengar cerita itu.

忙しくて**目が回る**よ。
ยุ่งจนตาลาย／Bận quá chóng cả mặt.／Saya pusing karena terlalu sibuk.

森さん、また社長と出張？　彼の困っている顔が**目に浮かぶ**よ。
คุณโมริออกไปทำงานข้างนอกกับท่านประธานอีกแล้วเหรอ หน้าตากังวลของเขาลอยเข้ามาในหัวเลย／Anh Mori sẽ đi công tác với giám đốc à? Tôi có thể hình dung ra khuôn mặt lo lắng của anh ấy.／Pak Mori, tugas dinas lagi dengan direktur? Saya bisa membayangkan wajahnya yang kusut.

●手 มือ／Tay／Tangan

手が空く／手が足りない／手を貸す

手が空いたら、荷物運ぶの、手伝ってくれる？
ถ้าว่าง จะขนของ ช่วยหน่อยได้ไหม／Nếu rảnh tay anh có thể giúp tôi khuân vác hành lý không?／Kalau ada waktu, boleh tolong angkutkan barang?

手が足りなくて、困っているんです。
งานยุ่งคนไม่พอ กำลังกังวลอยู่／Tôi thiếu người làm quá đang rất gay go đây.／Saya sedang dalam kesusahan karena kekurangan tenaga kerja.

ちょっと**手を貸して**くれない？　これ、向こうに運ぶから。
ขอแรงช่วยหน่อยได้ไหม อันนี้จะยกไปตรงโน้น／Anh có thể giúp em một tay được không? Em định bê cái này ra kia.／Boleh minta tolong sebentar? Ini akan saya angkut ke sana.

●気 จิตใจ, ความรู้สึก／Khí／Pikiran, rasa

気が合う／〜気がする／気がつく／気に入る／気にする／気になる／気を使う

彼女とは昔から**気が合う**んです。
กับหล่อนล่ะก็ (ความคิด, ความชอบ) เข้ากันได้ตั้งแต่อดีต／Tôi với cô ấy hợp nhau từ xưa.／Dari dulu pikiran saya cocok dengan dia.

さっきから、だれかに見られている**気がする。**
ตั้งแต่เมื่อสักครู่นี้ รู้สึกว่าถูกมองจากใครสักคน／Từ nãy tôi cứ có cảm giác ai đó đang nhìn mình.／Dari tadi saya merasa ada yang memperhatikan saya.

すみません、メモに**気がつき**ませんでした。
ขอโทษด้วย ไม่ได้สังเกตเห็นบันทึกที่จดไว้／Xin lỗi, tôi không nhận ra có giấy ghi nhớ.／Maaf, saya tidak sadar akanadanya memo.

何か**気に入っ**たものはあった？
มีของที่ถูกใจอะไรบ้างไหม／Có thứ gì chị thấy thích không?／Ada sesuatu yang disukai?

▶**お気に入りの店**　ร้านที่ถูกใจ／Cửa hàng yêu thích.／ toko yang disukai

大したことじゃないから、**気にし**ないほうがいい。
เพราะว่าไม่ใช่เรื่องสำคัญอะไร ไม่ต้องใส่ใจดีกว่า／Việc chẳng có gì to tát đâu nên đừng bận tâm.／Mending jangan dipikirkan karena bukan hal besar.

試合の結果が**気になる。**
เป็นกังวลกับผลการแข่งขัน／Tôi băn khoăn muốn biết kết quả trận đấu.／Saya penasaran dengan hasil pertandingan.

「何か飲まれますか」「どうぞ、**気を使わ**ないでください」
"ดื่มอะไรไหมคะ" "เชิญเลยค่ะ กรุณาอย่าเป็นกังวลเลยค่ะ"／"Anh muốn uống gì không?" "Không sao đâu không phải khách khí với tôi"／"Mau minum apa?" "Tidak perlu sungkan."

●その他 อื่นๆ／Khác／Lain-lain

首〔クビ〕になる／腹が立つ・腹を立てる

今、会社を**首になっ**たら、とても困る。
ถ้าถูกไล่ออกจากบริษัทตอนนี้ จะลำบากมากๆ เลยนะ／Nếu bị đuổi việc ở công ty lúc này thì thật là gay.／Kalau sekarang dipecat dari kantor, saya akan sangat kesulitan.

店員の失礼な態度に**腹が立っ**た。
โมโหกับท่าทางที่เสียมารยาทของพนักงานในร้าน／Tôi cáu vì thái độ bất lịch sự của nhân viên.／Saya jengkel atas kelakuan pelayan toko yang tidak sopan.

そんなことで**腹を立て**ないで。
อย่าโกรธกับเรื่องอย่างนั้นเลย／Đừng cáu như thế.／Jangan jengkel dengan kejadian seperti itu.

CD 43

例文

①冷蔵庫を買い換えないといけないけど、今はそんなお金はないし……。**頭が痛い**よ。
②「明日の飲み会、来（ら）れる？」「ちょっと遅れそうだけど、**顔は出す**よ」
③「昨日はずっと受付にいました」「えっ、そうだったんですか。**気がつき**ませんでした」
④「それ、捨てるのは、もったいない**気がする**」「わかった。じゃ、とっておこう」
⑤「すみません、ぼくのミスで負けてしまって」「そんなことないよ。**気にする**なって」

ドリル

1）つぎの（　　）に合うものをa～eの中から一つ選びなさい。

①森さんって、政治家にも知り合いがいるんですか。本当に（　　）んですね。
②私が（　　）ことじゃないかもしれませんが、急いだほうがいいと思いますよ。
③「彼女のびっくりする顔が（　　）よ」「これ、前からほしがってたからね」
④まだ店がオープンしたばかりで、（　　）忙しさです。

a. 目に浮かぶ	b. 頭が痛い	c. 顔が広い	d. 目の回る	e. 口を出す

2）つぎの（　　）に合うものを下の語から一つ選び、必要があれば形を変えて入れなさい。

①あの二人は（　　）みたいだね。いつもいっしょにいる。
②名前を呼ばれた（　　）けれど、誰もいなかった。
③プレゼント、（　　）てもらえるといいね。
④となりの部屋の音が（　　）て、よく寝（ら）れないんです。

気が合う	気に入る	気がする	気にする	気になる

44 言葉のいろいろな形

ลักษณะต่างๆ ของคำศัพท์／Các dạng của từ／Beragam bentuk kata

A→V

●気持ちなど　ความรู้สึก／Tâm trạng, cảm xúc／Perasaan, dll

- **痛む**(足が)　เจ็บ ปวด／đau (chân đau)／sakit (kakinya)
- **悲しむ**(人の死を)　เสียใจ เศร้าโศก／đau khổ (đau khổ vì cái chết của ai đó)／bersedih (atas meninggalnya seseorang)
- **苦しむ**(熱で)　เจ็บปวด ทรมาน／đau đớn, khổ sở (khổ sở vì sốt)／sakit (karena demam)

●様子・状態　สถานการณ์, สภาพ／Tình trạng, Trạng thái／Situasi, kondisi

- **暖まる**(部屋が)　...อบอุ่น (ห้อง)／ấm lên (phòng)／menjadi hangat (kamar)
- **暖める**(部屋を)　ทำ... ให้อุ่น (ห้อง)／làm ấm (phòng)／menghangatkan (kamar)
- **温まる**(スープが)　...อุ่น (ซุป)／ấm lên (súp)／menjadi hangat (sup)
- **温める**(スープを)　อุ่น... (ซุป)／làm ấm (súp)／menghangatkan (sup)
- **強まる**(風が)　แรงขึ้น (ลม)／mạnh lên (gió)／menjadi besar (angin)
- 冷房を**強める**　ปรับเครื่องปรับอากาศให้แรงขึ้น／chỉnh mạnh máy lạnh lên／membesarkan fungsi pendingin
- **弱まる**(風が)　เบาลง (ลม)／yếu đi (gió)／menjadi reda (angin)
- 暖房を**弱める**　ปรับเครื่องทำความร้อนให้เบาลง／chỉnh nhỏ máy sưởi đi／mengecilkan fungsi penghangat
- **薄める**(お茶を)　ทำให้จางลง (ชา)／làm nhạt (loãng) đi (trà)／mengencerkan (teh)
- **広がる**　กว้างขึ้น แผ่ขยายออกไป／lan rộng／menyebar, meluas
- **広げる**　ทำให้กว้างขึ้น กางออก แผ่ออก／mở rộng／menyebarkan, meluaskan
- 海に**近づく**　เข้าใกล้ทะเล／đến gần biển／mendekati laut
- 画面に**近づける**　เข้าไปใกล้หน้าจอ／đến gần màn hình／mendekatkan ke layar

V・A→N

●気持ちなど　ความรู้สึก／Tâm trạng v.v…／Perasaan, dll

- **喜び**を表現する　แสดงออกถึงความดีใจ／thể hiện niềm vui／mengungkapkan kebahagiaan
- 一番の**楽しみ**　สิ่งที่เฝ้ารอมากที่สุด／điều mong chờ nhất／yang paling tidak sabar ditunggu
- **悲しみ**を理解する　ยอมรับความเสียใจ／hiểu cho nỗi buồn／memahami kesedihan
- **驚き**のニュース　ข่าวที่น่าตกใจ／tin gây bất ngờ／berita yang mengejutkan
- **笑い**の声　เสียงหัวเราะ／tiếng cười／suara tawa
- 国民の**怒り**　ความโกรธแค้นของประชาชน／sự tức giận của người dân／amarah rakyat
- **思い**を伝える　ถ่ายทอดความคิด (ความรู้สึก)／truyền đạt tấm lòng／menyampaikan rasa
- **考え**を述べる　พูดความคิดเห็น／nói lên tâm tư／memaparkan pendapat
- **願い**を込める　มีความปรารถนา, ขอร้อง／chứa ước mong／dengan penuh harapan

●動作など　การเคลื่อนไหว／Thao tác v.v…／Gerakan, dll

- **行き**の電車　รถไฟเที่ยวไป／tàu đi／kereta untuk pergi
- **帰り**の時間　เวลากลับ／tàu về／jam pulang
- **迎え**の車　รถที่มา (ไป) รับ／xe đón／mobil jemputan
- 星の**動き**　การเคลื่อนที่ของดาว／chuyển động của sao／pergerakan bintang
- 脳の**働き**　การทำงานของสมอง／tác động của não／kerja otak
- **片づけ**が済む　การเก็บกวาดเสร็จเรียบร้อย／dọn dẹp xong／selesai membereskan
- **手伝い**を頼む　ขอร้องให้ช่วย／nhờ giúp／meminta bantuan
- **頼み**を聞く　ฟังคำขอร้อง／nghe lời thỉnh cầu／memenuhi permintaan
- **別れ**の時　ตอนร่ำลา／giờ chia tay／saat berpisah
- **歌**と**踊り**　เพลงกับการเต้น／bài hát và điệu nhảy／lagu dan tari

遊びを覚える　จำวิธีการเล่น／nhớ trò chơi／sudah bisa bermain

飾りをつける　ติดเครื่องประดับ เครื่องตกแต่ง／gắn trang trí／menghias

知らせを受ける　ได้รับการแจ้งให้ทราบ／nhận thông báo／mendapat pemberitahuan

決まりを守る　รักษากฎ (สิ่งที่กำหนดไว้)／bảo vệ quy tắc／menaati ketetapan

集まりに遅れる　ไปร่วมการชุมนุม (การพบปะ) สาย／muộn cuôc tụ họp／terlambat ke tempat berkumpul

続きを見る　ดูต่อไป／xem phần tiếp theo／melihat lanjutannya

●様子・状態

สถานการณ์, สภาพ／Tình trạng, Trạng thái／Situasi, kondisi

急ぎの用事　ธุระด่วน／việc gấp／keperluan mendesak

役割の**違い**　ความแตกต่างของบทบาท (หน้าที่)／khác biệt vai trò／perbedaan peran

旅の**疲れ**　ความเหน็ดเหนื่อยจากการท่องเที่ยว／mệt mỏi của chuyến đi／capai karena perjalanan

終わりの時間　เวลาที่จบ (เสร็จสิ้น)／giờ kết thúc／saat berakhir

CD 44

例文

①今エアコンをつけたので、部屋が**暖まる**までもう少し待ってください。

②「たくさん寝たけど、まだ**疲れ**が残ってる」「たぶん働き過ぎなんだよ」

③どんなコンサートになるのか、今からとても**楽しみ**です。

④この歌には、世界が平和になってほしいという**願い**が込められている。

⑤彼の言葉がおかしくて、みんな**笑い**が止まりませんでした。

ドリル

1）つぎの（　　）に合うものを下の語から一つ選び、必要があれば形を変えて入れなさい。

①もっと近くでその絵を見たかったけど、人が多くて（　　）なかった。

②「また、この道を工事してるんだね」「今度は、道の幅を（　　）んだって」

③ちゃんと大学に行ってまじめに勉強しないと、ご両親が（　　）よ。

④「そのけが、まだ（　　）の？」「いや、もう全然。ありがとう」

広げる	近づく	暖まる	痛む	悲しむ

2）つぎの（　　）に合うものをａ～ｅの中から一つ選びなさい。

①「あっ、もうこんな時間。バイトに行かなきゃ」「残念。じゃ、話の（　　）はまた明日ね」

②「原さん、お願い！」「田中さんの（　　）だったら、断れないなあ。わかったよ」

③お（　　）の場合は、こちらの番号までお電話ください。

④いろんな（　　）の人がいるから、全員が賛成しなくてもいい。

a. 考え	b. 頼み	c. 急ぎ	d. 続き	e. 集まり

45 言葉(ことば)を作(つく)る一字(いちじ)

อักษร 1 ตัว ที่ใช้สร้างคำ／Các từ có cùng 1 chữ／Satu huruf yang membentuk kata

※「*」のついている語(ご)に訳(やく)をつけています（左(ひだり)から順(じゅん)に）

Những từ có dấu * có phần dịch (theo thứ tự từ trái sang phải)
Ada terjemahan untuk kata yang bertanda * (berurutan dari kiri)

●回数(かいすう)など　จำนวนครั้ง／Số lần／Kali-kalian, dll

再(さい)〜

再利用(りよう)、再放送(ほうそう)

最(さい)〜

最後(ご)、**最高(こう)***、**最新(しん)***、**最大(だい)***

ท้ายสุด, สูงสุด, ใหม่ล่าสุด, ใหญ่ที่สุด／Tuyệt nhất, mới nhất, to nhất／terbaik, terbaru, terbesar

未(み)〜

未完成(かんせい)、未経験(けいけん)*、**未成年(せいねん)***、未確認(かくにん)、未使用(しよう)

@@@@@／@@@@@／@@@@@@@@@

新(しん)〜

新学期(がっき)、新商品(しょうひん)、新記録(きろく)、新年(ねん)、**新品(ぴん)***、**新人(じん)***

ภาคการศึกษาใหม่, สินค้าใหม่, สถิติใหม่, สินค้าใหม่ , หน้าใหม่／sản phẩm mới, người mới／barang baru, orang baru

●否定(ひてい)　ปฏิเสธ／phủ định／Bentuk negatif

不(ふ)〜

不まじめ、不健康(けんこう)、不十分(じゅうぶん)、**不可能(かのう)***、**不要(よう)***〔不必要(ひつ)〕、不便(べん)*、不幸(こう)*

ไม่ขยันขันแข็ง, สุขภาพไม่ดี, ไม่เพียงพอ, เป็นไปไม่ได้, ไม่จำเป็น, ไม่สะดวก, โชคไม่ดี／bất khả thi, không cần, bất tiện, bất hạnh／tidak bisa, tidak perlu, tidak praktis, tidak bahagia

無(む)〜

無関係(かんけい)*、無責任(せきにん)、無色(しょく)、**無料(りょう)***、**無理(り)***

ไม่มีความเกี่ยวข้อง, ไม่มีความรับผิดชอบ, ไม่มีสี, ไม่เสียค่าใช้จ่าย(ฟรี), ไม่ไหว／miễn phí, quá sức／gratis, tidak mungkin

非(ひ)〜

非常識(じょうしき)*

ไม่มีสามัญสำนึก／không bình thường／tidak tahu aturan

●人(ひと)・仕事(しごと)　คน, งาน／Con người, Công việc／Orang, pekerjaan

〜者(しゃ)

医(い)者、新聞記(しんぶんき)**記者***、司会(しかい)者、研究(けんきゅう)者、**担当(たんとう)者***、**参加(さんか)者***、希望(きぼう)者、応募(おうぼ)者

หมอ, นักหนังสือพิมพ์, พิธีกร, นักวิจัย, ผู้รับผิดชอบ, ผู้เข้าร่วม, ผู้สมัคร／nhà báo, người phụ trách, người tham gia／wartawan, penanggung jawab, peserta

〜員(いん)

会社(かいしゃ)員、銀行(ぎんこう)員、店(てん)員、駅(えき)員、事務(じむ)員、**係(かかり)員***、**職(しょく)員***

พนักงานบริษัท, พนักงานธนาคาร, พนักงานในร้าน, พนักงานธุรการ, พนักงาน, เจ้าหน้าที่／người quản lý, nhân viên／petugas, karyawan

〜家(か)

作(さっ)家*、小説(しょうせつ)家、漫画(まんが)家、**画(が)家***、芸術(げいじゅつ)家、**政治(せいじ)家***、**専門(せんもん)家***

นักเขียน, นักแต่งนิยาย, นักเขียนการ์ตูน, จิตรกร, ศิลปิน, นักการเมือง, นักวิชาการ／nhà văn, họa sỹ, chính trị gia, chuyên gia／penulis, pelukis, politikus, ahli

〜師(し)

教(きょう)師、**医(い)師***、**看護(かんご)師***

ผู้สอน, แพทย์, พยาบาล／bác sĩ, y tá／dokter, perawat

〜業(ぎょう)

作(さ)業*、**工(こう)業***、**農(のう)業***、**産(さん)業***、**営(えい)業***

การปฏิบัติการ, อุตสาหกรรม, เกษตรกรรม, อุตสาหกรรม, ดำเนินธุรกิจ／công nghiệp, nông nghiệp, ngành, kinh doanh／manufaktur, pertanian, perindustrian, penjualan

●物・機械 สิ่งของ, เครื่องจักร／Đồ vật, Máy móc／Barang, mesin

～品

食品*、化粧品、**商品***、輸入品、セール品*、**作品**

อาหาร, เครื่องสำอาง, สินค้า, สินค้านำเข้า, สินค้าลดราคา, ผลงาน／thực phẩm, sản phẩm,hàng giảm giá, tác phẩm／produk makanan, produk jualan, produk obralan, produk buatan

～器

食器*、**楽器***

ภาชนะใส่อาหาร, เครื่องดนตรี／bát đĩa, nhạc cụ／peralatan makan, peralatan musik

～機

掃除機*、**洗濯機***、**自動販売機***、コピー機*

เครื่องดูดฝุ่น, เครื่องซักผ้า, เครื่องขายของอัตโนมัติ, เครื่องถ่ายเอกสาร／máy hút bụi, máy giặt, máy bán hàng tự động, máy phô-tô／penyedot debu, mesin cuci, mesin penjual otomatis, mesin fotokopi

●お金 เงิน／Tiền／Uang, biaya

～料

入場料*、使用料、授業料、**手数料***、**送料***、**有料***

ค่าเข้าชมสถานที่, ค่าใช้บริการ, ค่าเรียน, ค่าบริการ, ค่าขนส่ง, คิดค่าธรรมเนียมหรือค่าบริการ／phí vào cửa, phí, phí gửi đồ, mất phí／biaya masuk, biaya administrasi, biaya pengiriman, berbiaya

～代

電気代*、食事代、バス代、本代*、洋服代、チケット代、修理代

ค่าโทรศัพท์, ค่าอาหาร, ค่ารถ, ค่าหนังสือ, ค่าเสื้อผ้า, ค่าตั๋ว, ค่าซ่อม／tiền điện, tiền sách／biaya listrik, biaya buku

～費

交通費*、食費、参加費、**会費***、**学費***

ค่าเดินทาง, ค่ากิน, ค่าเข้าร่วม, ค่าสมาชิก, ค่าเล่าเรียน／phí giao thông, hội phí, học phí／ongkos transpor, uang keanggotaan, uang sekolah

～賃

家賃、運賃*

ค่าเช่าบ้าน, ค่าโดยสาร／tiền nhà, tiền vé／uang sewa rumah, biaya pengangkutan

●性質・状態 คุณสมบัติ, สภาพ／Tính chất, Trạng thái／Karakter, kondisi

～中

電話中*、食事中、会議中、世界中*、部屋中*、今週中、休み中、一日中*

อยู่ระหว่างคุยโทรศัพท์, อยู่ระหว่างรับประทานอาหาร, อยู่ระหว่างประชุม, ทั่วโลก, ทั่วห้อง, ตลอดสัปดาห์, อยู่ระหว่างลาพัก, ตลอดทั้งวัน／đang gọi điện, khắp thế giới, khắp phòng, cả ngày／"sedang menelepon, seluruh dunia, seluruh kamar, seharian"

～的

健康的*、女性的、計画的、基本的*、具体的*、**積極的***

ในเชิงสุขภาพ, ในเชิงสตรี, ในเชิงโครงการ, อย่างเป็นรูปธรรม, อย่างกระตือรือร้น／mang tính sức khỏe, cơ bản, cụ thể, tích cực／yang sehat, yang dasar, yang nyata, yang antusias

～用

男性用*、旅行用、家庭用*

ใช้สำหรับผู้ชาย, ใช้สำหรับการท่องเที่ยว, ใช้ในครัวเรือน／dành cho nam giới, dành cho gia đình／untuk pria, untuk rumahan

本～

本社*、**本人***、**本日***、**本当***

สำนักงานใหญ่, เจ้าตัว, วันนี้, จริง／trụ sở chính, chính người ấy, ngày hôm nay, thật sự／kantor pusat, orang itu sendiri, hari ini, benar-benar

～製

日本製*、外国製、革製*

ผลิตในญี่ปุ่น, ผลิตต่างประเทศ, ผลิตจากหนังสัตว์／hàng sản xuất tại Nhật, hàng da／buatan Jepang, terbuat dari kulit

～立

国立*、私立*、市立

รัฐบาล, เอกชน／quốc lập, tư thục／negeri, swasta

～線

国内線*、国際線*、ＪＲ線

เส้นทางภายในประเทศ, เส้นทางระหว่างประเทศ ／tuyến trong nước, tuyến quốc tế／penerbangan domestik, penerbangan internasional

①受け取りには**本人**確認が必要ですので、身分証明書をお持ちください。
②家庭**用**のプリンターなので、印刷のスピードがちょっと遅いです。
③いつか長い休みをとって、世界**中**を旅行したいと思っています。
④毎晩エアコンをつけて寝ていたら、電気**代**が高くなってしまった。
⑤こんなに夜遅くに電話してくるなんて、**非**常識だと思う。

ドリル

つぎの（　　　）に合うものをａ～ｅの中から一つ選びなさい。

１）

①私の家は、駅もバス停も遠くて(　　　) 便です。
②家（　　　）を探したけれど、結局、その本は見つからなかった。
③バイト（　　　）経験なんですが、大丈夫でしょうか。
④去年買ったものですが、一度も使っていない(　　　) 品です。

a. 化	b. 中	c. 不	d. 新	e. 未

２）

①見て。セール（　　　）で５割引！」「ほんとだ、すごく安いね」
②作（　　　）になって、たくさんの本を書くのが夢だ。
③「長野行きの電車はどれだろう」「あの駅（　　　）さんに聞いてみようよ」
④交通（　　　）のことを考えると、家の近くでアルバイトを探したいと思う。

a. 家	b. 料	c. 品	d. 費	e. 員

第3回 実戦練習

問題1 （　　）に入れるのに最もよいものを、１・２・３・４から一つえらびなさい。

①あと５分ほどで担当の者が参りますので、（　　　）お待ちください。

1　そろそろ　　2　しばらく　　3　いきなり　　4　ずっと

②会場の（　　　）のほうまで、人がたくさん入っていた。

1　奥　　2　底　　3　表　　4　裏

③授業中、友達と（　　　）話していたら、先生に怒られてしまった。

1　ぶつぶつ　　2　ごちゃごちゃ　　3　ひそひそ　　4　ぱらぱら

④久しぶりに会った同級生と飲みすぎてしまい、今朝から胃が（　　　）している。

1　うんざり　　2　むっと　　3　いらいら　　4　むかむか

⑤山から（　　　）景色は最高で、何枚も写真を撮った。

1　見かけた　　2　見落とした　　3　見上げた　　4　見下ろした

⑥この番組ではよく、教育の問題を（　　　）。

1　取り上げる　　2　持ち上げる　　3　取り出す　　4　生み出す

⑦こちらのランチセットには、コーヒーとデザートが（　　　）います。

1　出て　　2　入れて　　3　とって　　4　ついて

⑧音楽を（　　　）ら、店の雰囲気も変わった気がした。

1　かけた　　2　した　　3　上げた　　4　立てた

⑨上野さんは、彼女にふられたのが（　　　）で、毎日、泣いてばかりいるらしい。

1　ミス　　2　ショック　　3　カット　　4　マイナス

⑩予約では、５名とお伝えしたのですが、あと２名（　　　）することができますか。

1　確認　　2　追加　　3　登録　　4　記録

問題２ ＿＿＿ に意味が最も近いものを、１・２・３・４から一つえらびなさい。

①彼女の質問に、彼は、あいまいな返事をくり返した。

1 落ち着いた　2 はっきりしない　3 ゆっくりと　4 確かに

②先輩が同じ話を何度もするので、うんざりした。

1 悔しかった　2 不思議になった　3 苦しかった　4 嫌になった

③荷物をいっぺんに運びたいんだけど、どうやったらいいと思う？

1 どんどん　2 たいてい　3 一度に　4 ずいぶん

④お口に合うかどうかわかりませんが、どうぞ。

1 好みに合う　2 話に合う　3 知り合う　4 言い合う

問題３ つぎのことばの使い方として最もよいものを、一つえらびなさい。

① 取り替える

1 明日から、この本に書いてある考え方を自分の生活に取り替えるつもりだ。

2 お風呂場の電球がつかなくなったから、取り替えてくれる？

3 高速道路に入る前にガソリンを取り替えることにした。

4 一度このボタンをクリックすると、予約を取り替えることはできません。

② 成功する

1 その子どもは、難しいと言われていた手術が成功して、助かった。

2 一生懸命勉強して、１級の試験に成功することができた。

3 ５年前から始まった工事が終わり、ついに立派な高速道路が成功した。

4 サッカー大会で息子が成功して、チームは勝つことができた。

③ アナウンスする

1 この大会で優勝した松本選手に、今の気持ちをアナウンスすることになっている。

2 結婚式で友人代表としてアナウンスすることになり、緊張している。

3 先輩がアナウンスしてくださったおかげで、試験に合格できました。

4 強風で列車が遅れると、駅員がアナウンスしていた。

HƯỚNG DẪN TẢI FILE ÂM THANH

STEP 1 Có 3 bước để tải như sau!

- Đọc mã QR để kết nói.
- Kết nối tại địa chỉ mạng https://www.jresearch.co.jp/book/b492701.html.
- Vào trang chủ của NXB J-Research rồi tìm kiếm bằng tên sách tại mục キーワード.

STEP 2 Nhấp chuột vào nút「音声ダウンロード」có trong trang!

STEP 3 Nhập tên "**1001**", mật khẩu "**24703**" !

STEP 4 Có 2 cách sử dụng thư mục âm thanh.
Hãy nghe theo cách phù hợp với phương pháp học của mình!

- Tải file để nghe từ mục「音声ファイル一括ダウンロード」
- Ấn nút ▶ để nghe luôn tại chỗ.

※ File âm thanh đã tải về có thể nghe trên máy tính, điện thoại thông minh. Nếu tải đồng loạt thì file được nén dưới dạng file .zip. Hãy giải nén file trước khi sử dụng. Nếu không giải nén được file cũng vẫn có thể nghe trực tiếp.

Mọi thắc mắc về việc tải file âm thanh hãy liên hệ tới địa chỉ: toiawase@jresearch.co.jp
(từ 9:00 ~ 18:00 ngày làm việc trong tuần)

Panduan Pengunduhan Suara

STEP 1 Ada tiga cara, yaitu:

- Pindai kode QR untuk mengakses.
- Akses https://www.jresearch.co.jp/book/b492701.html di internet.
- Akses situs web J-RESEARCH (https://www.jresearch.co.jp/), lalu ketik judul buku di kotak pencarian.

STEP 2 Klik tombol " 音声ダウンロード " (unduh suara) yang ada di laman tersebut!

STEP 3 Masukkan user name "**1001**", kata sandi "**24703**".

STEP 4 Ada 2 cara mempergunakan suara rekaman!
Silakan dengarkan sesuai dengan gaya pembelajaran masing-masing!

- Unduh file dari "音声ファイル一括ダウンロード"(Unduh semua file suara sekaligus), lalu dengarkan.
- Tekan tombol ▶ untuk mendengarkan langsung file suara.

※ File suara yang diunduh dapat didengar dari komputer, ponsel cerdas, dan lainnya. File suara yang diunduh sekaligus akan disimpan dalam file yang dikompresi berformat .zip. Silakan buka file kompresi untuk menggunakannya. Jika sulit membuka file, Anda juga bisa memutar rekaman suara secara langsung.

Untuk pertanyaan tentang pengunduhan suara : toiawase@jresearch.co.jp
(Jam pelayanan: hari biasa pukul 9-18)

PART 2

模擬試験（もぎしけん）

第1～2回（だい　かい）

ข้อสอบฉบับทดลอง

Thi thử

Simulasi Ujian

第１回　模擬試験

問題１　（　　　）に入れるのに最もよいものを、１・２・３・４から一つえらびなさい。

1 電車の中で寝ていて、（　　　　）しまったので、次の駅でおりて戻った。

1　乗り換（か）えて　　2　乗り過（す）ごして　　3　乗り間違（まちが）えて　　4　乗り遅（おく）れて

2 彼はよくうそを（　　　　）ので、周りの人は彼のことを信じていない。

1　話す　　2　作る　　3　吐（は）く　　4　つく

3 田中さんとはずっといっしょでしたが、さっき駅で（　　　　）ました。

1　別れ　　2　はなれ　　3　分け　　4　切られ

4 この機械はこわれやすいので、（　　　　）に運んでください。

1　貴重（きちょう）　　2　重要（じゅうよう）　　3　慎重（しんちょう）　　4　体重

5 台風が近づいているので、これから雨が（　　　　）なりそうだ。

1　つらく　　2　激しく　　3　きびしく　　4　苦しく

6 うちの犬は、普段（ふだん）はほえないが、知らない人が家に来ると、（　　　　）ほえ出す。

1　さっそく　　2　やっと　　3　ついに　　4　とたんに

7 引っ越しをするときは、（　　　　）な手続きがたくさんある。

1　不安　　2　面倒（めんどう）　　3　苦手　　4　退屈（たいくつ）

8 タオルが乾（かわ）いたら、（　　　　）で引き出しに入れてください。

1　たたん　　2　おっ　　3　ほし　　4　むすん

9 （　　　　）が出て止まらないときは、これを飲むといいですよ。

1　せき　　2　ねつ　　3　めまい　　4　うがい

10 休みがとれなくなったので、旅行の予約を（　　　　）した。

1　クリーニング　　2　メイク　　3　セット　　4　キャンセル

11 きのうの風で、桜の木の枝が（　　　　）しまった。

1　枯(か)れて　　2　取って　　3　折れて　　4　散(ち)って

問題2　＿＿＿に意味が最も近いものを、１・２・３・４から一つえらびなさい。

12 最後に、ねぎを刻(きざ)んで豆腐(とうふ)の上にかけてください。

1　洗って　　2　揚(あ)げて　　3　炒(いた)めて　　4　小さく切って

13 人間の体は、特別な運動をしなくてもエネルギーを消費(しょうひ)する。

1　生(う)む　　2　減(へ)る　　3　使う　　4　作る

14 あの学生は、学校ではおとなしい。

1　背が高い　　2　静か　　3　年が多い　　4　頭がいい

15 彼女は私の同僚(どうりょう)です。

1　一緒(いっしょ)に働く人
2　一緒に暮(く)らす人
3　一緒に勉強する人
4　一緒に遊ぶ人

16 春になったので、庭の畑(はたけ)に花の種(たね)をまいた。

1　入れた　　2　置いた　　3　植えた　　4　埋(う)めた

問題３　つぎのことばの使い方として最もよいものを、一つえらびなさい。

17 はやる

1　30分寝坊(ねぼう)したので、はやって学校へ行った。
2　電車の中に携帯(けいたい)電話を忘れて、はやってしまった。
3　予定が変わったときは、はやって連絡してください。
4　大学生のころ、この歌がはやっていて、私もCDを買った。

18 運賃(うんちん)

1　この小包の東京までの運賃はいくらですか。
2　海外に荷物を送る場合、船は飛行機より時間がかかるが、運賃が安い。
3　バスの運賃は、降りるときに払ってください。
4　運賃がかからないので、この書類はメールで送ろう。

19 新鮮(しんせん)

1　あのスーパーは、いつも新鮮な野菜を置いている。
2　毎年４月になると、新鮮な社員が会社に入って来る。
3　久しぶりにそうじをしたので、部屋が新鮮になった。
4　前のものが壊れてしまったので、新鮮なパソコンを買いました。

20 やわらかい

1　寒くなってきたので、クーラーの温度をやわらかくした。
2　この問題はやわらかかったので、すぐにわかった。
3　私は体がやわらかいので、すぐに風邪をひく。
4　水の量(りょう)を間違(まちが)えて炊(た)いたので、ごはんが少しやわらかくなってしまった。

21 わざと

1　私は生まれたときからわざと、この町に住んでいる。
2　こんな遠くまでわざと来てくださり、ありがとうございます。
3　先生を困らせようと、わざと変な答えを言った。
4　６年もかかったが、わざと大学を卒業することができた。

第2回　模擬試験

問題1　（　　　　）に入れるのに最も良いものを、1・2・3・4から一つえらびなさい。

1 娘は、高校生になってから（　　　　）に興味を持つようになった。

1　無地（むじ）　　2　派手（はで）　　3　地味　　4　おしゃれ

2 私の国では、数年前から少子化（しょうしか）が（　　　　）。

1　高くなっている　　2　上がっている
3　進んでいる　　4　増えている

3 昨夜の（　　　　）はとても大きく、家が激しく揺（ゆ）れた。

1　火事　　2　地震（じしん）　　3　洪水（こうずい）　　4　停電（ていでん）

4 母は、20年勤めた会社を（　　　　）して、ダンス教室を始めた。

1　就職（しゅうしょく）　　2　転職（てんしょく）　　3　入社　　4　退社

5 彼は学校に来ても、（　　　　）ばかりで、授業をほとんど聞いていない。

1　サボって　　2　居眠（いねむ）りして　　3　寝坊（ねぼう）して　　4　カンニングして

6 彼は来月から部長になり、20人の（　　　　）を持つことになる。

1　部下　　2　上司（じょうし）　　3　同僚（どうりょう）　　4　後輩（こうはい）

7 ホテルに到着したら、まず、ロビーで今後の（　　　　）の確認（かくにん）をします。

1　サービス　　2　スケジュール　　3　キャンセル　　4　サイン

8 日本へ来るときは、家族みんなが（　　　　）くれました。

1　出迎えて　　2　見送って　　3　配達して　　4　出して

9 妹は（　　　　）な性格（せいかく）で、旅行の準備を出発の日の朝にしていた。

1　まじめ　　2　正直　　3　のんき　　4　けち

10 だいぶ人も集まったので、（　　　　）始めましょうか。

1　ぎりぎり　　2　そろそろ　　3　だんだん　　4　まあまあ

11 街を歩いていていたら、突然（とつぜん）、知らない人に（　　　　）られた。

1　確かめ　　2　待ち合わせ　　3　問い合わせ　　4　話しかけ

問題２　＿＿＿＿に意味が最も近いものを、１・２・３・４から一つえらびなさい。

12 彼は、父の手術が無事終わったと聞いて、<u>ほっとした</u>。

1　緊張（きんちょう）した　　2　安心した　　3　驚いた　　4　肩を落とした

13 風邪（かぜ）、よくならないね。一度、<u>診察（しんさつ）して</u>もらったほうがいいんじゃない？

1　かんさつして　　2　うけて　　3　みて　　4　かんびょうして

14 弟は、小学校のとき、絵の<u>大会</u>で賞をもらったことがある。

1　コンクール　　2　コンサート　　3　サークル　　4　セット

15 午後になって、雨が<u>上がった</u>。

1　やんだ　　2　ひどくなった　　3　終わった　　4　強くなった

16 帰りは、タクシーを<u>拾（ひろ）って</u>帰るから、大丈夫です。

1　つかまえて　　2　もうしこんで　　3　みかけて　　4　とって

問題３　つぎのことばの使い方として最もよいものを、一つえらびなさい。

17 冷やす

1　中学校のときは、同級生に冷やされた。
2　パーティーの前に、飲み物は、よく冷やしておいてください。
3　大切な本ですから、雨で冷やさないようにしてください。
4　そのスープ、熱いよ。少し冷やしてから飲んで。

18 まとめる

1　私の先輩は宇宙の研究をしていて、先日、新しい星をまとめた。
2　今学期は、15単位をまとめるつもりだったが、10単位も落としてしまった。
3　これまでの研究結果をまとめて、論文を書いた。
4　友人が遊びに来るので、部屋をまとめた。

19 気温

1　ちょっと熱があるかもしれませんね。気温を測ってみましょう。
2　ちょっとお湯の気温を計ってみて。熱すぎると思うんだけど。
3　明日は今日に比べて、気温が５度ほど下がって、涼しくなります。
4　日本の６月は雨が多く、気温も多い。

20 発展する

1　工業化が進んで、この国は、これからますます発展するだろう。
2　子どもの体は、発展するのがとても早い。
3　このまま地球温暖化が発展したら、どうなるのだろうか。
4　最近、郊外の人口がどんどん発展してきた。

21 真っ青

1　毎日、宿題をしてこない学生に対して、先生は、真っ青になって、怒った。
2　火の強さを調節しなかったから、魚を真っ青にこがしてしまった。
3　初めて行ったスキー場は、真っ青だった。今でも忘れられない景色だ。
4　祖父は、気分が悪いと言いながら、真っ青な顔をして倒れた。

語彙さくいん

え

お

か

き

く

け

こ

さ

し

す

せ

て

と

な

N3 げんごちしき（もじ・ごい） かいとうようし

見本（みほん）

受験番号 Examinee Registration Number	

名前 Name	

〈ちゅうい Notes〉

1. くろいえんぴつ（HB、No.2）でかいてください。
   Use a black medium soft (HB or No.2) pencil.
2. かきなおすときは、けしゴムできれいにけしてください。
   Erase any unintended marks completely.
3. きたなくしたり、おったりしないでください。
   Do not soil or bend this sheet.
4. マークれい Marking examples

よい Correct	わるい Incorrect
●	⊘ ◌ ◯ ⊙ ⊖ ⦶ ◍

問題1				
1	①	②	③	④
2	①	②	③	④
3	①	②	③	④
4	①	②	③	④
5	①	②	③	④
6	①	②	③	④
7	①	②	③	④
8	①	②	③	④
問題2				
9	①	②	③	④
10	①	②	③	④
11	①	②	③	④
12	①	②	③	④
13	①	②	③	④
14	①	②	③	④

問題3				
15	①	②	③	④
16	①	②	③	④
17	①	②	③	④
18	①	②	③	④
19	①	②	③	④
20	①	②	③	④
21	①	②	③	④
22	①	②	③	④
23	①	②	③	④
24	①	②	③	④
25	①	②	③	④

問題4				
26	①	②	③	④
27	①	②	③	④
28	①	②	③	④
29	①	②	③	④
30	①	②	③	④
問題5				
31	①	②	③	④
32	①	②	③	④
33	①	②	③	④
34	①	②	③	④
35	①	②	③	④

N3 語彙 第1回模擬試験 解答用紙

問題 1				
1	①	②	③	④
2	①	②	③	④
3	①	②	③	④
4	①	②	③	④
5	①	②	③	④
6	①	②	③	④
7	①	②	③	④
8	①	②	③	④
9	①	②	③	④
10	①	②	③	④
11	①	②	③	④

問題 2				
12	①	②	③	④
13	①	②	③	④
14	①	②	③	④
15	①	②	③	④
16	①	②	③	④

問題 3				
17	①	②	③	④
18	①	②	③	④
19	①	②	③	④
20	①	②	③	④
21	①	②	③	④

N3 語彙 第2回模擬試験 解答用紙

問題 1				
1	①	②	③	④
2	①	②	③	④
3	①	②	③	④
4	①	②	③	④
5	①	②	③	④
6	①	②	③	④
7	①	②	③	④
8	①	②	③	④
9	①	②	③	④
10	①	②	③	④
11	①	②	③	④

問題 2				
12	①	②	③	④
13	①	②	③	④
14	①	②	③	④
15	①	②	③	④
16	①	②	③	④

問題 3				
17	①	②	③	④
18	①	②	③	④
19	①	②	③	④
20	①	②	③	④
21	①	②	③	④

●著者

森本　智子（もりもと　ともこ）

広島大学教育学部日本語教育学科卒業。元広島 YMCA 専門学校専任講師。

松田　佳子（まつた　よしこ）

広島大学大学院教育学研究科（博士課程前期）修了。タマサート大学、金沢大学留学生センターを経て、現在、大阪大学国際教育交流センターで非常勤講師。

高橋　尚子（たかはし　なおこ）

広島大学教育学部第三類日本語教育系コース卒業。チェンマイラチャパット大学で専任講師を務めた後、編集者として日本語教材の制作に携わる。現在、熊本外語専門学校専任講師。

DTP　オッコの木スタジオ
レイアウト　ポイントライン
カバーデザイン　滝デザイン事務所
カバーイラスト　©iStockphoto.com/Colonel
イラスト　白須道子
翻　訳　Sirinud Kucharoenphaibul ／ Acthara Aungtrakul ／ Duong Thi Hoa ／ Kartika Handayani Ambari ／ Erna Setyaningsih

本書へのご意見・ご感想は下記 URL までお寄せください。
https://www.jresearch.co.jp/contact/

タイ語・ベトナム語・インドネシア語版
日本語能力試験問題集　N３語彙スピードマスター

令和２年（2020 年）２月 10 日　初版第１刷発行
令和３年（2021 年）７月 10 日　　　　第２刷発行

著　者　森本智子／松田佳子／高橋尚子
発行人　福田富与
発行所　有限会社 Ｊリサーチ出版
〒 166-0002
東京都杉並区高円寺北 2-29-14-705
電話　03(6808)8801（代）　FAX　03(5364)5310
編集部　03(6808)8806
https://www.jresearch.co.jp
印刷所　株式会社　シナノ パブリッシング プレス

ISBN 978-4-86392-470-3

日本語能力試験問題集　Ｎ３語彙スピードマスター

解答・例文の訳

เฉลย, แปลประโยคตัวอย่าง

Đáp án, Dịch câu ví dụ

Jawaban, Terjemahan Contoh Kalimat

解答（かいとう）

●ドリル

ユニット１　時間
１）①c　②e　③d　④b
２）①e　②c　③a　④b

ユニット２　家族・友人
１）①d　②a　③c　④b
２）①b　②e　③a　④c

ユニット３　食べる・飲む
１）①味わう　②かじっ　③なめ　④か（噛）ま
２）①c　②d　③b　④e

ユニット４　料理・味
１）①あ（揚）げ　②きざ（刻）ん　③そそ（注）い　④ゆで
２）①c　②e　③d　④b

ユニット５　レストラン
１）①取り消　②サービスし　③外食する　④す（済）ま
２）①b　②e　③c　④d

ユニット６　毎日の生活
１）①セットする　②かわい　③く（暮）らし　④落ち
２）①きがえ　②かたづけ　③やる　④かける

ユニット７　電車
１）①d　②c　③e　④a
２）①c　②d　③a　④b

ユニット８　飛行機・バス・車
１）①とうちゃく（到着）　②つか（捕）まら　③あず（預）ける　④出迎え
２）①c　②a　③b　④e

ユニット９　家
１）①c　②b　③a　④d
２）①e　②a　③d　④b

ユニット10　街
１）①のぞいて　②ふんいき（雰囲気）がいい　③にぎわっ　④ぶらぶらして
２）①c　②a　③b　④d

ユニット11　お金・売る・買う
１）①d　②a　③e　④c
２）①b　②d　③e　④a

ユニット12　服・靴
１）①かけ　②はめ　③とっ　④ま（巻）い
２）①c　②b　③d　④e

ユニット13　色・形
１）①e　②c　③a　④d
２）①d　②c　③a　④e

ユニット14　数・量
１）①b　②d　③e　④a
２）①数え　②減らす　③はか（量）って　④増える

ユニット15　趣味・活動
１）①d　②c　③a　④e
２）①e　②a　③b　④d

ユニット16　郵便・宅配
１）①e　②d　③c　④a
２）①c　②b　③d　④e

ユニット17　人生
１）①b　②c　③e　④d
２）①e　②c　③a　④d

ユニット18　国・社会
１）①a　②b　③c　④d
２）①c　②d　③b　④e

ユニット19　産業・技術
１）①d　②a　③e　④c
２）①e　②a　③b　④c

ユニット 20　材料・道具

1）①c　②a　③d　④e

2）①c　②e　③a　④d

ユニット 21　自然①

1）①e　②a　③b　④d

2）①e　②d　③c　④a

ユニット 22　自然②

1）①まく　②ち（散）って　③か（枯）れて　④なる

2）①c　②e　③a　④d

ユニット 23　体・健康

1）①b　②a　③c　④d

2）①a　②c　③b　④e

ユニット 24　気持ち

1）①c　②d　③e　④b

2）①c　②d　③b　④a

ユニット 25　学校

1）①c　②e　③b　④a

2）①b　②a　③d　④e

ユニット 26　大学

1）①a　②b　③e　④c

2）①b　②c　③a　④d

ユニット 27　仕事・職業

1）①e　②d　③c　④b

2）①おうぼ（応募）　②通勤する　③たんとう（担当）し　④かせぎ

ユニット 28　パソコン・ネット

1）①d　②a　③c　④e

2）①プリントし　②つながら　③入力　④転送し

ユニット 29　人と人・グループ

1）①c　②d　③a　④e

2）①d　②e　③a　④c

ユニット 30　どんな人

1）①e　②c　③a　④b

2）①c　②e　③d　④a

ユニット 31　どんなもの？ どんなこと？

1）①c　②d　③e　④b

2）①b　②c　③a　④d

ユニット 32　どのように？

1）①c　②a　③e　④d

2）①a　②b　③c　④e

ユニット 33　位置・方向

1）①b　②a　③e　④c

2）①させつ（左折）し　②横切っ　③迷わ　④そ（沿）って

ユニット 34　擬音語・擬態語①

1）①e　②b　③a　④c

2）①a　②d　③c　④b

ユニット 35　擬音語・擬態語②

1）①a　②c　③b　④e

2）①d　②b　③e　④c

ユニット 36　複合動詞①

1）①だ（抱）き合って　②取り上げ　③買いか（換）え　④忙しすぎて

2）①食べ始め　②降り出　③持ち上げ　④かけ直す

ユニット 37　複合動詞②

1）①通りす（過）ぎ　②聞き取れ　③取り付け　④出迎え

2）①読み終わっ　②話しかけ　③見落とし　④歩き回った

ユニット 38　基本動詞①

1）①かけて　②出　③ついて　④とり

2）①ついている／つく　②かける　③とり　④入れ

ユニット 39　基本動詞②

1）①して　②たて　③あっ　④できる

2）①きい　②する　③あがっ　④できる

ユニット 40　「〜する」の形の動詞①

1）①きんちょう（緊張）し　②仲直り　③感謝し　④約束し

2）①協力す　②混雑し　③感心　④反省し

ユニット 41　「～する」の形の動詞①

1）①利用し　②連らく（絡）し　③比かく（較）し　④合計し

2）①記入し　②管理　③禁止さ　④せん（宣）伝され

ユニット 42　カタカナ語

1）①a　②e　③d　④c

2）①オープンし　②ノックし　③セットする　④インタビュー

ユニット 43　慣用句

1）①c　②e　③a　④d

2）①気が合う　②気がした　③気に入っ　④気になっ

ユニット 44　言葉のいろいろな形

1）①近づけ　②広げる　③悲しむ　④痛む

2）①d　②b　③c　④a

ユニット 45　言葉を作る一字

1）①c　②b　③e　④d

2）①c　②a　③e　④d

●第１回実戦練習（ユニット１～15）

【問題１】

①4　②2　③3　④2　⑤1　⑥4　⑦3　⑧1　⑨3　⑩4

【問題２】

①2　②4　③3　④1

【問題３】

①4　②3　③2

●第２回実戦練習（ユニット16～30）

【問題１】

①2　②2　③2　④4　⑤1　⑥4　⑦2　⑧3　⑨1　⑩2

【問題２】

①1　②2　③2　④2

【問題３】

①2　②3　③4

●第３回実戦練習（ユニット31～45）

【問題１】

①2　②1　③3　④4　⑤4　⑥1　⑦4　⑧1　⑨2　⑩2

【問題２】

①2　②4　③3　④1

【問題３】

①2　②1　③4

●模擬試験の答え

【第１回】

問題 1	
1	2
2	4
3	1
4	3
5	2
6	4
7	2
8	1
9	1
10	4
11	3
問題 2	
12	4
13	3
14	2
15	1
16	3
問題 3	
17	4
18	3
19	1
20	4
21	3

【第２回】

問題 1	
1	4
2	3
3	2
4	4
5	2
6	1
7	2
8	2
9	3
10	2
11	4
問題 2	
12	2
13	3
14	1
15	1
16	1
問題 3	
17	2
18	3
19	3
20	1
21	4

UNIT 1

① เพราะว่าเป็นปลายเดือน
วันนี้ธนาคารท่าทางคนจะแน่นแน่เลยนะ

② เพราะว่าสัปดาห์นี้ยุ่ง
คำตอบขอเป็นต้นสัปดาห์หน้าได้ไหม

③ “อนาคตอยากทำงานแบบไหน”
“อยากทำงานการค้าขายระหว่างประเทศ”

④ “อืม ช่วงส่งท้ายปีเก่าต้อนรับปีใหม่ ร้านเปิดไหมคะ” “ค่ะ
เพราะว่าที่นี่ไม่หยุดตลอดทั้งปีค่ะ”

⑤ ช่วงต้นเดือนหน้า กำหนดว่าจะย้ายบ้าน

UNIT 2

① “คนนั้นคือพ่อของคุณใช่ไหม”
“ไม่ใช่ คนนั้นคือลุงของฉัน”

② “วันหยุดฤดูร้อนจะไปที่ไหนไหม”
“ไปค่ะ จะกลับบ้านเกิด”

③ ช่วงปีใหม่ วันที่ 1 ของทุกปี
ญาติจะมารวมตัวกันที่บ้านของฉัน

④ “ดูรูปนี้ซิ นี่หลานของฉัน”
“เอ๊ะ！ คุณโมริเป็นคุณตาแล้วหรอ”

⑤ “ซื้อรถเหรอ”
“ ไม่ใช่ๆ ขอยืมคนรู้จักมา”

UNIT 3

① “เพราะว่ามิโซะดีกับร่างกาย ดื่มซุปมิโซะให้เรียบร้อยนะ”
“ค่ะ ค่ะ”

② “ปวดหัวเหรอคะ” “ครับ เมื่อวานดื่มมากเกินไปหน่อย”

③ “เบียร์ ไม่ค่อยเย็นนะ” “เอาแช่ตู้เย็นอีกครั้งเถอะ”

④ “กรุณาลองอมดู เกลือนี้อร่อยมากที่เดียว”

⑤ “เพราะว่าเนื้อนี้แพงมาก กรุณาชิมรสชาติดีๆ” “เข้าใจละ”

UNIT 4

① “ปลานี่มันไหม้นิดหน่อยนะ”
“ตรงที่ไหม้อย่ากินดีกว่านะ เพราะมันไม่ดีต่อร่างกาย”

② เพราะว่าต้มมานานพอสมควร ผักก็เลยนิ่มแล้ว

③ “ขนมนี้ใช้น้ำมันทอดรึเปล่า”
“ ไม่ใช่ แค่ปิ้งเฉยๆ”

④ ชานี้ร้อนมาก กรุณาทำให้เย็นก่อนแล้วค่อยดื่ม

⑤ พอปอกเปลือกมันฝรั่งเสร็จแล้วก็หั่นเป็นชิ้นเล็กๆ
แล้วนำไปผัดกับเนื้อหมู

UNIT 5

① “เนื่องจากวันนี้ไม่สามารถไปได้
จึงอยากจะขอยกเลิกนัดน่ะค่ะ” “รับทราบค่ะ”

② “จานนี้ ขอเก็บได้ไหมคะ” “ค่ะ รบกวนด้วยค่ะ”

③ “มีที่นั่งที่สูบบุหรี่ได้ไหมครับ” “ขอประทานโทษด้วยค่ะ
ทุกที่เป็นที่นั่งงดสูบบุหรี่ค่ะ”

④ “คิดเงินรวมด้วยกันไหมคะ” “ไม่ค่ะ แยกกัน”

⑤ “เอาอย่างไรดี จะกินที่นี่แล้วไปไหม” “เพราะว่าไม่สามารถ
(กิน)อย่างช้าๆ ได้ สั่งกลับบ้านแล้วกัน”

UNIT 6

① ช่วงบ่ายมีธุระ ก็เลยจะออกไปข้างนอกหน่อย

② กรุณาแยกขยะก่อนทิ้ง ขยะที่รีไซเคิลได้ทิ้งตรงนี้

③ “คุณทำงานอะไร ? ”
“ทำงานบริษัทท่องเที่ยว”

④ “อาทิตย์นี้ฝนตกบ่อยจังเลยนะ”
“ใช่ ตากผ้าไม่ได้ กำลังลำบากอยู่เลย”

⑤ ดูท่าทางคุณเหนื่อยๆ กรุณานอนพักผ่อนให้เพียงพอด้วย

UNIT 7

① “มาสายนะ””ขอโทษค่ะ นั่งเลยสถานีที่จะลงไป”

② “รถไฟเที่ยว 11 นาฬิกาน่ะค่ะ
ถ้าออกไปตอนนี้จะทันเวลาไหมคะ” “อืม เฉียดฉิวนะ”

③ “จองที่นั่งที่ระบุหมายเลขได้ไหม” “ไม่ได้
เพราะว่าเต็มหมด ก็เลยจะไปด้วยตั๋วที่ไม่ได้ระบุที่นั่ง”

④ “เมื่อวาน ไม่ได้กลับบ้านเหรอ” “ใช่
เนื่องจากขึ้นไม่ทันรถไฟเที่ยวสุดท้าย เลยพักที่บ้านเพื่อน”

⑤ ท่านที่จะเปลี่ยนไปขึ้นรถไฟใต้ดิน
ขอความกรุณาใช้ทางเดินประตูทิศเหนือ

UNIT 8

① “จะลงรถที่ป้ายที่เท่าไร”
“รอเดี๋ยวนะกำลังดูเส้นทางเดินรถอยู่
……..ลงป้ายถัดไปจากป้ายหน้า”

② “เครื่องบินเที่ยวนี้บินตรงใช่ไหม”
“ไม่ใช่ เที่ยวบินนี้จะไปแวะที่กรุงโซลก่อน”

③ “รถบัสไปที่ว่าการอำเภอคือรถคันไหน”
“รถคันที่จอดอยู่ตรงนั้น”

④ “ค่าโดยสารจ่ายตอนไหน”
“กรุณาหยอดค่าโดยสารลงกล่องตอนที่จะลงรถ”

⑤ ตอนจะขึ้นรถกรุณาหยิบตั๋วบัตรคิวด้วย

UNIT 9

① ของหรูหราแบบนี้ ไม่มีทางได้ขึ้นโต๊ะอาหารบ้านเรา

② “ไดร์เป่าผมอันนี้สามารถใช้ในต่างประเทศได้ไหมคะ”
“ถ้าปลั๊กแบบเดียวกันสามารถใช้ได้ค่ะ”

③ จากระเบียงมองเห็นภูเขาไฟฟูจิด้วยเหรอคะ ดีจังเลยนะคะ

④ เพราะว่าคุณยะมะดะชอบดอกไม้มาก ไปเยี่ยมบ้านทุกครั้ง
จะประดับไว้ที่ทางเข้าบ้านหรือห้องนั่งเล่นเสมอ

⑤ เนื่องจากบ้านเป็นแมนชั่นเก่า จึงไม่ได้เป็นล็อคอัตโนมัติ
กรุณาเดินมาที่นี่โดยตรง

UNIT 10

① เมื่อวานเห็นอาจารย์ที่แถวๆ หน้าสถานีรถไฟ
อาจารย์ไปกับครอบครัว

② เพราะว่าเดินอยู่ท่ามกลางคนเยอะตลอด รู้สึกเหนื่อยมากๆ
อยากกลับบ้านเร็วๆ

③ "เหมือนที่คิดไว้เลย เสาร์อาทิตย์มีคนผ่านไปผ่านมาเยอะแยะ" "ใช่
โดยเฉพาะแถวนี้คึกคักมาก"

④ “ใกล้ๆ แถวนี้คงไม่มีธนาคารใช่มั้ย”
“ถ้าเป็นตู้เอทีเอ็มตรงใกล้ๆ นี้มีร้านสะดวกซื้ออยู่นะ”

⑤ เพราะว่าแถวนี้เป็นย่านสำนักงาน
ตอนกลางวันก็จะมีพนักงานบริษัทเต็มไปหมด

UNIT 11

① “เครื่องขายของอัตโนมัตินี้ใช้ธนบัตรได้ไหมคะ” “ไม่ได้
ใช้ได้แค่เหรียญ 100 เยน กับ เหรียญ 10 เยน เท่านั้นค่ะ”

② “แถวที่ต่อกันอยู่ตรงโน้นคือแถวอะไรคะ”
“คือว่าตั้งแต่วันนี้เริ่มลดราคาน่ะ”

③ “ราคานี้รวมภาษีมูลค่าเพิ่มแล้วหรือยังคะ” “ค่ะ
รวมไว้แล้วค่ะ”

④ “จะชำระเงินโดยวิธีไหนคะ” “ชำระด้วยบัตรค่ะ”

⑤ ร้านตรงโน้น ถ้าซื้อจำนวนมากจะลดราคาให้

UNIT 12

① "คุณเอผูกเนคไทตอนไปทำงานรึเปล่าคะ" "ครับ
เพราะว่าเป็นระเบียบบริษัท"

② (ห้องลองเสื้อ)
“ลูกค้าคะ ลองแล้วเป็นยังไงบ้างคะ”
“เอวดูจะคับนิดหน่อย”

③ “คนนั้นคือภรรยาของหัวหน้าฝ่ายซูซูกินะ”
“ ดูสง่างามมากเลย”

④ “ดูซิ ซื้อเสื้อผ้ามาใหม่ด้วยนะ”
“อืม มันไม่ดูฉูดฉาดไปหน่อยเหรอ”

⑤ เพราะกระเป๋าใบนี้ดีไซน์สวยแล้วก็ใส่ของได้มากก็เลยถูกใจฉัน

UNIT 13

① “หน้าซีดเซียว กลับก่อนไม่ดีเหรอ” “อืม กลับก่อนนะ”

② (ที่ร้านค้า) “เพราะว่าเสื้อเชิ้ตตัวนี้ไม่มีลวดลาย
เข้ากับอะไรง่ายนะคะ” “แต่ เรียบไปนิดนึงนะ”

③ (ที่ร้านค้า) “อืมมม ฉูดฉาดไปหน่อย” “ถ้าเช่นนั้น
ลายดอกไม้อันนี้ เป็นอย่างไรคะ”

④ “ถ้วยแบบไหนดี” “ไม่มีภาพหรือลวดลายดีกว่า
ชอบแบบเรียบๆ”

⑤ “โต๊ะตัวนี้ ความยาวพอดีเลยไม่ใช่เหรอ”
“แต่คิดว่าทรงกลมเก๋กว่านะ”

UNIT 14

① "ช่วยนับจำนวนคนที่มาเข้าร่วมงานในวันนี้หน่อย" "ได้ค่ะ"

② พิธีกร : ถ้าอย่างนั้น กำหนดว่าใครจะเป็นคนจับเวลา แล้วให้คุยกันเป็นกลุ่ม 5 นาทีเริ่มตั้งแต่ตอนนี้

③ "กระเป๋าเดินทางใบนี้ประมาณกี่กิโลกันนะ" "ก็ลองชั่งด้วยเครื่องชั่งน้ำหนักดูซิ"

④ (แจ้งให้ทราบ) เด็กอายุต่ำกว่า 3 ปี ไม่เสียค่าเข้า

⑤ "ที่ทำงานใหม่เป็นยังไงบ้าง" "ก็เริ่มจะคุ้นเคยแล้วพอสมควร"

UNIT 15

① "งานอดิเรกคืออะไรเหรอ? " "ไปโรงยิมเคลื่อนไหวร่างกายนะ และยังได้รู้จักกับคนมากมาย ดีด้วย"

② "กำลังเรียนเต้นรำฟลาเมงโกเหรอ" "ใช่ เดือนหน้าจะไปเข้าแข่งขัน วันนี้หลังจากนี้ก็จะซ้อมด้วย"

③ "นี่ คราวหน้าลองเข้าร่วมเป็นอาสาสมัครเล่นกับเด็กไหม" "ฉันไม่ค่อยถนัดเรื่องเด็กน่ะ"

④ (การแนะนำ) ที่เทศบาลกำลังเปิดคอร์สเรียนหลายอย่าง เช่น ภาษาต่างประเทศ คอมพิวเตอร์ ทำอาหาร เต้นรำ ว่ายน้ำ

⑤ (การอธิบายการท่องเที่ยว) โรงแรมแบบญี่ปุ่นที่จะพักครั้งนี้มีบ่อน้ำพุร้อนด้วย และยังสามารถสนุกสนานกับคาราโอเกะและโบว์ลิ่งด้วย

UNIT 16

① "สัมภาระจะส่งไปที่บ้านหรือจะถือกลับไปเอง" "ไม่ได้หนักมาก เดี๋ยวเอากลับไปเอง"

② เจ้าหน้าที่ : กรุณากรอกชื่อและที่อยู่ที่จะให้นำของไปส่งในกระดาษนี้

③ ถ้าส่งไปรษณียภัณฑ์ทางอากาศจะเสียค่าใช้จ่ายเท่าไร

④ "ควรจะส่งเป็นไปรษณีย์ด่วนดีกว่าไหม" " ไม่ต้องหรอก ส่งเป็นไปรษณีย์ธรรมดาก็ได้"

⑤ คนส่งของ : มีของมาส่งครับ ช่วยประทับตราประจำตัวตรงนี้ด้วย

UNIT 17

① (คำกล่าว) ทั้งสองคนมาพบกันเพราะพรมลิขิต หลังจากนั้นก็ได้ยินว่าเริ่มคบหากันอย่างรวดเร็ว

② "เรื่องที่อาจารย์ฮะยะชิเสีย ตกใจอย่างมาก" "ใช่ เพราะว่า (อาจารย์) ดูแลเรามาอย่างดีตลอดเลยนะ"

③ ฉันเกิดที่โตเกียว แต่เติบโตที่ฮอกไกโด

④ เพื่อที่จะทำความฝันที่จะสร้างหุ่นยนต์ให้เป็นจริง เขาจึงเข้าทำงานในบริษัทนั้น

⑤ สักวันหนึ่งก็อยากจะแยกตัวออกมาเพื่อมีร้านของตัวเอง

UNIT 18

① ตอนยังหนุ่มๆ สาวๆ ก็คิดว่าอยากจะออกไปอยู่ที่เมืองใหญ่ แต่พออายุมากขึ้นก็อยากจะใช้ชีวิตสบายๆ ที่ชนบท

② "การขอบัตรประจำตัวคนต่างชาติสามารถทำได้ที่ไหน" " สามารถทำได้ที่ที่ว่าการอำเภอนะ"

③ "สุดสัปดาห์นี้มีเลือกตั้งนายกเทศมนตรีซินะ" "พูดแล้วก็นึกขึ้นได้ เมื่อวานมีผู้สมัครปราศรัยหาเสียงอยู่ที่หน้าสถานีรถไฟด้วย"

④ (ข่าว) รัฐบาลได้ประกาศแผนดำเนินงานเศรษฐกิจ 5 ปีฉบับใหม่

⑤ เกิดการฆ่าตัวตายที่สาเหตุเกิดจากการกลั่นแกล้งอีกแล้ว เป็นปัญหาที่รุนแรงจริงๆ

UNIT 19

① (ที่โรงงาน) ของที่ประกอบเสร็จแล้ว กรุณาขนย้ายมาทางนี้

② เพื่อนของฉันบอกว่า หลังจากนี้ไม่กี่ปีจะลาออกจากบริษัทแล้วอยากไปเริ่มทำเกษตรกรรม

③ (ที่โรงงาน) เอ๊ะ ทั้งๆ ที่กดปุ่มหยุดทำงานแล้ว แต่ไม่หยุด เสียหรือเปล่า

④ คุณฮะยะชิเข้าร่วมทีมโครงการพัฒนาผลิตภัณฑ์ที่มุ่งเน้นขายต่างประเทศ

⑤ การพัฒนาพลังงานชีวภาพกำลังดำเนินอยู่ ในฐานะที่เป็นพลังงานใหม่พลังงานหนึ่งที่แทนที่น้ำมันปิโตรเลียม

UNIT 20

① เวลาใช้น้ำมันระวังด้วยนะ ถ้าน้ำมันติดไฟแย่แน่เลย

② อันนั้นหน่ะ ใช้คัตเตอร์ตัดน่าจะตัดได้สวยงามกว่าใช้กรรไกรนะ

③ ของที่จะใช้สำหรับบาร์บีคิวพรุ่งนี้ต้องเตรียมมีดทำครัว เขียง แล้วก็จานพลาสติกกับแก้วน้ำกระดาษ

④ “หมึกเครื่องปริ้นเตอร์อยู่ตรงไหนเหรอ” “คิดว่าอยู่ในกล่องกระดาษลูกฟูกที่อยู่ตรงนั้นนะ”

⑤ สงสัยถ่านจะหมด รีโมทใช้ไม่ได้เลย

UNIT 21

① “ร้อนอบอ้าวทุกวันเลยนะ” “ปีนี้สภาพอากาศผิดปกติ อยากให้เย็นขึ้นเร็วๆนะ”

② วัตถุประสงค์ของโปรแกรมนี้คือการได้รับประสบการณ์หลากหลายท่ามกลางธรรมชาติ

③ “แผ่นดินไหวเมื่อเช้านี้ ใหญ่นะ ได้ยินว่าระดับ 4” “เพราะว่าค่อนข้างไหวเลยทีเดียวนะ”

④ (พยากรณ์อากาศ) พรุ่งนี้จะมีแดดแรง อุณหภูมิสูงขึ้นอย่างมาก คาดว่าจะเกิน 30 องศา

⑤ อุ้ย ฟ้าร้อง ท่าทางฝนจะตกในไม่ช้า

UNIT 22

① ดอกซากุระร่วงหล่นไปมากเพราะฝนที่ตกตอนสุดสัปดาห์

② จากที่ชาวสวนบอก การเก็บเกี่ยวแอปเปิ้ลปีนี้ได้ผลผลิตน้อยเพราะผลกระทบจากไต้ฝุ่น

③ หญ้าขึ้นมาตอนไหนไม่รู้เต็มไปหมดเลย จะต้องรีบตัดแล้ว

④ กาเป็นนกที่ฉลาด ชอบสังเกตพฤติกรรมของมนุษย์

⑤ แม่อายุมากขึ้น ก็เลยเริ่มจะเหนื่อยเวลาต้องไถนาหรือดำนา

UNIT 23

① ตอนนี้ หวัดกำลังระบาด ตอนที่จะออกไปข้างนอกพยายามสวมใส่หน้ากากอนามัย

② คิดว่าหวัดหรือเปล่า ก่อนอื่นกรุณา (หาเวลา) นอนพักฟื้นมาเป็นอันดับแรกนะ

③ การลดน้ำหนักอย่างยากลำบากโดยการควบคุมอาหารนั้น ไม่ดีต่อร่างกายนะ

④ ป็นไข้หรือเปล่าไม่รู้ ตั้งแต่เมื่อเช้าร่างกายเมื่อยล้านิดหน่อย

⑤ ตอนที่รู้สึกเครียดจากงาน จะไปรับประทานอาหารกับเพื่อนหรือพูดคุยบ้าง

UNIT 24

① “เฮ้อ….” “เอาแต่ถอนหายใจ เดี๋ยวความสุขก็หนีไปหมดหรอก”

② ตอนดูภาพยนตร์เรื่องนี้ครั้งแรกประทับใจมากจริงๆ น้ำตาไหลออกมาไม่รู้ตัวเลย

③ “เพราะนำเสนอเป็นภาษาญี่ปุ่นครั้งแรกก็เลยตื่นเต้นมากๆ” “ซ้อมมาเยอะขนาดนั้นแล้วไม่เป็นอะไรหรอก ใจเย็นๆ”

④ “หัวหน้าฝ่าย วันนี้ดูหงุดหงิดทั้งวันเลยนะ” “ใช่ สงสัยไปเจอเรื่องอะไรที่ไม่ถูกใจมาแน่เลย”

⑤ เจ็บใจจริงๆ ทั้งๆ ที่อีกนิดเดียวก็จะชนะอยู่แล้ว

UNIT 25

① “คุณฮะระ ตอนเรียนถนัดวิชาอะไรเหรอคะ” “ภาษาญี่ปุ่นแล้วก็ภาษาอังกฤษครับ ส่วนวิทยาศาสตร์กับคณิตศาสตร์นี่ไม่ถนัดเลย”

② (ที่สถานที่สอบ) ถ้าเช่นนั้น ก่อนอื่น กรุณาเขียนชื่อและหมายเลขเข้าสอบลงในกระดาษคำตอบ

③ บางทีก็สัปหงกแต่ก็ไม่เคยโดดเรียนเลยสักครั้ง

④ อีกเพียง 2 วัน ก็จะสอบแล้วใช่ไหม การจะจำทั้งหมดนี้เป็นเรื่องที่ยากลำบาก

⑤ ได้ยินว่าอาจารย์ฮะยะชิจะมาสายนิดหน่อยเพราะอุบัติเหตุทางรถไฟ ขอให้เรียนด้วยตัวเองก่อนจนกว่าอาจารย์จะมา

UNIT 26

① “กำหนดส่งรายงานวันสุดท้ายเมื่อไรนะ” “วันที่ 25 แต่ฉันยังไม่ได้กำหนดหัวข้อเลย”

② ได้ยินว่าถ้าเลยกำหนดส่งไปแล้ว จะไม่รับเอกสารแล้ว

③ อาจารย์นากามุระสอนละเอียด จึงเป็นที่ชื่นชอบของนักเรียน

④ ตอนจะสอบเข้าปริญญาโทจะต้องมีจดหมายแนะนำจากศาสตราจารย์ก็เลยไปขอร้องอาจารย์ทานากะ

⑤ เรียนวิชาเอกศึกษาศาสตร์ตอนอยู่มหาวิทยาลัย แต่ตอนนี้ทำงานที่ไม่เกี่ยวข้องอะไรเลย

UNIT 27

① “คุณทำงานอะไรเหรอคะ”
“ทำงานธุรการอยู่ที่บริษัทเกี่ยวกับการค้าต่างประเทศค่ะ”

② งานนั้นคุณทะนะกะรับผิดชอบอยู่นะ แต่วันนี้ลา

③ ปัญหาครั้งนี้ ความรับผิดชอบเป็นของฉันทั้งหมด
ขอประทานโทษด้วยค่ะ

④ “การนั่งอยู่หน้าคอมพิวเตอร์ตลอดเวลาไม่ดีกับร่างกายนะ”
“พักบ้างจะดีกว่า”

⑤ “จะต้องคุยกันเรื่องเครื่องถ่ายเอกสารตอนที่มีการประชุมครั้งหน้านะ”
“นั่นน่ะสิ”

UNIT 28

① หาร้านที่ชาฝรั่งอร่อยเจอแล้วจากการหาทางอินเตอร์เน็ต

② “รูปนั้น ฉันขอด้วยได้มั้ย”
“ได้ซิ เดี๋ยวจะส่งไปให้ทางอีเมลนะ”

③ “เมื่อวานนี้ส่งอีเมลไปนะ”
“ขอโทษนะ ลืมตอบไปเลย ! ”

④ ต่อไปก็ให้คลิกคำว่า 「はい」
แล้วก็จะมีหน้าจอสำหรับกรอกพาสเวิร์ดปรากฏขึ้นแน่นอน

⑤ ลบไฟล์ที่ไม่จำเป็นออกไปแล้ว เพราะว่าข้อมูลเต็ม

UNIT 29

① “Jagaimo no kai ? กลุ่มนี้เค้าคือกลุ่มอะไรกันแน่นะ”
“ น่าจะเป็นกลุ่มเกี่ยวกับอาหารรึเปล่า”

② จะมาพูดแต่เรื่องของตัวเองไม่ได้นะ
ต้องคิดถึงฝ่ายตรงข้ามด้วย

③ พ่อกับแม่ฉันสนิทกันมากเลย
ถึงตอนนี้ก็ยังไปปีนเขาด้วยกันบ่อยๆ

④ “ได้ยินว่าถ้าลงทะเบียนเป็นสมาชิกตอนนี้
จะได้รับบัตรกำนัลแลกซื้อสินค้า 3000 เยนนะ”
“ เอ๊ะ คุ้มค่าดีนะ”

⑤ ตอนที่คุยกับผู้ใหญ่
ต้องระมัดระวังใช้คำพูดที่สุภาพเหมาะสมนะ

UNIT 30

① “รูปร่างดีจังเลยนะ ออกกำลังกายอะไรอยู่รึเปล่า”
“ ใช่ ว่ายน้ำอยู่”

② คิดว่าอยากจะคบหากับเธอด้วยความจริงใจจริงๆ

③ เขาไม่ได้แค่ดูดีแค่นั้นนะ แต่หัวก็ดีด้วย

④ รุ่นพี่ทานากะน่ะขี้เหนียว
ไม่เคยแม้แต่จะเลี้ยงน้ำผลไม้ซักกระป๋อง

⑤ ด้วยความจริงจังในการฝึกสอนของโค้ชโมริทำให้ทีมแข็งแกร่งขึ้นจริงๆ

UNIT 31

① คุณโมริเล่นกีต้าร์ด้วยเหรอคะ
เพราะคิดว่าไม่ค่อยสนใจดนตรี ก็เลยรู้สึกแปลกใจ

② อย่าใช้วิธีพูดกำกวมอย่างนั้น กรุณาพูดให้ชัดเจน

③ “ภาพยนตร์เรื่องนี้เป็นอย่างไร” “ไม่เลย ไม่เลย
ไม่ได้เรื่องอย่างมาก เลิกดูกลางคันเลย”

④ ช่วงวัยเด็ก หลงใหลการวิ่งไล่ตามลูกบอลมากๆ

⑤ เอ้ย พูดไปขนาดนั้นเลยเหรอ
หล่อนโกรธก็เป็นเรื่องธรรมดา

UNIT 32

① ถึงจะพูดอย่างนั้นก็เถอะ
แต่กะทันหันแบบนี้ฉันก็ตอบเลยทันทีไม่ได้หรอกนะ

② “มาร้านนี้บ่อยเหรอ”
“เป็นบางครั้งนะ”

③ ครั้งเดียวถือไปไม่หมดหรอก แบ่งขนไปหลายๆ
ครั้งกันดีกว่า

④ วันธรรมดาแท้ๆ แต่มีคนเยอะพอสมควรเลย
หรือมีงานอีเว้นท์อะไรรึเปล่านะ

⑤ ทั้งๆ ที่คุยกันอยู่ตั้งสองชั่วโมง ก็ไม่ได้ข้อสรุปอะไร

UNIT 33

① “ฮัลโหล ตอนนี้ อยู่ไหน” “ขอโทษ หลงทาง
อยู่ฝั่งตรงข้ามไปรษณีย์”

② “แถวนี้มีร้านสะดวกซื้อไหมคะ”
“เลี้ยวขวาตรงสัญญาณจราจรตรงนั้น ถึงเลยค่ะ”

③ “ถุงกระดาษใบนี้ ก้นถุงจะไม่ขาดเหรอ” “ไม่เป็นไรหรอก”

④ ถ้าออกจากประตูทางทิศเหนือของสถานีรถไฟ
จะมีร้านหนังสือเยื้องไปด้านหน้า กรุณามาตรงนั้น

⑤ (ในแท็กซี่) ตรงไปถึงสี่แยกนั้น
แล้วกรุณาจอดหน้าที่จอดรถประจำทางค่ะ

UNIT 34

① “พอคุณวันได้ยินเรื่องที่คุยกันก็ยิ้มใหญ่เลย”
“คงจะดีใจมากเลย”

② แน่นอน ตอนจะไปสัมภาษณ์จะแต่งตัวให้เรียบร้อย

③ อ่า หิวจนท้องร้องแล้ว เพราะวันนี้ไม่ได้ทานข้าวกลางวัน

④ “เอาซีดีมาให้ฉันรึเปล่า”
“ขอโทษนะ ลืมสนิทเลย พรุ่งนี้จะเอามาแน่ๆ”

⑤ “ทานเยอะๆ นะไม่ต้องเกรงใจ”
“ขอบคุณมากค่ะ ถ้าอย่างนั้นจะทานแล้วนะคะ”

UNIT 35

① “ตั้งแต่พรุ่งนี้จะไปเที่ยวโอกินาว่า ตื่นเต้นมากๆ เลย”
“จริงเหรอ น่าสนุกมาก”

② “ร้าน ยังเปิดอยู่ไหมนะ” “เพราะว่าเปิดถึง 2 ทุ่ม
ก็คงจะทันเฉียดฉิวไม่ใช่เหรอ”

③ “ถ้ากินยาแล้วนอนหลับสนิท จะดีขึ้นทันทีนะ”
“เข้าใจแล้วค่ะ”

④ “ทะเลาะกับเขา แต่ก็ได้พูดสิ่งที่อยากพูด รู้สึกปลอดโปร่ง”

⑤ ทั้งอายุทั้งอาชีพถึงจะไม่เหมือนกันเลย
แต่ทีมเราทุกคนมีความสัมพันธ์อันดี

UNIT 36

① “เกิดอะไรขึ้นเหรอ”
“เอาแผ่นซีดีออกจากคอมพิวเตอร์ไม่ได้หนะซิ”

② ลองคิดทบทวนดูอีกครั้งแล้ว
แต่ในที่สุดก็ตัดสินใจจะเลิกทำ

③ ของขวัญที่จะให้อาจารย์
พวกเราคุยปรึกษากันก่อนแล้วก็ตัดสินใจเลือก

④ เยอะมากๆ ！เยอะขนาดนี้ทานไม่หมดหรอกนะ

⑤ “ขอโทษค่ะ เขียนผิดที่ซะแล้ว”
“ถ้าอย่างนั้น กรุณาเขียนใหม่บนแผ่นใหม่ค่ะ”

UNIT 37

① “เป็นอะไร หยุดยืนกะทันหัน”
“ลืมร่มวางไว้ที่ร้านเมื่อสักครู่นี้”

② “ตอนที่จะลบอันนี้ออก ทำยังไง” “ถ้ากดปุ่ม
“ย้อนกลับ”ได้ไหม”

③ คุณฮะระพอลุกขึ้นจากเก้าอี้ ก็เดินมุ่งมาทางนี้

④ มีโรงเรียนประถมหลายแห่งที่จัดการเรียนการสอนด้วยวิธีการนี้

⑤ “เพราะว่าจะไล่ตามในทันที ไปก่อนเลย”
“เข้าใจล่ะ งั้น เดินไปช้าๆ ก่อนนะ”

UNIT 38

① ติดต่อคุณวันไม่ได้ตั้งแต่เมื่อวานแล้ว

② ตั้งแต่ออกจากมหาวิทยาลัยก็ทำงานอยู่ที่โตเกียว 3 ปี

③ ถ้าเกิดบาดเจ็บขึ้นมาตอนนี้ก็จะเข้าแข่งขันไม่ได้

④ “หายเป็นหวัดแล้วเหรอ ? ”
“ใช่ ขอโทษที่ทำให้เป็นห่วงนะ”

⑤ “วันเสาร์ไปซื้อของลดราคากันมั้ย ? ”
“ขอโทษนะ มีแผนอย่างอื่นแล้ว”

UNIT 39

① ถ้าตื่นเร็ว มีความรู้สึกเหมือนได้กำไรนิดนึง

② “เมื่อสักครู่ ข้างนอกมีเสียงดังนะ” “อืม ไปดูเดี๋ยวนะ”

③ เนื่องจากแฟ้มนี้เป็นกระดาษทั้งหมด
สามารถนำมารีไซเคิลได้เลย

④ ได้รับการให้คำปรึกษาจากอาจารย์หลายๆ เรื่อง มาตลอด

⑤ “เทศกาลจะมีเมื่อไรเหรอ” “ถ้าจำไม่ผิดคิดว่าเสาร์หน้านะ”

UNIT 40

① ถ้าปวดฟันก็ไปหาหมอฟันดีกว่า อย่าทนอยู่เลย

② “คุณฮะระเชียร์ทีมไหนเหรอคะ”
“Tokyo Gojirazu เดี๋ยวแข่งครั้งหน้าก็จะไปดูด้วยนะ”

③ “ถ้าฝนตกจะทำอย่างไร”
“ถ้าฝนตกหนักก็จะเลื่อนไปเป็นอาทิตย์ถัดไป”

④ แมนชั่นนี้เริ่มก่อสร้างเมื่อเดือนเมษายนปีที่แล้วแท้ๆ
จะเสร็จแล้วเหรอ ไวจังเลย

⑤ (ข่าว)
ทางด่วนมีการจรจรติดขัดทุกแห่งเนื่องจากรถยนต์ที่มุ่งหน้ากลับบ้านเกิด

UNIT 41

① “ทำไงดี ซื้อผิดมาเป็นไซส์ L” “ถ้าลองไปเปลี่ยนล่ะ”

② “ที่จองไว้วันพรุ่งนี้ อยากจะขอเพิ่มอีก 1 คนรวมเป็น 8 คนค่ะ” “ค่ะ ได้ค่ะ”

③ ถ้าลงทะเบียนเป็นสมาชิกบัตร ตั้งแต่การซื้อครั้งต่อไปจะสะสมคะแนนได้

④ ขอโทษนะคะ ที่จองไว้วันที่ 18 สามารถเปลี่ยนเวลาจาก 1 ทุ่มเป็น 6 โมงได้ไหมคะ

⑤ “คิดว่า บางทีวันนี้เปิดอยู่นะ” “โทรไปตรวจสอบให้แน่ใจดีกว่านะ”

UNIT 42

① ตอนที่ได้นั่งฟังเพลงที่ชอบอยู่ที่โซฟาเป็นช่วงที่ผ่อนคลายที่สุด

② วันนี้สินค้ามาส่งแล้ว แต่มันแตกต่างจากที่คิดเอาไว้

③ “จะทำยังไงดีนะ....” “คิดว่าคุณอะโอคิน่าจะมีคำแนะนำอะไรดีๆ ให้เรานะ”

④ “เสื้อเชิ้ตนี้เป็นดีไซน์เฉพาะของร้านนี้” “หรอ น่ารักจังเลย”

⑤ ทานบะหมี่กึ่งสำเร็จรูปอีกแล้วเหรอ ? ถ้าไม่ทานอาหารให้ได้สารอาหารครบถ้วนก็จะป่วยได้นะ

UNIT 43

① ต้องซื้อตู้เย็นเปลี่ยน แต่ตอนนี้ไม่มีเงินด้วย ปวดหัวเลย

② “นัดดื่มพรุ่งนี้มาได้ไหม” “อาจจะไปช้าหน่อย แต่ก็จะไปนะ”

③ “เมื่อวานอยู่ที่สำนักงานตลอดเลย” “อ้าว งั้นเหรอ ไม่ได้สังเกตเลย”

④ “อันนั้น ถ้าจะทิ้ง รู้สึกเสียดาย” “เข้าใจละ งั้นเก็บไว้ก่อน”

⑤ “ขอโทษครับ เพราะความผิดพลาดของผมจึงแพ้” “ไม่ใช่อย่างนั้นหรอก อย่าใส่ใจเลย”

UNIT 44

① ตอนนี้เปิดเครื่องปรับอากาศแล้ว รอสักครู่เดี๋ยวห้องก็น่าจะอุ่นขึ้น

② “ก็นอนตั้งเยอะแล้วแต่ก็ยังรู้สึกเหนื่อยอยู่” “น่าจะทำงานหนักเกินไปนะ”

③ ไม่รู้คอนเสิร์ตจะออกมารูปแบบไหน ตั้งหน้าตั้งตารอตั้งแต่ตอนนี้เลย

④ เพลงนี้แฝงไว้ด้วยความปรารถนาที่อยากให้โลกนี้เกิดความสงบสุข

⑤ คำพูดของเขาแปลกๆ ทำเอาทุกคนหัวเราะไม่หยุดเลย

UNIT 45

① ในการรับของนั้น เนื่องจากจำเป็นจะต้องตรวจสอบตัวจริง ขอความกรุณานำบัตรประชาชนมาด้วย

② เนื่องจากเป็นเครื่องปริ้นเตอร์ที่ใช้ในบ้าน ความเร็วในการพิมพ์จึงช้าเล็กน้อย

③ คิดว่าสักวันหนึ่งจะลาหยุดพักยาวๆ อยากจะไปท่องเที่ยวรอบโลก

④ เพราะนอนเปิดแอร์ทุกคืน ค่าไฟก็เลยแพงขึ้น

⑤ โทรศัพท์มาดึกขนาดนี้ คิดว่าไม่มีสามัญสำนึกเลย

UNIT 1

① Hôm nay là cuối tháng nên chắc ngân hàng sẽ đông.

② Tuần này tôi bận nên sang đầu tuần sau tôi trả lời có được không ạ?

③ "Tương lai em muốn làm nghề gì? "Em muốn làm việc về thương mại"

④ "Những ngày cuối năm cũ đầu năm mới (dịp tết) cửa hàng có mở cửa không ạ?" "Có, chúng tôi mở cửa quanh năm không nghỉ mà"

⑤ Tôi định chuyển nhà vào đầu tháng sau.

UNIT 2

① "Đó là bố cậu à" "Không, đó là chú tôi"

② "Nghỉ hè cậu có đi đâu không?" "Có, tôi sẽ về nhà"

③ Vào dịp Tết hàng năm họ hàng sẽ tập trung tại nhà tôi vào một ngày.

④ "Hãy xem tấm ảnh này này. Cháu nội (ngoại) tôi đấy" "Ơ, bác Mori đã lên chức ông rồi ư?"

⑤ "Cậu đã mua xe ô tô à?" "Không không, tớ mượn người quen đấy"

UNIT 3

① "Tương Miso tốt cho sức khỏe nên hãy uống canh tương Miso đầy đủ nhé" "Vâng vâng"

② "Anh bị đau đầu à?" "Vâng, hôm qua tôi lỡ uống rượu quá chén"

③ "Rượu chưa đủ lạnh nhỉ" "Để tôi cho vào tủ lạnh lần nữa"

④ Hãy liếm thử đi. Muối này ngon lắm.

⑤ "Thịt này rất đắt nên hãy thưởng thức thật thong thả nhé" "Con hiểu rồi"

UNIT 4

① "Cá này hơi bị cháy nhỉ" "Đừng ăn chỗ cháy. Không tốt cho cơ thể đâu"

② Tôi đã ninh kĩ nên rau mềm.

③ "Bánh này được rán bằng mỡ à? "Không, tôi chỉ nướng thôi"

④ "Trà này rất nóng nên hãy để nguội một chút rồi hãy uống"

⑤ Sau khi gọt vỏ khoai tây hãy thái con chì rồi xào với thịt lợn.

UNIT 5

① "Hôm nay tôi lại không đi được nữa nên tôi muốn hủy đặt trước " "Vâng thưa quý khách"

② "Xin phép cho tôi dọn đĩa này có được không ạ?" "Vâng, phiền anh"

③ "Có ghế có thể hút thuốc không?" "Xin lỗi. Tất cả đều là ghế không hút thuốc ạ"

④ "Quý vị thanh toán chung ạ?" "Không, chúng tôi trả tiền riêng từng người"

⑤ "Cậu tính sao? Ăn xong rồi mới đi nhé?" "Không có nhiều thời gian được nên ta mua mang về đi"

UNIT 6

① Buổi chiều tôi có việc nên tôi sẽ đi ra ngoài một lúc.

② Hãy phân loại rác rồi hãy vứt. Rác tái chế được vứt ở đây.

③ "Anh làm nghề gì?" "Tôi làm ở công ty du lịch"

④ "Tuần này nhiều ngày mưa nhỉ" "Ừ, tôi đang rất gay go vì không phơi được quần áo đây"

⑤ Anh có vẻ hơi mệt nên hãy cố gắng ngủ đủ.

UNIT 7

① "Anh đến muộn quá" "Xin lỗi. Tôi đi tàu bị quá điểm đến"

② "Bây giờ tôi đi thì có kịp lên tàu chuyến 11 giờ không?""Ừm, có vẻ suýt soát vừa kịp"

③ "Có đặt được ghế chỉ định không?" "Không, đã kín chỗ rồi không đặt được nên tôi sẽ đi bằng ghế tự do"

④ "Hôm qua cậu không về nhà à? "Ừ, tớ không kịp lên chuyến tàu cuối nên đã ngủ lại ở nhà bạn"

⑤ Quý khách đổi tàu sang tàu điện ngầm hãy sử dụng lối đi cửa Bắc.

UNIT 8

① ”Mình xuống ở bến xe buýt thứ mấy?” “Đợi chút. Để tớ xem sơ đồ tuyến đường....Bến sau nữa nhé”

② ”Máy bay này bay thẳng à?” “Không, quá cảnh ở Seoul”

③ ”Xe buýt nào đi đến Ủy ban thành phố?” “Xe buýt đang dừng ở kia”

④ ”Khi nào trả phí xe buýt thế?” “Khi xuống xe hãy bỏ vào hộp trả tiền”

⑤ Khi lên xe buýt hãy lấy phiếu đánh dấu chặng lên.

UNIT 9

① Món xa xỉ thế này chưa bao giờ có mặt trên bàn ăn nhà tôi.

② Máy sấy này có thể dùng được cả ở nước ngoài chứ? Nếu hình dạng ổ cắm giống thì dùng được đấy.

③ Từ ban công nhìn được núi Phú Sĩ à? Thích nhỉ.

④ Chị Yamada rất thích hoa, đến nhà chị ấy lúc nào cũng thấy cắm hoa ở phòng khách hay chỗ cởi giày sau khi vào nhà.

⑤ Nhà tôi là chung cư cũ nên không tự động khóa vì vậy hãy đi thẳng đến đây.

UNIT 10

① Hôm qua em nhìn thấy thầy ở trước ga. Thầy đang đi cùng gia đình.

② Đi bộ mãi giữa biển người mệt quá. Tôi muốn về nhà thật nhanh.

③ ”Quả là thứ bảy chủ nhật đông người qua lại nhỉ” “Ừ, đặc biệt khu này rất nhộn nhịp”

④ ”Ở gần đây không có ngân hàng nhỉ?” “Nếu là máy ATM thì ở cửa hàng tiện ích ngay kia có đấy”

⑤ Khu này là khu phố văn phòng nên buổi trưa nhiều nhân viên công sở lắm.

UNIT 11

① ”Máy bán hàng tự động này dùng được tiền giấy không?” “Không, chỉ dùng được tiền 100 yên và 10 yên thôi”

② ”Dãy xếp hàng kia là gì thế?” “Hôm nay bắt đầu khuyến mại giảm giá ấy mà”

③ ”Giá này đã bao gồm thuế tiêu dùng chưa?” “Rồi, đã bao gồm rồi”

④ ”Anh dùng phương pháp thanh toán nào?” “Tôi trả bằng thẻ”

⑤ Cửa hàng kia nếu mua nhiều sẽ được giảm giá bớt.

UNIT 12

① ”Anh A khi đi làm có thắt ca-la-vát không?” “Có, đấy là quy định của công ty rồi”

② (Tại phòng thử quần áo) “Quý khách thấy thế nào ạ?” “Phần eo hơi chật một chút”

③ ”Vị kia là vợ của trưởng phòng Suzuki đấy” “Trông thật là một người sang trọng nhỉ”

④ ”Nhìn này. Em đã mua áo mới đấy” “Ừm, hơi lòe loẹt thì phải”

⑤ Cái túi này thiết kế đẹp lại để được nhiều đồ, tôi thích nó.

UNIT 13

① “Mặt cậu xanh lét ấy. Cậu nên về nghỉ thì hơn” “Ừ tớ sẽ làm vậy”

② (Trong cửa hàng) “Cái áo sơ mi này không có hoa văn nên dễ kết hợp quần áo lắm” “Nhưng hơi giản dị nhỉ”

③ (Trong cửa hàng) “Ừm, hơi sặc sỡ quá thì phải” “Thế thì hoa văn kiểu này có được không ạ?”

④ “Cậu thích chiếc cốc thế nào?” “Kiểu không có tranh hay hoa văn thì hơn. Tớ thích thiết kế đơn giản”

⑤ “Cái bàn này chiều dài vừa xinh nhỉ?” “Nhưng kiểu tròn tớ thấy sành điệu hơn”

UNIT 14

① "Hãy đếm số người tham dự buổi phát biểu ngày hôm nay" "Vâng ạ"

② Người dẫn chương trình: Chúng ta sẽ quyết định ai đó là người đo thời gian và sau đây sẽ nói chuyện 5 phút theo từng nhóm.

③ "Cái valy này khoảng bao nhiêu cân nhỉ?" "Cậu thử cân bằng cân đo trọng lượng cơ thể xem sao?"

④ (Hướng dẫn) Quý khách dưới 3 tuổi sẽ được miễn phí vào cửa.

⑤ "Công ty mới thế nào?" "Ừ, tớ khá quen rồi"

UNIT 15

① "Sở thích của anh là gì?" "Có lẽ là đi phòng tập để vận động cơ thể. Mối quan hệ với mọi người cũng được mở rộng đấy"

② "Cậu đang học nhảy Flamenco à?" "Ừ. Tớ sẽ tham gia cuộc thi tháng sau nên hôm nay sau đây tớ cũng luyện tập đấy"

③ "Này, lần tới cậu có muốn thử tham gia tình nguyện chơi với trẻ con không?" "Tớ không thích trẻ con lắm"

④ (Hướng dẫn) Thành phố mở rất nhiều lớp học như ngoại ngữ, máy vi tính, nấu ăn, khiêu vũ, bơi lội v.v…

⑤ (Hướng dẫn du lịch) Khách sạn truyền thống kiểu Nhật chúng ta nghỉ lần này có cả suối nước nóng, trong đó ta có thể hát karaoke hay chơi bowling nữa.

UNIT 16

① "Cậu sẽ gửi hành lý qua đường chuyển phát hàng hay sẽ cầm về?" "Không nặng lắm nên mình sẽ cầm về"

② Người phụ trách: Hãy điền địa chỉ gửi đến và tên vào mẫu giấy này.

③ Nếu gửi bằng đường hàng không thì mất bao nhiêu tiền?

④ "Có nên gửi chuyển phát nhanh không nhỉ?" "Không, gửi bưu điện thường là đủ rồi"

⑤ Người chuyển phát hàng: Tôi giao hàng đến ạ. Xin hãy đóng dấu hoặc kí vào đây.

UNIT 17

① (Hùng biện) Sau cuộc gặp gỡ định mệnh hai người lập tức bắt đầu hẹn hò.

② "Thật sốc khi thầy Hayashi qua đời nhỉ" "Ừ, thầy đã giúp bọn mình rất nhiều"

③ Tôi sinh ra ở Tokyo nhưng lớn lên ở Hokkaidou.

④ Để thực hiện ước mơ chế tạo rô bốt anh ấy đã vào làm công ty đó.

⑤ Ông Tanaka có phải người cao tuổi không? Nếu vậy thì mời trà nóng hơn là mời đồ uống lạnh nhỉ?

UNIT 18

① Ngày còn trẻ tôi muốn ra chốn đô thành nhưng khi có tuổi rồi tôi lại muốn sống thong thả ở quê.

② "Thủ tục làm thẻ đăng ký người nước ngoài có thể làm ở đâu" ạ? "Có thể làm ở ủy ban thành phố đấy"

③ "Cuối tuần này là bầu cử thị trưởng nhỉ" "Nói mới nhớ ngày hôm qua ứng cử viên diễn thuyết trước ga đấy"

④ (Bản tin) Chính phủ phát biểu kế hoạch kinh tế 5 năm mới.

⑤ Tự sát do bị bắt nạt lại xảy ra. Đây thật là một vấn đề nghiêm trọng.

UNIT 19

① (Tại nhà máy) Những sản phẩm đã lắp ráp xong hãy mang sang bên này.

② Bạn tôi nói rằng mấy năm sau sẽ nghỉ việc ở công ty và bắt đầu làm nông nghiệp.

③ (Tại nhà máy) Ơ kìa, tôi đã bấm nút dừng mà nó không dừng lại. Bị hỏng hay sao nhỉ?

④ Anh Hayashi đã gia nhập đội dự án tiến hành nghiên cứu phát triển sản phẩm dành cho nước ngoài.

⑤ Nghiên cứu nhiên liệu vi sinh như một trong những nhiên liệu mới thay cho dầu mỏ đang được thực hiện.

UNIT 20

① Hãy cẩn thận khi dùng dầu nhé. Nếu lửa lan ra sẽ rất gay đấy.

② Cái đó dùng dao rọc giấy sẽ cắt đẹp hơn dùng kéo đấy.

③ Cần dao, thớt rồi đĩa nhựa cốc giấy cho tiệc thịt nướng ngày mai.

④ "Mực của máy in ở đâu?" "Tôi nghĩ nó ở trong hộp các tông đằng kia"

⑤ Có phải hết pin không nhỉ? Điều khiển từ xa hoàn toàn không dùng được.

UNIT 21

① "Ngày nào cũng oi ả nhỉ?" "Nghe nói năm nay khí hậu bất thường. Mong rằng sớm mát mẻ lên"

② Chương trình này nhằm mục đích trải nghiệm thật nhiều trong thiên nhiên.

③ "Động đất sáng nay lớn nhỉ? Nghe nói độ mạnh của động đất là 4 độ" "Rung lắc nhiều thế mà nhỉ"

④ <Dự báo thời tiết> Dự báo ngày mai trời nắng gắt, nhiệt độ lên rất cao, có thể lên quá 30 độ.

⑤ A, sấm vừa nổ. Có lẽ sắp có mưa rào.

UNIT 22

① Vì mưa cuối tuần nên hoa anh đào hầu như rụng hết rồi.

② Theo như lời của nhà nông năm nay do ảnh hưởng của bão nên thu hoạch táo được rất ít.

③ Cỏ mọc đầy vườn từ khi nào ý nhỉ. Sắp tới phải xén cỏ thôi.

④ Quạ là loài chim thông minh, chúng quan sát rất kĩ hành động của con người.

⑤ Mẹ tôi cũng đã có tuổi nên việc cuốc đất, trồng lúa đã có vẻ hơi vất vả rồi.

UNIT 23

① Bây giờ dịch cảm đang hoành hành nên khi đi ra ngoài nhớ đeo khẩu trang.

② Nếu cảm thấy có vẻ mình đã bị cảm thì trước hết hãy chú ý ngủ đủ. Tĩnh dưỡng là việc quan trọng nhất.

③ Giảm cân quá sức bởi ăn kiêng không tốt cho cơ thể đâu.

④ Từ sáng tôi thấy người uể oải không biết có phải bị sốt không,

⑤ Khi cảm thấy căng thẳng vì công việc tôi sẽ đi ăn hay trò chuyện với bạn bè.

UNIT 24

① "Haizzz" "Cậu cứ thở dài suốt thế là hạnh phúc sẽ bỏ trốn đấy"

② Lần đầu tiên xem bộ phim này tôi đã thực sự cảm động, nước mắt tự nhiên chảy.

③ "Vì đây là lần đầu tiên tôi phát biểu bằng tiếng Nhật nên tôi rất căng thẳng" "Cậu đã luyện tập đến thế cơ mà nên không sao đâu. Cậu bình tĩnh đi"

④ "Hôm nay trưởng phòng có vẻ cáu kỉnh nhỉ" "Ừ, chắc sếp có chuyện gì đó khó chịu"

⑤ Ức quá. Chỉ còn chút nữa thôi là thắng thế mà…

UNIT 25

① "Anh Hara giỏi môn nào?" "Quốc ngữ và tiếng Anh. Môn tự nhiên và toán tôi lúc nào cũng kém"

② (Tại hội trường thi) Trước hết các bạn hãy viết tên và mã số dự thi vào phiếu trả lời câu hỏi.

③ Thỉnh thoảng tôi có ngủ gật nhưng tôi chưa bao giờ trốn học.

④ Chỉ còn 2 ngày nữa là thi rồi đúng không? Học thuộc hết chỗ này là điều không thể.

⑤ Thầy Hayashi sẽ đến muộn một chút vì tai nạn tàu điện, hãy tự học cho đến lúc thầy đến.

UNIT 26

① "Hạn nộp báo cáo là khi nào ấy nhỉ?" "Ngày 25. Nhưng tớ còn chưa quyết định đề tài "

② Nghe nói nếu quá hạn nộp sẽ không nhận hồ sơ.

③ Thầy Nakamura luôn hướng dẫn cẩn thận nên rất được học sinh yêu quý.

④ Vì cần có thư tiến cử của giáo sư để thi vào cao học nên tôi đã nhờ thầy Nakata.

⑤ Tôi học chuyên ngành giáo dục ở đại học nhưng bây giờ tôi đang làm công việc hoàn toàn không liên quan.

UNIT 27

① "Cậu làm nghề gì thế?" "Tớ đang làm việc văn phòng trong công ty liên quan đến thương mại"

② Việc đó do anh Tanaka phụ trách nhưng hôm nay anh ấy nghỉ.

③ Vấn đề lần này toàn bộ là trách nhiệm của tôi. Rất mong quý vị thứ lỗi.

④ Ngồi mãi trước máy tính không tốt cho cơ thể đâu. Thỉnh thoảng phải nghỉ giải lao một chút.

⑤ "Phải bàn với nhau về chuyện máy phô-tô trong cuộc họp lần tới" "Đúng vậy"

UNIT 28

① Tôi tìm kiếm trên mạng và phát hiện ra quán hồng trà ngon.

② "Tớ cũng được nhận ảnh ấy chứ?" "Ừ, tớ sẽ đính kèm vào thư điện tử sau nhé"

③ "Hôm qua tớ đã gửi thư điện tử cho cậu" "À, tớ quên trả lời thư! Xin lỗi cậu nhé"

④ Tiếp theo hãy ấn vào nút "Vâng". Sẽ hiện ra màn hình để nhập mật khẩu.

⑤ Vì dữ liệu đã đầy nên tôi đã xóa những file không cần thiết.

UNIT 29

① "Hội khoai tây ư? Nó là đoàn thể gì thế?" "Chắc là liên quan đến nấu ăn?"

② Không được chỉ toàn nói về mình. Phải nghĩ cả cho đối phương chứ.

③ Bố mẹ tôi rất hòa thuận với nhau. Đến giờ vẫn thường cùng nhau leo núi.

④ "Nếu đăng ký là hội viên bây giờ nghe nói sẽ được nhận phiếu mua hàng trị giá 3 nghìn yên" "Thế á, thế thì lời nhỉ"

⑤ Khi nói chuyện với người trên hãy chú ý dùng từ ngữ chỉnh chu.

UNIT 30

① "Người anh đẹp quá. Anh có vận động gì không?" "Có, tôi bơi"

② Tôi muốn hẹn hò với cô ấy với tình cảm trong sáng.

③ Anh ấy không chỉ phong độ mà còn thông minh nữa đấy.

④ Anh Tanaka rất ki, chưa từng khao mình dù chỉ một lon nước ngọt.

⑤ Nhờ sự chỉ đạo nhiệt tình của huấn luyện viên Mori đội đã có thêm sức lực một cách vững chắc.

UNIT 31

① Anh Mori, anh chơi ghita à? Tôi đã nghĩ rằng anh không có hứng thú mấy với âm nhạc nên hơi bất ngờ.

② Đừng nói lập lờ như vậy, hãy nói rõ ràng ra xem nào.

③ "Phim này thế nào?" "Không được không được. Nhảm nhí quá mức nên giữa chừng tớ đã bỏ xem"

④ Hồi nhỏ tôi say sưa đuổi theo trái bóng.

⑤ Hả? Cậu đã nói điều ấy ư? Thế thì cô ấy giận là phải.

UNIT 32

① Đột nhiên bị nói như vậy tôi không thể trả lời ngay được đâu.

② "Cậu thường hay đến quán này à?" "Thỉnh thoảng"

③ Một lần không thể cầm được nhiều nên ta chia làm nhiều lần để vận chuyển nó nhé.

④ Ngày thường mà khá đông người nhỉ. Không biết có sự kiện gì không?

⑤ Chúng tôi đã nói chuyện với nhau suốt 2 tiếng đồng hồ mà cuối cùng chẳng quyết được cái gì.

UNIT 33

① “Alô, bây giờ cậu ở đâu?” “Xin lỗi tớ bị lạc đường. Tớ ở bên đối diện bưu điện”

② “Ở khu này có cửa hàng tiện ích không?” “Rẽ phải ở chỗ đèn giao thông kia là có ngay đấy”

③ “Túi giấy này có bị rách đáy không nhỉ?” “Không sao đâu”

④ Ra khỏi cửa Bắc của ga cậu sẽ thấy cửa hàng sách ở chéo góc phía trước, hãy đi đến đó.

⑤ (Trên taxi) Hãy đi thẳng qua ngã tư đó và dừng ở trước chỗ có bến xe buýt.

UNIT 34

① ”Nghe em nói này, cún nhà mình đã cười tủm tỉm đấy” “Chắc nó đã rất vui”

② Tất nhiên khi phỏng vấn phải ăn mặc thật chỉnh tề mới đi.

③ Ôi đói quá rồi. Hôm nay tớ đã không ăn trưa.

④ ”Cậu đã mang đĩa CD đến đây cho tớ chưa?” “Xin lỗi, tớ quên khuấy đi mất. Ngày mai nhất định tớ sẽ mang đến”

⑤ ”Đừng ngại hãy cứ ăn ào ào đi nhé” “Xin cảm ơn bác. Cháu mời bác ăn cơm ạ”

UNIT 35

① “Ngày mai đi du lịch Okinawa, tớ phấn khích quá” “Công nhận nhỉ. Mong chờ quá thôi”

② ”Cửa hàng vẫn mở chứ nhỉ?” “Họ mở đến 8 giờ nên chắc sẽ vừa suýt soát kịp”

③ ”Nếu uống thuốc và ngủ thật say thì sẽ khỏi bệnh ngay thôi” “Vâng ạ”

④ Tôi đã cãi nhau với anh ấy nhưng vì đã nói được những điều muốn nói nên tôi thấy rất sảng khoái.

⑤ Tuổi tác và nghề nghiệp tuy phân tán khác nhau nhưng đội chúng tôi rất thân thiết.

UNIT 36

① ”Có chuyện gì thế?” “Em không lấy đĩa CD ra khỏi máy tính được...”

② Tôi đã thử nghĩ lại một lần nữa nhưng vẫn quyết định bỏ.

③ Quà cho thầy hãy cùng nói chuyện với nhau để quyết.

④ Nhiều thế! Nhiều thế này ăn không hết được đâu.

⑤ ”Xin lỗi, tôi viết nhầm chỗ mất” “Thế thì hãy viết lại vào tờ mới này”

UNIT 37

① ”Có chuyện gì thế? Đột nhiên cậu lại dừng lại?” “Tớ quên ô ở cửa hàng lúc nãy”

② ”Cái này nếu muốn hủy bỏ thì phải làm thế nào?” “Tớ nghĩ là bấm vào nút “Quay lại” này là được”

③ Anh Hara đứng lên khỏi ghế rồi quay sang đây và đi đến đây.

④ Một số trường tiểu học đã thực hiện giờ dạy đưa vào phương pháp này.

⑤ ”Hãy đi trước đi tớ sẽ đuổi kịp ngay” “Ok. Thế thì tớ đi từ bộ từ từ nhé”

UNIT 38

① Từ hôm qua tôi không liên lạc được với anh Wan.

② Sau khi tốt nghiệp đại học tôi làm việc 3 năm ở Tokyo.

③ Nếu bây giờ bị chấn thương thì sẽ không tham dự được trận đấu.

④ ”Cậu khỏi cảm rồi à?” “Ừ, xin lỗi đã khiến cậu lo lắng”

⑤ ”Thứ bảy này cậu đi mua đồ giảm giá với tớ không?” “Xin lỗi hôm ấy tớ có dự định khác rồi”

UNIT 39

① Sáng dậy sớm có cảm giác như được lời lãi một chút ý nhỉ?

② ”Vừa có tiếng động lớn ở bên ngoài nhỉ?” “Ừ, để tớ ra xem thử”

③ Tập hồ sơ này toàn bộ bằng giấy nên có thể cứ thế mà tái chế.

④ Thầy luôn luôn tư vấn giúp em.

⑤ "Lúc nào có lễ hội?" "Nếu không nhầm thì là thứ bảy chủ nhật tuần sau"

UNIT 40

① Nếu đau răng thì đừng chịu đựng mà hãy đến bác sỹ nha khoa đi.

② "Anh Hara cổ vũ đội nào?" "Tokyo Godzillars. Trận tiếp theo tôi cũng đi xem đấy"

③ "Nếu mưa thì sao? "Nếu mưa lớn thì hoãn sang tuần sau"

④ Chung cư này mới bắt đầu thi công vào tháng 4 năm ngoái mà đã xong rồi ư? Nhanh nhỉ!

⑤ (Bản tin) Đường cao tốc ở khắp nơi tắc nghẽn vì các xe ô tô trên đường về quê.

UNIT 41

① "Làm thế nào bây giờ. Tớ nhầm nên mua đồ cỡ L mất rồi" "Nhờ họ đổi cho xem sao?"

② "Về đặt bàn trước ngày mai, tôi muốn thêm 1 người nữa thành 8 người.." "Vâng được ạ"

③ Nếu đăng kí thẻ thành viên, từ lần mua hàng sau quý khách sẽ được tích điểm đấy ạ.

④ Xin lỗi, tôi đã đặt trước vào ngày 18 nhưng tôi có thể đổi giờ từ 7 giờ thành 6 giờ được không?

⑤ "Có lẽ hôm nay cửa hàng mở cửa" "Gọi điện kiểm tra xác nhận thì hơn đấy"

UNIT 42

① Lúc ngồi ghế sô-pha nghe nhạc yêu thích là lúc tôi thư giãn nhất.

② Hôm nay hàng đã chuyển đến nhưng khác so với hình dung của tôi.

③ "Nên làm thế nào thì tốt nhỉ..." "Anh Aoki có thể cho lời khuyên hay đấy!"

④ "Cái áo sơ mi này là thiết kế riêng của cửa hàng chúng tôi" "Thế ư, đáng yêu nhỉ"

⑤ Cậu lại ăn mì cốc à? Cậu không ăn đủ cân bằng dinh dưỡng là sẽ bị bệnh đấy!

UNIT 43

① Tôi phải mua tủ lạnh thay thế mà giờ tôi không có nhiều tiền đến thế...Thật là đau đầu quá.

② "Cậu có tham dự tiệc rượu ngày mai không?" "Tớ sẽ đến muộn một chút nhưng có góp mặt đấy"

③ "Hôm qua tớ ở quầy lễ tân suốt" "Thế á? Ra là thế. Tớ không nhận ra"

④ "Cậu định vứt cái kia à? Tớ thấy phí quá" "Tớ hiểu rồi. Thế thì tớ giữ nó lại"

⑤ "Xin lỗi, vì lỗi của tôi mà ta đã thua" "Không phải thế đâu. Cậu đừng áy náy"

UNIT 44

① Tôi vừa bật điều hòa nên hãy chờ một chút để phòng ấm lên.

② "Tớ đã ngủ rất nhiều những vẫn cảm thấy mệt mỏi" "Có lẽ cậu làm việc quá sức đấy"

③ Tôi đã thấy rất chờ mong xem nó sẽ là buổi hòa nhạc thế nào.

④ Bài hát này có chứa ước mong thế giới sẽ trở nên hòa bình.

⑤ Những lời anh ấy nói rất buồn cười, mọi người không thể ngưng cười được.

UNIT 45

① Để lấy cần kiểm tra xác nhận chính chủ nên hãy mang theo chứng minh thư nhân dân.

② Vì đây là máy in dùng cho gia đình nên tốc độ in hơi chậm.

③ Một ngày nào đó tôi muốn xin nghỉ phép dài để đi du lịch vòng quanh thế giới.

④ Tối nào tôi cũng bật điều hòa ngủ nên tiền điện rất cao.

⑤ Gọi điện đến lúc tối muộn thế này thật là không bình thường (bất lịch sự).

UNIT 1

① Ini akhir bulan, jadi hari ini bank mungkin penuh ya.

② Minggu ini saya sibuk, jadi bolehkah saya memberikan jawaban pada awal minggu depan?

③ “Anda mau melakukan pekerjaan apa di masa depan?”

④ “Maaf, apakah tokonya buka pada akhir dan awal tahun?”

⑤ Awal bulan depan saya akan pindah rumah.

UNIT 2

① “Beliau ayah Anda?” “Bukan, dia paman saya.”

② “Pada liburan musim panas Anda akan bepergian?” “Ya, saya akan pulang ke rumah orang tua saya.”

③ “Setiap tahun baru pada tanggal 1, kerabat saya berkumpul di rumah saya.”

④ “Lihat foto ini! Ini cucu saya.” “Eh, Pak Mori sudah menjadi kakek?”

⑤ “Anda membeli mobil?” “Tidak, saya pinjam dari kenalan saya.”

UNIT 3

① “Miso baik untuk kesehatan, jadi minumlah sup miso ini yang benar!” “Ya, ya.”

② “Anda sakit kepala?” “Ya. Kemarin saya terlalu banyak minum sake...”

③ “Birnya sedikit kurang dingin ya!” “Saya akan memasukkannya ke kulkas sekali lagi.”

④ Coba jilat! Garam ini enak sekali.

⑤ “Daging ini mahal sekali, jadi makanlah pelan-pelan sambil meresapi kelezatannya!” “Baiklah.”

UNIT 4

① “Ikan ini sedikit gosong.” ”Bagian yang gosong lebih baik tidak usah dimakan! Tidak baik untuk kesehatan.”

② Sayurnya sudah empuk karena sudah cukup lama direbus.

③ “Kue ini digoreng?” ”Tidak, dipanggang saja.”

④ Teh ini sangat panas, jadi dinginkan sebentar sebelum diminum.

⑤ Setelah kentangnya dikupas, potong tipis-tipis, lalu tumis bersama dengan daging babi.

UNIT 5

① “Maaf, hari ini saya tidak bisa pergi, jadi saya mau membatalkan pemesanan saya.” ”Baik.”

② “Piring ini boleh saya angkat?” ”Ya, tolong.”

③ “Ada tempat duduk merokok?” ”Maaf. Semuanya tempat duduk bebas rokok.”

④ “Pembayarannya dijadikan satu?” ”Tidak, tolong dipisah!”

⑤ “Bagaimana? Makan di sini?” ”Kita tidak bisa berlama-lama, jadi bagaimana kalau kita bawa pulang saja?”

UNIT 6

① Siang ini saya ada acara, jadi saya akan keluar sebentar.

② Pilahlah sampah sebelum dibuang! Sampah yang bisa didaur ulang, di sini.

③ “Apa pekerjaan Anda?” “Saya bekerja di agen wisata.”

④ “Minggu ini sering turun hujan ya!” “Ya. Repot ya, tidak bisa menjemur cucian.”

⑤ Anda kelihatan sedikit capai, jadi usahakan tidur yang cukup.

UNIT 7

① “Anda terlambat ya.” ”Maaf. Saya keterusan naik kereta.”

② “Keretanya jam 11, kalau berangkat sekarang keburu? ”Mmm..., mepet ya.”

③ “Anda bisa mendapatkan kursi dengan pemesanan?” “Tidak. Saya tidak bisa mendapatkannya karena sudah penuh, jadi saya membeli kursi tanpa pemesanan.”

④ “Kemarin Anda tidak pulang ke rumah?” ”Ya. Saya terlambat naik kereta terakhir, jadi saya menginap di rumah teman saya.”

⑤ Bagi Anda yang akan pindah kereta bawah tanah, gunakanlah jalan pintu utara!

UNIT 8

① “Kita turun di halte bus ke berapa?” ”Tunggu sebentar. Aku lihat peta rutenya dulu. ...Dua halte berikutnya.”

② “Pesawat ini penerbangan langsung?” ”Bukan, via Seoul.”

③ “Bus jurusan balai kota yang mana?” ”Bus yang berhenti di situ.”

④ “Ongkos busnya kapan dibayarkan?” ”Waktu turun, masukkan uangnya ke dalam kotak ongkos.”

⑤ Waktu naik bus, silakan ambil tiket bernomor.

UNIT 9

① Makanan semewah ini tidak pernah ada di meja makan rumah saya.

② “Apakah pengering rambut ini bisa dipakai di luar negeri?”

③ Gunung Fuji bisa dilihat dari beranda? Wah, bagus ya.

④ Bu Yamada suka sekali bunga, setiap berkunjung ke rumahnya, bunga-bunga selalu terpajang di ruang keluarga, pintu masuk, dan tempat lainnya.

⑤ Kondominium saya tua dan tidak memakai kunci otomatis, jadi silakan langsung datang ke sini!

UNIT 10

① Kemarin saya melihat Bu Guru di depan stasiun. Beliau bersama keluarganya.

② Aku capai sekali karena terus berjalan di dalam kerumunan orang. Aku mau cepat pulang ke rumah.

③ “Hari Sabtu dan Minggu banyak orang lalu-lalang ya.” “Ya, apalagi di sekitar sini ramai.

④ “Di dekat sini tidak ada bank, ya?” “Kalau ATM, ada di minimarket di situ.”

⑤ Daerah sekitar sini adalah daerah perkantoran, jadi waktu istirahat makan siang penuh dengan pegawai kantor.

UNIT 11

① “Apakah mesin penjualan otomatis ini bisa memakai uang kertas?” “Tidak, Anda hanya bisa memakai koin 100 yen dan 10 yen.”

② “Itu antrean apa?” “Mulai hari ini ada obral.”

③ “Harga ini sudah termasuk pajak konsumsi?” “Ya, sudah termasuk.”

④ “Cara pembayarannya bagaimana?” “Saya mau pakai kartu.”

⑤ ”Kalau membeli banyak di toko itu, Anda akan mendapatkan korting.”

UNIT 12

① “Apakah Pak A memakai dasi waktu pergi bekerja?” “Ya. Itu peraturan kantor.”

② 〈Di ruang pas〉 ”Bagaimana?” “Pinggangnya sedikit sempit.”

③ “Orang itu adalah istri Pak Suzuki.” “Dia sangat elegan ya!”

④ “Lihat! Aku membeli baju baru.” “Mmm, kelihatannya sedikit mencolok ya!”

⑤ “Tas ini desainnya bagus dan bisa memuat banyak barang, jadi aku menyukainya.”

UNIT 13

① “Mukamu pucat! Mending kamu pulang saja.” “Ya, aku mau pulang.”

② (Di toko) “Kemeja ini polos, jadi mudah dipadupadankan.” “Tapi, kurang mencolok.”

③ (Di toko) “Mmm...sepertinya terlalu mencolok.” “Kalau begitu, bagaimana dengan corak bunga yang ini?”

④ “Mau cangkir yang seperti apa?” “Yang tidak ada gambar dan motifnya. Saya mau desain yang simpel.”

⑤ “Meja ini sepertinya panjangnya pas.” “Tapi kalau bundar lebih kelihatan keren.”

UNIT 14

① “Tolong hitung jumlah peserta yang datang di acara presentasi hari ini!” “Baik.”

② MC : Baiklah, tentukanlah orang yang akan menghitung waktu, lalu bicarakanlah dalam grup 5 menit mulai dari sekarang!“

③ “Koper ini berapa kilo ya?” “Coba ditimbang saja!”

④ (Informasi) Anak berumur di bawah 3 tahun bebas tiket masuk.

⑤ “Bagaimana kantor barunya?” “Ya, saya sudah lumayan terbiasa.”

UNIT 15

① “Apa hobi kamu?” “Pergi ke pusat kebugaran dan berolahraga. Bagus juga untuk memperluas pergaulan, jadi menurutku itu bagus!”

② “Kamu belajar tari Flamenco?” “Ya. Bulan depan aku ikut kompetisi, jadi setelah ini juga ada latihan hari ini.”

③ “Eh, kapan-kapan ikut menjadi sukarelawan untuk bermain bersama anak-anak yuk!” “Aku tidak suka anak-anak.”

④ (Informasi) Pihak kota membuka bermacam-macam kelas, seperti bahasa asing, komputer, memasak, tari, renang, dan lain-lain.

⑤ (Penjelasan tentang wisata) Di penginapan khas Jepang tempat Anda menginap kali ini terdapat pemandian air panas, dan Anda juga bisa berkaraoke dan bermain boling di dalam penginapan.

UNIT 16

① ”Barangnya mau dikirim pakai pengantaran atau dibawa pulang?” “Tidak begitu berat, jadi aku bawa pulang saja.”

② Petugas : Tolong tulis nama dan alamat pengiriman di formulir ini!

③ Kalau pakai pos udara, berapa?

④ “Sebaiknya dikirim pakai pos ekspres ya?” “Tidak, pos biasa saja tidak apa-apa.”

⑤ Kurir pengiriman : Ada kiriman. Tolong cap atau tanda tangan di sini!

UNIT 17

① 〈Pidato〉 Mereka segera berpacaran setelah takdir mempertemukan mereka.

② “Meninggalnya Pak Guru Kobayashi sangat mengejutkan, ya.” ”Ya, kita sudah banyak dibantu oleh beliau, ya.”

③ Saya lahir di Tokyo, tetapi besar di Hokkaido.

④ Demi mewujudkan mimpinya membuat robot, dia masuk kerja di perusahaan itu.

⑤ Pak Tanaka sudah berumur? Kalau begitu, minumannya lebih baik seperti teh hangat daripada yang dingin, ya.

UNIT 18

① Waktu masih muda, aku mau merantau ke perkotaan, tapi setelah menjadi tua, aku jadi mau hidup santai di pedesaan.

② ”Pengurusan kartu registrasi orang asing bisa dilakukan di mana?” “Bisa di balai kota.”

③ ”Akhir minggu ini ada pemilihan wali kota, ya?” “Omong-omong, kemarin calonnya berpidato di depan stasiun.”

④ 〈Berita〉 Pemerintah telah mengumumkan perencanaan ekonomi untuk 5 tahun ke depan.

⑤ Telah terjadi lagi bunuh diri disebabkan oleh perundungan. Ini benar-benar masalah yang serius.

UNIT 19

① 〈Di pabrik〉 Barang yang sudah selesai dirakit, tolong dibawa ke sini!

② Teman saya bilang bahwa dia akan berhenti dari perusahaan beberapa tahun lagi, dan akan mulai bekerja di bidang pertanian.

③ 〈Di pabrik〉 Kenapa ya? Aku sudah tekan tombol berhenti, tapi tidak berhenti. Jangan-jangan rusak ya?

④ Pak Kobayashi masuk ke dalam tim proyek yang melakukan pengembangan produk untuk luar negeri.

⑤ Bahan bakar hayati sedang dikembangkan sebagai salah satu bahan bakar baru pengganti minyak bumi.

UNIT 20

① Hati-hati waktu pakai minyak ya! Kalau apinya menjalar, bahaya.

② Itu lebih baik pakai pemotong kertas daripada pakai gunting supaya potongannya rapi.

③ Untuk barbeku besok, kita perlu pisau dapur, talenan, lalu piring plastik dan gelas kertas ya.

④ “Tinta printernya di mana?” “Kalau tidak salah, ada di dalam kotak kardus di situ.”

⑤ Jangan-jangan baterainya habis ya? Remote controlnya tidak bisa dipakai.

UNIT 21

① “Setiap hari gerah ya.” “Katanya tahun ini cuacanya ekstrem. Semoga cepat menjadi sejuk, ya.”

② Tujuan program ini adalah mendapat berbagai pengalaman di alam.

③ “Gempa bumi pagi ini besar ya. Katanya, intensitas seismiknya 4.” “Bergetar lumayan kencang ya.”

④ <Prakiraan cuaca> Diperkirakan besok sinar matahari terik, suhunya meningkat melampaui 30 derajat.

⑤ Oh, guntur bergemuruh ya. Mungkin sebentar lagi turun hujan sore ya.

UNIT 22

① Karena hujan pada akhir minggu, bunga sakura banyak yang rontok.

② Menurut cerita para petani, tahun ini panenan apel sedikit karena pengaruh topan.

③ Tanpa disadari sudah banyak rumput yang tumbuh ya. Harus segera dipotong.

④ Burung gagak adalah burung yang cerdik, dan sering mengawasi aktivitas manusia.

⑤ Ibu sudah tua, sepertinya sudah mulai berat untuk berladang dan menanam padi.

UNIT 23

① Saya memakai masker setiap keluar dari rumah karena sekarang sedang musim flu.

② Kalau Anda merasa ada gejala flu, pokoknya usahakan untuk tidur. Yang paling penting adalah beristirahat untuk pemulihan.

③ Menurunkan berat badan dengan diet yang terlalu memaksakan diri tidak baik untuk kesehatan.

④ Dari tadi pagi badan terasa berat, mungkin saya ada demam.

⑤ Kalau merasa stres karena pekerjaan, saya biasanya pergi makan dan berbincang-bincang dengan teman.

UNIT 24

① “Huuuh....” “Kalau kamu terus menghela napas panjang, kebahagiaan akan lari menjauhimu.”

② Saat pertama kali saya menonton film ini, air mata keluar dengan sendirinya.

③ ”Saya gugup karena ini pertama kali saya berpresentasi dalam bahasa Jepang.” “Tidak apa-apa. Kamu sudah banyak berlatih. Tenang saja.”

④ ”Pak Kepala Bagian hari ini sedang kesal, ya.” “Iya. Mungkin ada sesuatu yang tidak mengenakkan baginya.”

⑤ Sayang ya. Padahal sedikit lagi bisa menang.

UNIT 25

① ”Pak Hara, mata pelajaran apa yang paling dikuasai?” “Bahasa Jepang dan bahasa Inggris. Saya tidak begitu menguasai ilmu pengetahuan alam ataupun matematika.”

② 〈Di ruangan ujian〉 Sekarang, pertama-tama tulislah nama dan nomor peserta ujian di lembar jawaban.

③ Kadang-kadang saya tertidur di kelas, tetapi sekali pun tidak pernah membolos.

④ Hanya tinggal 2 hari lagi sampai ujian. Tidak mungkin menghafal ini semua.

⑤ Katanya, Pak Hayashi akan sedikit terlambat karena ada kecelakaan kereta, jadi silakan belajar sendiri sampai beliau datang.

UNIT 26

① Kapan ya tenggat laporan? Tanggal 25. Aku bahkan belum menentukan tema.

② Kalau batas waktu penyerahan sudah lewat, katanya dokumen tidak akan diterima.

③ Pak Nakamura sangat populer di kalangan mahasiswa karena selalu membimbing dengan baik.

④ Karena perlu surat rekomendasi dari profesor untuk mengikuti ujian pascasarjana, saya memintanya kepada Pak Tanaka.

⑤ Saya mengambil jurusan ilmu pendidikan di universitas, tetapi sekarang bekerja di bidang yang sama sekali tidak berkaitan dengan itu.

UNIT 27

① "Apa pekerjaan Anda?" "Saya bekerja di bagian tata usaha perusahaan ekspor dan impor."

② Pekerjaan itu ditangani oleh Pak Tanaka, tetapi hari ini beliau libur.

③ Masalah kali ini adalah tanggung jawab saya. Mohon maaf sebesar-besarnya.

④ Tidak baik duduk terus di depan komputer. Sekali-kali harus beristirahat.

⑤ "Kita harus membicarakan mesin fotokopi pada rapat selanjutnya." "Ya, benar."

UNIT 28

① Saya mencari di internet dan menemukan toko yang tehnya enak.

② "Saya juga boleh minta foto itu?" "Ya, nanti saya lampirkan di email dan kirim, ya."

③ "Kemarin saya sudah mengirim email." "Aduh saya lupa membalasnya! Maaf ya."

④ Selanjutnya silakan mengeklik "Ya". Anda akan melihat tampilan untuk memasukkan kata sandi.

⑤ Karena datanya sudah penuh, saya menghapus file yang tidak perlu.

UNIT 29

① "Klub Kentang? Ini kelompok apa ya?" "Mungkin berhubungan dengan masakan."

② Jangan memikirkan diri sendiri saja. Pikirkan juga lawan bicaramu.

③ Orang tua saya sangat kompak. Sekarang pun sering mendaki gunung bersama.

④ "Kalau mendaftar menjadi anggota sekarang, katanya akan mendapat voucer hadiah sebesar 3000 yen." "Wah, untung ya."

⑤ Kalau berbicara dengan orang yang dihormati, usahakan untuk memakai kata-kata yang sopan.

UNIT 30

① "Anda bertubuh proporsional, ya. Apakah Anda rutin melakukan suatu olahraga?" "Ya, saya berenang."

② Saya ingin berpacaran dengan dia dengan perasaan apa adanya.

③ Dia tidak hanya tampan, tapi juga pintar.

④ Senior saya, Tanaka pelit, satu jus kalengan pun dia belum pernah traktir.

⑤ Berkat bimbingan yang menggebu-gebu dari pelatih, Pak Mori, kekuatan tim terbukti makin meningkat.

UNIT 31

① Pak Mori bermain gitar? Di luar dugaan saya karena saya pikir dia tidak tertarik dengan musik.

② Katakanlah dengan jelas, jangan pakai kata-kata yang ambigu seperti itu.

③ "Bagaimana film ini?" "Jelek, jelek! Saking tidak bermutunya, aku berhenti menontonnya di tengah-tengah."

④ Waktu masih anak-anak, saya sering asyik mengejar-ngejar bola.

⑤ Apa? Anda berkata begitu? Pantas saja dia marah.

UNIT 32

① Aku tidak bisa menjawab langsung kalau diberitahu secara mendadak seperti itu.

② "Sering datang ke toko ini?" "Kadang-kadang saja."

③ Karena tidak bisa diangkut sekaligus banyak, mari kita angkut beberapa kali.

④ Untuk ukuran hari biasa, lumayan banyak orang, ya. Apakah ada acara, ya.

⑤ Meski sudah berembuk selama 2 jam, akhirnya tidak ada yang diputuskan.

UNIT 33

① "Halo. Sekarang ada di mana?" "Maaf, saya tersesat. Saya ada di seberang kantor pos."

② "Apakah di sekitar sini ada minimarket?" "Begitu Anda belok kanan di lampu lalu lintas di sana, minimarket ada di dekat sana."

③ "Kantong kertas ini, saya khawatir sobek bawahnya." "Tidak apa-apa."

④ Kalau Anda keluar dari pintu utara stasiun, di sana ada toko buku di sudut depan, datanglah ke sana.

⑤ 〈Di taksi〉 Lurus saja di persimpangan itu, lalu berhenti di sebelum halte bus.

UNIT 34

① "Pak Wan tersenyum mendengarkan pembicaraan kita." "Kelihatannya dia senang."

② Tentu saja saya akan berpakaian rapi pada saat wawancara.

③ Aduh, perutku sudah berbunyi. Aku belum makan siang hari ini.

④ "CDnya dibawa, kan?" "Maaf, aku benar-benar lupa. Besok pasti kubawa."

⑤ "Jangan sungkan, silakan makan yang banyak, ya." "Terima kasih. Saya makan."

UNIT 35

① Saya sangat menanti-nantikan perjalanan ke Okinawa dari besok." "Betul. Saya juga sudah tidak sabar."

② "Toko masih buka tidak, ya." "Bukanya sampai jam 8, jadi masih terkejar meskipun mepet."

③ "Anda bisa cepat sembuh kalau minum obat dan tidur dengan nyenyak." "Baiklah."

④ Saya bertengkar dengannya, tapi sudah lega karena sudah menyampaikan apa yang ingin saya sampaikan.

⑤ Meski usia dan jenis pekerjaan berbeda-beda, tim kami semuanya kompak.

UNIT 36

① "Kenapa?" "Saya tidak bisa mengeluarkan CD dari komputer…"

② Saya mencoba berpikir ulang sekali lagi, tetapi saya memutuskan untuk tetap berhenti.

③ Hadiah untuk guru kami putuskan setelah semuanya saling berembuk.

④ Jumlahnya banyak sekali! Saya tidak bisa makan semuanya.

⑤ "Maaf, saya menulis di tempat yang salah." "Kalau begitu, silakan tulis kembali di lembar yang baru.

UNIT 37

① "Kenapa? Tiba-tiba berhenti." "Payungku ketinggalan di toko tadi."

② "Bagaimana caranya kalau mau membatalkan ini?" "Kayaknya bisa dengan menekan tombol "Kembali" ini."

③ Begitu Pak Hara berdiri dari kursi, dia berjalan ke arah sini.

④ Beberapa SD menyelenggarakan kelas yang mengadopsi metode ini.

⑤ "Silakan duluan, aku akan menyusul sebentar lagi." "Baiklah. Kalau begitu aku jalan pelan-pelan, ya."

UNIT 38

① Saya tidak bisa menghubungi Pak Wan sejak kemarin.

② Sejak lulus dari universitas, saya bekerja di Tokyo selama 3 tahun.

③ Kalau sekarang cedera, kamu tidak bisa mengikuti pertandingan.

④ "Sudah sembuh dari flu?" "Ya. Maaf membuatmu khawatir."

⑤ "Bagaimana kalau kita pergi ke toko yang sedang obral hari Sabtu?" "Maaf, saya sudah ada acara."

UNIT 39

① Kalau bangun cepat, serasa mendapat suatu keuntungan, ya.

② "Baru saja terdengar suara yang keras dari luar, ya." "Ya. Ayo pergi ke luar sebentar untuk melihat."

③ Berkas ini semuanya terbuat dari kertas, jadi bisa langsung didaur ulang.

④ Saya selalu mendapatkan berbagai bimbingan dari Pak Guru.

⑤ "Kapan ada festival?" "Kalau saya tidak salah, hari Sabtu minggu depan."

UNIT 40

① Kalau sakit gigi, jangan ditahan, lebih baik pergi ke dokter gigi secepatnya.

② "Pak Hara mendukung tim mana?" "Tokyo Godzillas. Saya akan pergi juga ke pertandingan berikutnya."

③ "Bagaimana kalau hujan turun?" "Kalau hujannya deras, akan ditunda sampai minggu berikutnya."

④ Pembangunan kondominium ini baru dimulai bulan April tahun lalu, tapi sudah akan selesai? Cepat, ya.

⑤ 〈Berita〉 Jalan tol di mana pun macet dengan kendaraan yang akan pulang ke kampung halaman.

UNIT 41

① "Bagaimana ya? Aku salah membeli yang ukurannya L." "Kamu tukar saja!"

② "Untuk pemesanan besok, saya ingin menambah 1 orang, menjadi 8 orang." "Baik, tidak apa-apa."

③ Jika mendaftar menjadi anggota kartu, poin Anda akan terkumpul mulai pembelanjaan berikutnya.

④ Maaf, untuk pemesanan tanggal 18 apakah jamnya bisa diubah dari jam 7 menjadi jam 6?

⑤ "Mungkin, hari ini buka, tapi….." "Mending kamu cek lewat telepon!"

UNIT 42

① Saya paling bisa bersantai waktu mendengarkan musik kesukaan saya di sofa.

② Hari ini barangnya sudah datang, tapi ternyata berbeda dengan bayangan aku.

③ "Bagaimana enaknya ya….?" "Kalau dengan Pak Aoki, pasti bisa memberikan saran yang baik."

④ "Kemeja ini adalah desain orisinal toko kami." "oh begitu, lucu ya."

⑤ "Kamu makan mi instan gelas lagi? Kalau kamu tidak menjaga keseimbangan gizi dengan benar, kamu bisa jadi sakit lo!

UNIT 43

① Aku harus mengganti dan membeli kulkas yang baru, tapi sekarang aku lagi tidak punya uang.... Aku pusing.

② "Besok ada acara minum bersama, bisa datang?" "Mungkin sedikit terlambat, tapi aku akan datang."

③ "Kemarin saya ada terus di tempat penerimaan tamu." "Oh ya? Saya tidak sadar."

④ "Itu, rasanya sayang kalau dibuang." "Oke, kalau begitu aku akan menyimpannya."

⑤ "Maaf, gara-gara kesalahan saya Anda jadi kalah." "Itu bukan kesalahanmu. Jangan dipikirkan!"

UNIT 44

① Tunggu sebentar sampai ruangan menjadi hangat karena sekarang AC baru dinyalakan.

② "Aku sudah tidur banyak, tapi capainya masih tersisa." "Mungkin karena kamu terlalu keras bekerja."

③ Konsernya seperti apa, saya sudah sangat tidak sabar ingin menontonnya.

④ Di lagu ini tersimpan harapan akan perdamaian dunia.

⑤ Kata-katanya lucu, sehingga membuat semuanya tidak bisa menghentikan tawa.

UNIT 45

① Untuk pengambilan, kami perlu mengecek apakah pengambil barang adalah orang itu sendiri atau bukan, jadi tolong bawa kartu identitas Anda!

② Ini mesin fotokopi untuk rumah tangga, jadi kecepatannya sedikit lambat.

③ Suatu saat nanti saya ingin mengambil libur panjang, dan jalan-jalan keliling seluruh dunia.

④ Biaya listrik menjadi mahal gara-gara setiap malam saya tidur dengan menyalakan AC

⑤ Menurutku dia orang yang tidak tahu aturan karena menelepon pada larut malam seperti ini.